吉成 雄一郎
著

The Business Model of Japanese Sogo-Shosha:
An Empirical Study of Organizational Learning and
Business Model Transformation

総合商社
の
ビジネスモデル

学習する組織と
ビジネスモデル変革の
実証研究

中央経済社

序　文

　筆者は，2022年9月に早稲田大学社会科学研究科の博士後期課程を修了し，博士（社会科学）を取得した。本書は，この課程において執筆した博士論文「総合商社のビジネスモデルの研究」をベースに，最新の事例も追記し加筆修正したものである。

　筆者は，2015年4月に早稲田大学ビジネススクール（WBS）に社会人学生として入学し，MBAを取得した。WBSでは修了にあたり論文を書くことになっており，「総合商社のビジネスモデルの考察及び戦略的進化の可能性に関する研究～『総合商社経営のジレンマ』を超える～」という論文を平野正雄教授の指導を頂きながら書き上げた。この経験で，総合商社に関する先行研究を読み進めていくにあたり，「なるほど！」と思う部分もあったが，インサイダーの目から見ると「その説明は違うのではないか？」「こういう視点もあるのではないか？」という部分もあり，各種の経営理論を総合商社に当てはめて改めて総合商社を見つめ直す面白さを感じた。その経験から，もう一段経営学の理解を深め，学術的にもより確かな形で，総合商社に関する研究を極めたいと思うようになり，WBS修了後に早稲田大学社会科学研究科博士後期課程を受験して進学し，国際ビジネス研究が専門の長谷川信次教授の指導の下，足掛け5年半かけて博士論文を書き上げた。

　このように，本研究の動機は，筆者が総合商社における長年の実務経験を通じて得た感覚的認識を，経営学，特に国際ビジネス研究というレンズを通じて体系的に再構築し，総合商社のビジネスモデルに対する理解を深化させたいという素朴な欲求が起点になっている。

　日本に独自な存在である総合商社に関する研究は，「なぜ日本にだけ存在するのか」という視点から，経営史アプローチによる日本的経営の独自性を探究するテーマが多い。総合商社は，時代や事業環境の変化に対応してビジネスモデルを変革させ事業創造してきた点もまたユニークであるが，総合商社内部の情報へのアクセスが限られていることもあり，現代的な経営学の視点から十分にモデル化や分析がなされているとは言い難い。総合商社の事業活動を事業創造活動の連鎖

であるビジネスモデルの変革と捉え，その変化を定量的かつ網羅的に解明しようとした研究は見当たらない。さらに，そのビジネスモデル変革が資本コストを加味した上で事業価値創造をしているのかについても明らかにされていないのが総合商社研究の現状である。

　駆け出しの研究者である筆者が解説するのははばかられるが，経営学を科学として成立させるために，現在の経営学研究では統計学を使った実証研究が盛んである。この風潮については，真に学術の発展に寄与していないといった批判もあり，各種の問題提起がある。しかし，それを割り引いたとしても，総合商社の数々の先行研究を眺めてみても，統計解析を用いた研究には当たることはなかった。そこで，総合商社のビジネスモデル変革を統計的手法を用いて明らかにし，そこからビジネスモデルの本質を探究する，というリサーチの大まかなグランドデザインを構想した。しかし，「構想は易し」で，実際のデータの収集・分析に苦労があったが，本研究によって学術的にも確かな形でアチーブメントを残すことができたと考える。

　また，研究を進める中で，新型コロナウイルスによるパンデミックを経験した。言うまでもなく，パンデミックが社会生活や習慣に与えた世界的な影響は甚大であった。当時筆者は米国カリフォルニア州シリコンバレーに海外赴任していたが，パンデミックによるロックダウンが研究を進める上では逆に大いに助けになった。一切の出張がなくなったことで時間に余裕ができ，おかげで論文を読み進めたり，統計解析をする時間を作ることが可能になり，一気に研究を進めることができた。加えて，あらゆるものがオンライン化されたことで，米国からオンラインで日本の学会で発表を行ったり，博士論文の中間発表や審査もオンラインで実施できた。パンデミックのおかげ，というと不謹慎ではあるが，筆者にとっては大きな追い風になったのは事実である。

　本書の元になった博士論文をまとめるにあたっては，様々な方々のご支援を頂いた。この紙面を借りて，心底感謝を申し上げたい。
　博士課程の5年半の間はすべて米国シリコンバレーに海外赴任をしていながら，指導教授であった長谷川教授には，きめ細かく的確なアドバイスや論文指導をして頂き，また温かい目で見守って頂いた。長谷川教授の指導がなければ，論文を書き上げることはできなかった。ビジネススクール時代から指導頂き審査委員を引き受けて頂いた平野教授，同様に審査委員をして頂いた井上正教授，荒井洋一

准教授からは，多数の貴重な助言を頂いた。

　本書の出版は，早稲田大学ビジネススクールの池上重輔教授の勧めと紹介が起点である。素晴らしいご縁を作って頂いたことに感謝申し上げたい。また，学会発表において貴重な助言を頂戴した諸先生方，査読付論文の審査をして頂いた匿名の先生方にも深く感謝の意を表したい。

　さらに，本書の出版の企画について相談に乗って頂き快く引き受けて頂いた，中央経済社の市田由紀子学術書編集部編集長にもお礼を申し上げたい。

　最後に，いつも私を支えてくれる妻の公美惠，長女の桜子，次女の桃子，三女の百合子にも，心から感謝の言葉を贈りたい。

2024年6月

吉成　雄一郎

＊本書は博士学位論文を基にしており，記載されている意見や見解は著者個人の研究成果であり，それらは著者が所属する企業の公式な立場や見解を代表するものではなく，所属企業は本書の内容に関して一切の責任を負うものではありません。

目　次

序　文　i

序章　なぜ今総合商社が注目されるのか？　1

第1節　バークシャー・ハサウェイによる総合商社への投資 ———— 1
第2節　研究の背景と問題意識 ———————————————— 4
第3節　研究の目的 ———————————————————— 4

第1章　本研究の目指す方向性・アプローチ・本書の構成　7

第1節　本章の概要 ———————————————————— 7
第2節　本研究の目指す方向性 ——————————————— 7
第3節　本研究のアプローチ ———————————————— 8
第4節　本書の構成 ———————————————————— 10
第5節　本章のまとめ ——————————————————— 13

第2章　総合商社の誕生・発展・近年の動向　15

第1節　本章の概要 ———————————————————— 15
第2節　総合商社の誕生（明治期）————————————— 15
第3節　総合商社の発展（第一次世界大戦から第二次世界大戦期）— 17
第4節　第二次世界大戦後の総合商社 ———————————— 21

第5節	高度経済成長期〜バブル経済期	25
第6節	バブル経済崩壊後	27
第7節	中国の爆食と資源ブーム	29
第8節	2010年代から現在	30
第9節	信用格付会社による総合商社の事業形態への見解	31
第10節	本章のまとめ	36

第3章　国際ビジネス研究の諸理論の整理　41

第1節	本章の概要	41
第2節	国際ビジネス研究の概観と総合商社研究の意義	41
第3節	国際ビジネス研究の諸理論の概観	42

第1項　パールミュッターのERPGモデル　43

第2項　バートレット＝ゴシャールの4類型　43

第3項　ウプサラ・モデル（Uppsala model）　45

第4項　取引コスト理論　48

第5項　OLIパラダイム　50

第6項　多角化理論　51

| 第4節 | 国際ビジネス研究の諸理論の総合商社への適用時の理論的限界 | 55 |
| 第5節 | 本章のまとめ | 56 |

第4章　先行研究の検討　59

第1節	本章の概要	59
第2節	本章のRQ	60
第3節	総合商社研究における総合商社の定義	60

第4節 先行研究における総合商社研究の系統 —————————— 64

第1項 歴史研究アプローチ 66

第2項 機能・ビジネスモデル研究アプローチ 67

第3項 事例研究・事業創造研究アプローチ 68

第4項 国際ビジネス研究アプローチ 68

第5項 いわゆる「商社不要論」 69

第5節 総合商社研究の定量的分析 —————————————— 69

第1項 使用データ 70

第2項 国内研究 70

第3項 海外研究 71

第4項 国内・海外研究の比較 73

第6節 総合商社研究の系統ごとの代表的研究 —————————— 74

第1項 歴史研究アプローチ 74

第2項 機能・ビジネスモデル研究アプローチ 75

第3項 事例研究・事業創造研究アプローチ 79

第4項 国際ビジネス研究アプローチ 79

第7節 総合商社研究の課題および総括 ———————————— 80

第8節 本章のまとめ ————————————————————— 81

第5章 総合商社の海外進出モデル 85

第1節 本章の概要 ————————————————————— 85

第2節 他章との関係 ———————————————————— 85

第3節 本章のRQ —————————————————————— 86

第4節 多国籍企業および総合商社の海外進出モデル ——————— 87

第1項 多国籍企業の海外進出モデル 87

第2項 総合商社の海外進出モデル 88

IV

第 3 項 総合商社の事業形態の変化 89

第 5 節 総合商社の海外進出モデルの提示および仮説 ———————— 90

第 1 項 海外投資形態 90

第 2 項 事業発展を考慮した総合商社の海外進出モデル 91

第 3 項 仮説の設定 92

第 6 節 分析 ———————————————————————————— 92

第 1 項 使用するデータ 92

第 2 項 データの概要 93

第 3 項 各進出形態ごとの会社数および海外進出年の記述統計 94

第 4 項 経営権あり会社割合の推移 95

第 5 項 時系列関係の実証分析 98

第 6 項 仮説検定 99

第 7 項 企業規模に関する追加検証 100

第 8 項 総合商社が経営権を志向する業種の分析 102

第 7 節 考察 ———————————————————————————— 102

第 8 節 本章のまとめ —————————————————————————— 110

第 6 章 総合商社の企業価値創造
―パネルデータ分析によるビジネスモデル進化の検証― 113

第 1 節 本章の概要 —————————————————————————— 113

第 2 節 他章との関係 ————————————————————————— 113

第 3 節 本章のRQ ——————————————————————————— 114

第 4 節 本章に関連する先行研究および理論 ———————————————— 118

第 1 項 総合商社のビジネスモデルの構造変化 118

第 2 項 企業価値創造とEVA 119

第 5 節 企業価値創造の検証 —————————————————————— 120

第 1 項 パネルデータの作成 120

目次　◆V

第2項　パネルデータ分析　123

第3項　統計モデルの推定結果の解釈　127

第6節　考察 —————————————————————— 131

第7節　分析の限界 ———————————————————— 136

第8節　本章のまとめ ——————————————————— 136

第7章　事例研究①　英国多国籍商社との比較　139

第1節　本章の概要 ———————————————————— 139

第2節　他章との関係 ——————————————————— 140

第3節　本章のRQ ———————————————————— 141

第4節　英国多国籍商社に関する先行研究 ————————————— 141

第5節　英国多国籍商社 —————————————————— 143

第1項　英国多国籍商社の歴史　143

第2項　フリースタンディングカンパニー（free standing company）　148

第6節　英国多国籍商社と総合商社の定性比較 ————————————— 149

第7節　英国多国籍商社と総合商社の定量比較 ————————————— 152

第1項　英国多国籍商社の海外投資　152

第2項　総合商社の海外投資　153

第3項　定量比較　154

第8節　英国多国籍商社の消滅と総合商社の存続の要因 ——————————— 154

第9節　英国多国籍商社の人材資源 —————————————————— 155

第10節　総合商社の人材における競争優位性 —————————————— 157

第11節　考察 —————————————————————————— 159

第12節　本章のまとめ ——————————————————————— 161

VI

第8章　事例研究②　現代類似企業との比較　163

第1節　本章の概要 —————————————————— 163

第2節　他章との関係 —————————————————— 163

第3節　本章のRQ ——————————————————— 164

第4節　ポートフォリオ比較 ——————————————— 165

　第1項　比較対象企業の選定　165

　第2項　ポートフォリオ比較　173

　第3項　ポートフォリオ比較分析結果の考察　175

第5節　パフォーマンス比較 ——————————————— 176

　第1項　比較対象企業　177

　第2項　パフォーマンス比較（ROEおよびPBR）　182

第6節　考察 ————————————————————— 184

第7節　本章のまとめ —————————————————— 185

第9章　事例研究③　総合商社5社の国別進出戦略の比較　189

第1節　本章の概要 —————————————————— 189

第2節　他章との関係 —————————————————— 190

第3節　本章のRQ ——————————————————— 191

第4節　比較分析の研究手法 ——————————————— 191

　第1項　重視国・非重視国・得意国・進出戦略タイプの分類法　192

　第2項　国別比較結果　194

　第3項　業種別戦略比較分析から得られる総合商社のビジネスモデルへの示唆　202

第5節　リサーチ戦略としてケース・スタディの適用 ——————— 203

第6節　重視国の事例①　三井物産／ブラジル ————————— 204

目 次 ◆VII

第1項 ブラジルの事業環境の概要 204

第2項 ブラジルの政情・経済環境 206

第3項 三井物産のブラジル投資の概観 207

第4項 三井物産のブラジル投資の投融資・保証残高 208

第5項 三井物産の広報活動におけるブラジルの扱い 209

第6項 三井物産のブラジルへの人事配置 210

第7項 三井物産のブラジルにおける事業事例 212

第8項 三井物産のブラジル投資のまとめ 217

第7節 重視国の事例② 住友商事／ベトナム ──────── 218

第1項 ベトナムの事業環境の概要 218

第2項 ベトナムの政情・経済環境 220

第3項 住友商事のベトナム投資の概観 221

第4項 住友商事の広報活動におけるベトナムの扱い 222

第5項 住友商事の人事におけるベトナムの扱い 223

第6項 住友商事の事業事例 223

第7項 住友商事のベトナム投資のまとめ 226

第8節 得意国の事例① 三菱商事／ミャンマー ──────── 227

第1項 ミャンマーの事業環境の概要 227

第2項 ミャンマーの政情・経済環境 229

第3項 三菱商事のミャンマー投資の概観 229

第4項 三菱商事のIR／広報活動におけるミャンマーの扱い 230

第5項 三菱商事の現地パートナー 233

第6項 三菱商事の事業事例 235

第7項 三菱商事のミャンマー投資のまとめ 236

第9節 得意国の事例② 伊藤忠商事／ハンガリー ──────── 238

第1項 ハンガリーの事業環境の概要 238

第2項 ハンガリーの政情・経済環境 239

第3項 伊藤忠商事のハンガリーへの投資戦略とその特徴 241

第4項　伊藤忠商事の広報活動におけるハンガリーの扱い　242

第5項　伊藤忠商事の人事におけるハンガリーの扱い　243

第6項　伊藤忠商事の事業事例　244

第7項　伊藤忠商事のハンガリー投資のまとめ　247

第10節　考察 ————————————————————— 248

第11節　本章のまとめ ————————————————— 249

第10章　総合商社のビジネスモデルに関する包括的な考察　251

第1節　主要な研究成果の整理 ———————————————— 251

第2節　ビジネスモデルの定義と総合商社のビジネスモデルの特性 —— 255

第3節　ビジネスモデルを支えるケイパビリティの内部構造 ———— 256

第4節　総合商社のビジネスモデルとウプサラ・モデルへの拡張適用 — 258

第5節　総合商社と多角化戦略 ———————————————— 261

第6節　総合商社ビジネスモデルの変革は意図的戦略か創発戦略か — 265

第7節　総合商社の「総合性」の持続とその意義 ——————— 266

第8節　総合商社のビジネスモデルの課題 ——————————— 267

第9節　総合商社における「両利きの経営」の追求とその意義 ——— 273

第10節　本章のまとめ ————————————————— 276

第11章　総合商社の未来　289

第1節　気候変動リスクに対する金融業界の動向 ——————— 290

第2節　環境NGOからの圧力 ————————————————— 292

第3節　カーボンニュートラルへの期待と総合商社の役割 ———— 293

第1項　エネルギー転換　293

第 2 項　サプライチェーンの再構成　296

第 4 節　サステナビリティと総合商社のビジネスモデルの永続性 —— 303

終章　結言—学術的貢献と実務へのインプリケーション, そして今後の展望— 305

第 1 節　本研究のまとめ ———————————————————— 305

第 2 節　学術的貢献と実務へのインプリケーション ——————— 309

第 1 項　学術的貢献　309

第 2 項　実務へのインプリケーション　311

第 3 項　本研究の限界と今後の展望　312

参考文献　315

索　　引　325

表目次

表 2 - 1	三井物産の国内外支店開設状況	17
表 2 - 2	三菱合資（三菱商事）の国内外支店開設状況	18
表 2 - 3	各社の特定金銭信託の運用額と運用益（1989年）	27
表 2 - 4	5社の関係会社数	29
表 3 - 1	OLIパラダイム	50
表 3 - 2	アンゾフのProduct Market Growth Mixフレームワーク	51
表 3 - 3	プロダクトポートフォリオマネジメント（PPM）	52
表 3 - 4	多角化動機の複製コスト	55
表 4 - 1	総合商社各社の自社事業の説明	61
表 4 - 2	総合商社自らが定義する自社事業の説明	63
表 4 - 3	研究系統ごとの件数（総合商社）	71
表 4 - 4	研究系統ごとの件数（Sogo Shosha）	72
表 4 - 5	国内・海外研究の比較	73
表 5 - 1	総合商社の海外投資先形態	91
表 5 - 2	仮説の設定	92
表 5 - 3	TKデータに格納されている各社の海外事業所（法人）数	93
表 5 - 4	TKデータと商社機能有無のマッピング	94
表 5 - 5	本社から海外投資先への出資条件と経営権有無の判定基準	94
表 5 - 6	各進出形態ごとの会社数および海外進出年	95
表 5 - 7	年代ごとの「経営権あり」「経営権なし」投資先数推移	98
表 5 - 8	Mann-WhitneyのU検定による推定結果	98
表 5 - 9	各社における経営権ありの会社数上位3業種	102
表 6 - 1	TKデータに格納されている各社の海外事業所（法人）数（表5 - 3再掲）	121
表 6 - 2	TKデータと商社機能有無のマッピング（表5 - 4再掲）	121
表 6 - 3	本社から海外投資先への出資条件と経営権有無の判定基準（表5 - 5再掲）	121
表 6 - 4	記述統計	122
表 6 - 5	パネルデータ推定（EVA）	125
表 6 - 6	パネルデータ推定（EVA率）	126
表 6 - 7	モデル検定結果	126
表 6 - 8	個別効果	127
表 6 - 9	推定結果	128
表 6 -10	推定結果の解釈	130
表 6 -11	企業価値創造と経営権の関係	132
表 7 - 1	代表的な英国多国籍商社	145

表 7 - 2	英国多国籍商社企業グループの類型	146
表 7 - 3	CassonによるFSCの 4 類型	149
表 7 - 4	英国多国籍商社と総合商社の定性的比較	150
表 7 - 5	英国多国籍商社の業種別海外投資件数	153
表 7 - 6	総合商社と英国多国籍商社（FSC）の業種別海外投資の定量比較	153
表 7 - 7	就職先人気ランキングの推移（1987年～2015年）	156
表 7 - 8	就職先人気ランキング上位30社業界別出現回数集計	158
表 8 - 1	ポートフォリオ分析対象企業	165
表 8 - 2	ブラックロック事業概要	166
表 8 - 3	ブラックロックETFのポートフォリオ	167
表 8 - 4	カーライル・グループ事業概要	168
表 8 - 5	カーライル・グループのポートフォリオ	168
表 8 - 6	バークシャー・ハサウェイ事業概要	169
表 8 - 7	バークシャー・ハサウェイのポートフォリオ	170
表 8 - 8	三菱商事事業概要	170
表 8 - 9	三菱商事のポートフォリオ	171
表 8 - 10	三井物産事業概要	172
表 8 - 11	三井物産のポートフォリオ	172
表 8 - 12	伊藤忠商事事業概要	173
表 8 - 13	伊藤忠商事のポートフォリオ	173
表 8 - 14	各セグメントのマッピング	174
表 8 - 15	各社のポートフォリオ比較	174
表 8 - 16	パフォーマンス分析対象企業	177
表 8 - 17	ダナハー事業概要	178
表 8 - 18	ダナハーのポートフォリオ	178
表 8 - 19	ソフトバンクグループ事業概要	180
表 8 - 20	ソフトバンクグループのポートフォリオ	180
表 8 - 21	KKR事業概要	181
表 8 - 22	KKRのポートフォリオ	181
表 8 - 23	ブラックストーン事業概要	182
表 8 - 24	ブラックストーンのポートフォリオ	182
表 8 - 25	パフォーマンス比較対象企業	183
表 8 - 26	各群のROE・PBR	183
表 9 - 1	重視国・非重視国・得意国の定義	192
表 9 - 2	国別の順位および重視国・非重視国・得意国の分類	194
表 9 - 3	国別分析結果（各社間で大きな差がない国）	195
表 9 - 4	国別分析結果（各社間で差異がある国）	195

表 9 - 5	重視国・非重視国・得意国の会社別比較結果	196
表 9 - 6	三菱商事の重視国・得意国と進出業種	197
表 9 - 7	三井物産の重視国・得意国と進出業種	198
表 9 - 8	伊藤忠商事の重視国・得意国と進出業種	198
表 9 - 9	住友商事の重視国・得意国と進出業種	199
表 9 - 10	住友商事の地域別基礎収益動向（年度）	200
表 9 - 11	丸紅の重視国・得意国と進出業種	200
表 9 - 12	各社の重視国・得意国での業種	201
表 9 - 13	異なったリサーチ戦略の関連状況	203
表 9 - 14	ブラジルの基礎データ	204
表 9 - 15	三井物産のブラジル投資先	207
表 9 - 16	三井物産のブラジルに対する投融資・保証残高	208
表 9 - 17	三菱商事のブラジルに対する投融資・保証残高	209
表 9 - 18	三井物産の2015年以降のブラジル関連プレスリリース	209
表 9 - 19	三井物産の企業広告で取り上げられた国の変遷	210
表 9 - 20	歴代ブラジル三井物産社長の職位	212
表 9 - 21	ベトナムの基礎データ	218
表 9 - 22	住友商事のベトナム事業	222
表 9 - 23	住友商事のベトナム事業のプレスリリース	223
表 9 - 24	住友商事タンロン工業団地	225
表 9 - 25	ミャンマーの基礎データ	228
表 9 - 26	三菱商事のミャンマー投資	230
表 9 - 27	株主通信に記載されている三菱商事のミャンマーでの事業	232
表 9 - 28	三菱商事のミャンマー関連のプレスリリース	233
表 9 - 29	ハンガリーの基礎データ	238
表 9 - 30	伊藤忠商事のハンガリー事業	241
表 9 - 31	伊藤忠商事とスズキの合弁事業	247
表 11 - 1	三井物産による台湾・海龍（ハイロン）洋上風力発電事業	294

目　次　◆XIII

図目次

図　0 − 1　Googleにおける「Sogo Shosha」検索数推移･･････････････････････ 2
図　1 − 1　各章の関係図･･ 12
図　2 − 1　三菱商事再合同経緯･･ 23
図　2 − 2　三井物産再合同経緯･･ 24
図　2 − 3　バークシャー・ハサウェイ保有株のセクター別比率････････････ 30
図　3 − 1　バートレット＝ゴシャールの 4 類型････････････････････････ 44
図　3 − 2　ウプサラ・モデルにおける相互影響構造････････････････････ 45
図　3 − 3　ウプサラ・モデルによる段階的海外進出････････････････････ 46
図　3 − 4　ウプサラ・モデル 2009年バージョン････････････････････････ 47
図　3 − 5　ウプサラ・モデル 2020年バージョン････････････････････････ 48
図　3 − 6　統治構造ごとの特異性とコストの関係････････････････････････ 49
図　4 − 1　総合商社論文件数（キーワード「総合商社」）････････････････ 71
図　4 − 2　総合商社論文件数（キーワード「Sogo Shosha」）････････････ 72
図　5 − 1　他章との関係･･ 86
図　5 − 2　Goerzen and Makinoの総合商社の海外進出モデル････････････ 88
図　5 − 3　総合商社の事業発展を考慮した海外進出モデル･･････････････ 91
図　5 − 4　経営権のある投資会社比率の推移････････････････････････････ 96
図　5 − 5　各社進出形態の時系列関係の推定結果････････････････････････ 99
図　5 − 6　モデル適合度と総資産の関係･･････････････････････････････ 100
図　5 − 7　非商社機能・経営権あり比率と総資産の関係････････････････ 101
図　5 − 8　SECIモデル･･ 105
図　6 − 1　他章との関係･･ 114
図　6 − 2　経営権のある投資会社比率の推移（図 5 − 4 再掲）････････････ 115
図　6 − 3　総合商社 5 社の税後利益推移（年度）････････････････････････ 117
図　6 − 4　総合商社の事業発展を考慮した海外進出モデル（図 5 − 3 再掲）････ 118
図　6 − 5　EVA推移（年度）･･ 123
図　6 − 6　EVA率推移（年度）･･････････････････････････････････････ 123
図　6 − 7　Pooled OLSと固定効果モデル････････････････････････････ 124
図　6 − 8　総資産と個別効果係数の関係･･････････････････････････････ 127
図　6 − 9　受取配当金推移（年度）･･････････････････････････････････ 132
図　6 −10　株主資本推移（年度）････････････････････････････････････ 133
図　6 −11　有利子負債推移（年度）････････････････････････････････ 133
図　7 − 1　他章との関係･･ 140
図　7 − 2　英国多国籍商社による管理諸機能の代理････････････････････ 147

XIV

図 8 - 1	他章との関係	164
図 8 - 2	ROE／PBR分布	184
図 9 - 1	他章との関係	190
図 9 - 2	進出社数と相対的順位による分類	193
図 9 - 3	進出国・進出業種・経営権の相互作用関係	202
図 10 - 1	総合商社ビジネスモデルを支えるケイパビリティ構造	257
図 10 - 2	ウプサラ・モデル	258
図 10 - 3	拡張ウプサラ・モデル（総合商社バージョン）	259
図 10 - 4	多角化とパフォーマンスの概念図	263
図 10 - 5	総資産と個別効果係数の関係（図6－8再掲）	263
図 10 - 6	総合商社における多角化とパフォーマンスの概念図	264
図 10 - 7	両利き経営組織	274
図 11 - 1	伊藤忠商事の気候変動リスク分析	291
図 11 - 2	三井物産による電力分野のポートフォリオ入れ替え	295
図 11 - 3	三井物産の再生可能エネルギーを起点とした事業群	296
図 11 - 4	三菱商事の事業別温室効果ガス排出量	298
図 11 - 5	Breakthrough Energy Ventures投資領域	300
図 11 - 6	Breakthrough Energyの組織構造	301

序章

なぜ今総合商社が注目されるのか？

第1節　バークシャー・ハサウェイによる総合商社への投資

　米国時間2020年8月30日，世界の金融市場は1つの衝撃的なニュースにその視線を奪われた。「投資の神様」とも称されるウォーレン・バフェット（Warren Buffett）氏が率いる投資会社バークシャー・ハサウェイ（Berkshire Hathaway Inc.）が，日本の総合商社大手5社である，三菱商事，三井物産，伊藤忠商事，住友商事，丸紅各社の5％分の株式を取得したと報じられたためである。この出来事は，バークシャー・ハサウェイにとって初の日本企業の上場株取得であり，日本国内はもとより，世界中の投資家や経済関係者に，同社の新しい投資戦略を感じさせるものであった。

　この日は，奇しくもバフェット氏の誕生日であった。彼がこの特別な日に，日本の総合商社への大胆な投資を発表したことは，その投資の重要性と期待値の高さを窺わせるものであった。同日の同社リリースにおいてバフェット氏は「バークシャー・ハサウェイが日本と我々が投資対象として選んだ5社の将来に参画できたことを非常に嬉しく思っている。5大商社は世界中に多数の共同事業を持ち，今後もこれらのパートナーシップが増える可能性がある。将来，（バークシャー・ハサウェイとの）相互利益の機会となることを望んでいる」（Berkshire Hathaway 2020，筆者訳）とコメントし，総合商社との将来的な協力や共同事業への期待が込められていた。

　総合商社は，日本独自のビジネスモデルであり，多岐にわたる事業を展開し，世界中の市場と深い関わりを持つ。しかし，その高度に多角化したコングロマリットという性質から，一般に海外投資家には評価されにくい業態であった。その総合商社に，バフェット氏が63億ドル（当時の円ドルレート換算で6,600億円）

（Business Insider 2020）とも言われる資金を投資したという事実は，総合商社のビジネスモデルの魅力を再発見する機会を与えたとも言える。さらにこの段階で日本の上場株式では唯一，総合商社に投資しているという事実もバークシャー・ハサウェイにとって重要な投資であることを物語っていた。

　2023年2月には，バークシャー・ハサウェイはさらなる株式の買い増しにより保有比率を約9％に引き上げたことを発表し，また，2023年4月にはバフェット氏が11年ぶりに日本を訪れ，5大商社各社を訪問した。これらの動きは，日本経済への再注目へと発展し，日経平均株価はそれ以降高騰を続けることとなった。

　これら一連のニュースにより，世界的に「What's Sogo Shosha?」との問いが提起され，2022年4月にはGoogleにおける「Sogo Shosha」の検索数（指数）は，過去1年間で最大を記録した（図0−1）。

┃図0−1┃ Googleにおける「Sogo Shosha」検索数推移

出所：Googleトレンド

　そして，2024年5月に行われたバークシャー・ハサウェイの株主総会でバフェット氏は総合商社への投資について以下のように言及した。

"We made the commitment to Japan which I did five years ago and that was just overwhelmingly...compelling, extraordinarily compelling.

We spent a year and we got a few percent of our assets in five very big companies but that's the problem with being our size. You won't find us making a lot of investments outside the United States.

We will be American-oriented. If we do something really big it's extremely likely that it'll be in the United States.

But I think it's unlikely that we make any large commitments in almost any country you can name, although we don't rule it out entirely, and I feel extremely good about our Japanese position."

「私たちは，日本へのコミットメントをしました。これは私が5年前に行ったもので，それは圧倒的に…説得力があり，非常に魅力的でした。

私たちは1年を費やし，5つの非常に大きな企業に資産の数パーセントを投資しましたが，私たちの規模の問題もあります。そのため，米国外で多くの投資をすることはほとんどありません。私たちはアメリカ志向です。もし本当に大きなことをするなら，それは極めて高い確率でアメリカで行われるでしょう。

ほとんどの国で大規模なコミットメントをすることはほとんどないと思いますが，完全に排除するわけではありません。そして，日本での投資ポジションについては非常に良い感触を持っています。」（筆者訳）

　以上のように，バフェット氏は総合商社株への投資機会を「圧倒的な説得力があり，非常に魅力的」と語った。説明するまでもなく最上級の形容である。バフェット氏は主要な投資先が米国企業であることを改めて説明した上で，例外として総合商社5社への投資を挙げており，バフェット氏が総合商社への投資を気に入っており，その投資に満足していることが見て取れる。
　総合商社は，日本経済の黄金時代には「日本経済の先兵」（The Vanguard of the Japanese Economy）」（Yoshihara 1983）とも称され，その競争力の源泉として賞賛された。しかし，時代の変遷とともに1990年代には「商社冬の時代」とも言われ，日本の製造業の体力喪失や事業転換が進む中で商社の役割や存在意義が問われるようになった。
　総合商社は多くの業界と接し，様々なビジネスを展開する多様な顔を持つがゆえに，その実像を正しく理解することは容易でない存在である。
　一方で，現在の総合商社は，新たな時代の課題，例えばサステナビリティや地球温暖化に対応するため，新たな事業創造を進めており，新しい産業を興していく要請がある中で総合商社への期待は小さくはない。

本書では，その独特なビジネスモデルがどのように発生し，変遷してきたのか，そのビジネスモデルの構造はどのようになっているのか，そしてどこに向かっていくのかを掘り下げていきたい。

第2節　研究の背景と問題意識

本書は，日本特有の事業形態とされる「総合商社」の海外進出形態に焦点を当て，そのビジネスモデルについて深く探求するものである。この研究は，前述の通り筆者の博士論文「総合商社のビジネスモデルの研究」を基盤とし，その内容をさらに拡充し，発展させたものである。

総合商社は「日本が作り上げた，ユニークな国際貿易組織」（Young 1979）と評されており，土井（2006）は，シュンペーターのイノベーションの定義に基づき，「新組織」ないし「新しい仕組み」としてのイノベーションの1つと位置付けている。本書では，このような特異な商業資本である総合商社の核心に迫り，総合商社のビジネスモデルを構成する要素とそれを支える能力（ケイパビリティ）を明確にすることを目的としている。

本研究の動機は，筆者が総合商社における長年の実務経験を通じて得た感覚的な認識を，経営学，特に国際ビジネス研究というレンズを通して体系的に再構築し，深化させたいという欲求が起点となっていることは序文で述べた通りである。

この研究を通じて，総合商社のビジネスモデルの本質を解明し，そのビジネスモデルを支えるメカニズムとケイパビリティは何か，その課題についての洞察を提供することを目指したい。また，この研究成果が実務家にとって有益な示唆を与え，実務的な価値をもたらすことも期待している。

第3節　研究の目的

総合商社は，時代の流れやビジネス環境の変化に合わせて，そのビジネスモデルを柔軟に変化させてきた。総合商社は資産の入れ替えと収益源の変化を常に追求しており，10年，20年前の総合商社のビジネスモデルや収益の源泉は現在とは大きく異なる。総合商社がその能力と機能を最大限に活用し，日本だけでなくグローバル経済における収益の源泉を探究し続けてきた結果である。機能の外部化は日本企業に特有の特徴（奥村 1994）であり，この広義の外部化を担う代表格である総合商社を見ることで日本経済や日本的経営を鏡のように映し出すことができる。

このようにビジネスモデルを変化させていく性質を持つ総合商社とは何か，そのビジネスモデルの本質を探究することにより，究極的には日本企業の特徴を捉えることにつながることも期待している。日本経済は過去の栄光とは異なる長期の停滞を見せている。日本企業が再び輝くために，この研究から得られる示唆が生きるのではないかと考えている。

本研究では，総合商社のビジネスモデルの解明に従来あまり適用されてこなかった国際ビジネス研究の諸理論やフレームワークを適用し，さらに統計解析を駆使した実証的な分析を行う。

総合商社という業態は日本固有のものであり，サンプル数が限られるため，従来統計を使った実証的なビジネスモデル検証の研究例は皆無であった。本研究での統計解析による分析は，実証的な検証を通じて学術面での貢献にもつながると考えている。

| 第 1 章 |

本研究の目指す方向性・アプローチ・本書の構成

第 1 節　本章の概要

　本章では本研究の目指す方向性，本研究のアプローチ，論文の構成について述べる。

第 2 節　本研究の目指す方向性

　総合商社は日本独自の業態であり，日本的経営の独自性を探求するといった動機から経営学，特に経営史の研究分野において様々な研究が行われてきた（詳細は第 4 章　「先行研究の検討」で確認する）。

　それら研究が進む傍らで，総合商社は時代や事業環境の変化と共にそのビジネスモデルを変革させてきた。総合商社がどのように変化してきたのかについては，総合商社内部の情報へのアクセスが限られることもあり，現代的な視点を考慮した経営学の観点から十分にモデル化や分析がなされているとは言い難い状況である。

　総合商社はビジネスモデルの本質は事業創造であると指摘され（垰本 2015），総合商社も自らを「Business Producer」（三菱商事 2015）とも表現している。総合商社は事業創造のために必要となる機能を社内のノウハウやケイパビリティとして内部化しており，それら機能を世界中に張り巡らしたネットワークを通じて得た事業機会に投入してビジネスを創造している。他方で，総合商社のビジネスモデルは投資に軸足を移していると指摘されており（孟 2008），その新規の投資を捉えて，総合商社によって新しい事業が創造されようとしているという事例研究やメディア報道は多い。

しかし，それら新しい事業創造の活動の連鎖を個々の企業の時系列的なビジネスモデルの変革と認識し，その変化を定量的かつ網羅的に解明した研究は見当たらない。さらに，その事業創造が資本コストを加味した上で真に企業価値を創造しているのかについても明らかにはされていない。これらは総合商社を経営学の観点で捉える際の大きな課題である。

総合商社が新しい事業を創造し続けていれば，総合商社の事業規模や利益は右肩上がりに成長し続けているはずである。確かに総合商社は1990年代以降の経営危機から復活し最高益を更新して利益成長はしているものの，進出した全ての事業において成功し続けているわけではない。むしろ失敗したと見られる事業も多く，そのビジネスモデルが万能ではないことも自明である。

従来，総合商社の近年の成功は「トレーディング」から「事業投資」への移行の結果であると説明されてきた。確かに，時系列的には収益の絶対値は事業投資への移行過程で増大している。しかし，本来性質の異なる資源投資から商社機能の分社まで，全ての投資が混然一体で「事業投資」と説明されてきた感は否めない。「事業投資」という単純化されたレッテルによって総合商社自身による説明を容易にさせ，株主も表面的な理解に留まっているのではないかと指摘したら，これを否定できるだろうか。

企業とは，完全市場が存在しない現実世界において，市場の失敗を階層組織（ヒエラルキー）に取り込むことで経済合理性を実現する装置であると考えれば，総合商社が万能であらゆる業種で市場の効率性を上回って経済性を保つことができるはずはないのである。

本研究では，これらの課題認識の下，国際ビジネス研究の諸理論やフレームワークと統計解析を用いた実証分析で総合商社のビジネスモデルを明らかにしていく。その過程で総合商社のビジネスモデルを実証的に捉えると同時に，それでもなお，日本経済固有のビジネスモデルとして存在する総合商社の価値とその変化を新たな視点で捉え直し再評価したいと考えている。

加えて，本研究は理論的な分析・考察に留まらず，実務上の示唆を与えることも目指したい。

第3節　本研究のアプローチ

総合商社のビジネスモデルの変遷に関する既存の研究は，その多くが事例分析や財務データに基づく比較分析に依存している。しかしながら，これらの研究では統計学的手法を用いた分析は見られておらず，総合商社のビジネスモデルの進

化が企業価値創造に与える影響を科学的に解明する試みは，まだ十分には行われていない。本研究ではこの点に着目し，総合商社のビジネスモデルの変革と企業パフォーマンスとの関係を明らかにすることにその意義を見出す。企業に関する研究である以上，選択的行動の結果が企業活動のアウトカムであるパフォーマンスにどのように影響を与えているのかを科学的に探究することは当然であり，上記の研究手法は研究目的に適合している。研究のアプローチとしては，理論モデルの提案とその実証分析に重点を置いて進める。

　さらに，多国籍企業の活動を扱う国際ビジネス研究の諸理論を総合商社に適用した研究も，現状では限られている（詳しくは第4章「先行研究の検討」で述べる）。本研究では，国際ビジネス研究における重要な諸理論やフレームワークを総合商社に適用することに重きを置く。具体的には，国際ビジネス研究において多国籍企業の海外進出メカニズムとプロセスを説明する代表的なモデルであるウプサラ・モデル（Uppsala model）[1]を理論的枠組みとして採用する。本研究では，ウプサラ・モデルの核となる概念である組織学習やサーチが，総合商社という特異な業態においてどのように機能するのか，あるいは機能しないかを深く掘り下げ，モデルの修正を行った上で総合商社への適用可能性と限界について考察を深める。

　海外進出形態の選択は企業にとり最も重要な戦略的決定の1つ（Root 1994, Kumar and Subramaniam 1997, Chung and Enderwick 2001, Nakos and Brouthers 2002）とされ，その戦略的決定により進出後の海外投資先のパフォーマンス，ひいては本社のパフォーマンスに影響を与えるため，国際ビジネス研究において重要な問題として取り上げられてきた（Li 1995, Makino and Beamish 1998）。したがって，国際ビジネス研究における研究の蓄積と理論を総合商社に適用することは，総合商社の戦略的決定およびそれを支えるケイパビリティ，それらを包括する概念としてのビジネスモデルの独自性を解明するアプローチとして有効であると考えられる。

　実証分析および事例分析の底流に流れる根源的なテーマ（RQ: Research Question）は，総合商社における組織学習とイノベーションである。総合商社における組織学習のメカニズムはどのように機能し，組織学習によって得られた知がそのビジネスモデルの変革であるイノベーションにどのように影響を与えてきたのかを実証分析，事例分析を通じて明らかにしていく。

　第4章以降は各章ごとのSub RQを設定し，それらSub RQへの答えを積み重ねることで論を進めていく。

　これらの分析を踏まえて，総合商社のビジネスモデルの本質について考察を行う。

第4節　本書の構成

　本書では，第2章において総合商社の歴史と発展の経緯を詳細に整理する。総合商社の歴史を辿り，総合商社誕生からその発展，現在に至るまでの変遷を追い，総合商社が日本経済の成長および変化にどう対応してきたのかを概観する。具体的には，近代日本および日本経済の発展の歴史に合わせ，総合商社が誕生した①明治期，総合商社が発展した②第一次世界大戦から第二次世界大戦期，③第二次世界大戦後，④高度経済成長期からバブル経済期，⑤バブル経済崩壊後，⑥中国の爆食と資源ブーム，⑦2010年代から現在，という7つの時代に分けて考察する。

　第3章では，国際ビジネス研究の諸理論を整理し，その軌跡を追いながら，国際ビジネス研究における総合商社研究の意義を明らかにする。また，既存の諸理論を総合商社研究に適用する場合の限界を指摘する。

　第4章では，1960年代に端を発する総合商社に関する先行研究を詳細に検討する。総合商社は日本に特有であるという視点に立ち，その研究は独自に発展してきた傾向が顕著に認められる。しかし，総合商社が日本を代表する多国籍企業であるとの見解があるにもかかわらず，国際ビジネス研究のアプローチを用いて多国籍企業としての側面が十分に研究されているとは言い難い。総合商社はその多様な事業ポートフォリオと，事業環境の変化に応じた新規事業の創出，ビジネスモデルの進化により，時代ごとに多角的な研究が行われてきた。第4章ではこれらの背景を踏まえ，研究アプローチを系統的に分類し，その時代ごとの変遷を定量的に分析する。これにより，社会や研究者の関心の変遷を明らかにし，現在における総合商社研究の課題を明確にする。

　第5章では，総合商社が自らを「総合事業運営・事業投資会社」に変化させてきたとの先行研究を踏まえ，事業発展プロセスを考慮した総合商社の新たな海外進出モデルを提示し，そのモデルの有効性を検証する。また，総合商社の海外進出形態が，時間経過に伴って「現地法人」から「経営権のない海外投資」へ，さらには「経営権のある海外投資」に変化してきていること，それら変化はトレーディング業務を中心とする伝統的な商社機能を有する投資先のみならず，製造業やサービス業など非トレーディング業務の投資先でも同様に見られるかについて総合商社5社を対象に実証的に分析する。加えて，それらの結果をもとに，総合商社の海外進出形態の変化をもたらした外部要因，組織学習のメカニズムおよび海外進出形態の段階的変化，組織学習と企業規模，総合商社が経営権を志向する業種について分析する。

第6章では，総合商社のビジネスモデルの変革が資本コストを考慮した企業価値創造に与える影響についての研究が見当たらないことから，総合商社5社の企業価値創造について16年間の財務データと963社の投資先データを用いたパネルデータによる実証分析を行う。総合商社はトレーディングから事業投資に軸足を移すことでビジネスモデルの変革を行ってきたが，ビジネスモデル変革が資本コストを考慮した企業価値創造にどのような影響を与えたのかについての研究は見当たらない。実証分析により，投資先全体，さらには商社型・非商社型それぞれの経営権有比率の上昇は企業価値創造にどのような効果をもたらしているのかを定量的に明らかにする。

　第7章，第8章および第9章は事例研究である。本研究における事例研究の目的は，第5章および第6章の実証研究でのモデルの構築と全体の考察において，事例からの演繹による示唆を得るアプローチを採る。

　第7章では先行研究において総合商社と比較される，英国多国籍商社とその実施主体であるフリースタンディングカンパニーに関する研究をレビューし，総合商社と定量的，定性的な類似性，非類似性を確認する。これにより，栄華を極めた英国多国籍商社がなぜ衰退し，総合商社はなぜ存続しているのかの示唆を得る。

　第8章では，投資という観点から現代の投資会社やファンド，産業コングロマリットが保有するポートフォリオとの類似性や非類似性，パフォーマンスの違いを明らかにする。

　第9章では，各社の地域戦略と進出業種の関係を確認し，総合商社間の国別の進出戦略の違いを事例分析から比較する。これにより，類似性が強いと言われる総合商社であっても，進出国への戦略に違いがあることを確認する。各社の国別の進出戦略の違いを確認するために，定量的に重視国，非重視国および得意国の分類を決定した上で，特徴的な重視国，得意国に着目して，進出経緯や業種などの事例分析を行う。競合他社とは違う優先順位や進出戦略の違いを分析することにより，各社の戦略や強みを読み取れるだけでなく，総合商社間の国別の進出戦略の違いを定性・定量両面から見ていくことで総合商社の事業発展形態の変化や総合商社各社の志向が読み取れると考えられ，総合商社の海外進出モデルやその変化への示唆を得る。

　第10章では，これまでの検討を踏まえ，総合商社のビジネスモデルについて考察を深める。

　第11章では発展的な話題として，カーボンニュートラル社会実現に向けた総合商社の最新の活動状況を展望する。総合商社は，多様な産業と深い関わりを持つため，持続可能な社会の構築において重要な役割を果たす潜在力がある。このよ

うな背景から，総合商社がどのようにそのビジネスモデルを進化させ，新しい事業創造に取り組むべきかについて，最新の取り組み状況を詳細に検討する。

最後に終章として，本研究を概観し，あらためて本研究の学術的貢献および実務へのインプリケーションを確認する。さらに本研究の限界を明らかにすることによって，今後の研究課題を明確にして締めくくる。

以上の本研究における各章の関係を図1－1に示す。

｜図1－1｜ 各章の関係図

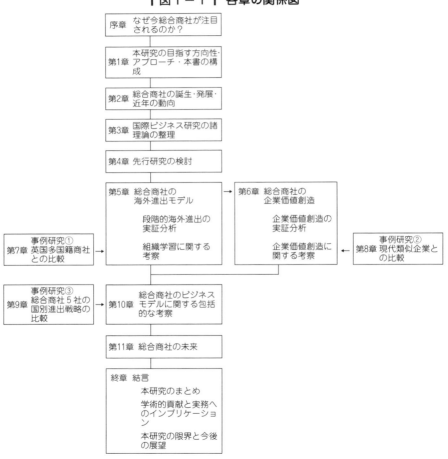

第5節　本章のまとめ

　本章では本研究の目指す方向性，採用するアプローチ，および本書の全体構成について述べた。

　本研究の目指す方向性として，事業創造がビジネスモデルの本質とされる総合商社が，時代や環境の変化に応じてビジネスモデルを進化させているものの，現代的な視点で経営学の観点から十分にモデル化，分析されているとは言えない状況であるとの視点に立ち，事業創造の典型例である総合商社の海外進出形態が具体的にどのように変化してきているのか，進出する国や業種にどのような違いがあるのか，そして海外進出が資本コストを考慮した企業価値創造にどのように寄与しているのかを，国際ビジネス研究の諸理論やフレームワーク，統計解析を用いた実証分析を通じて明らかにする。これにより，総合商社の価値とその変化を新たな視点で捉え直し再評価する方向性を提示した。

　研究のアプローチとしては，先行研究では見られない統計解析を用いたアプローチを採用し，総合商社のビジネスモデルの変革と企業パフォーマンスの結果である企業価値創造の関係を科学的に解明することに本研究の意義があると考えることから，モデルの提示とその実証を重視して進める。また，多国籍企業の活動を扱う国際ビジネス研究の諸理論を総合商社に適用した研究も多くはないことから，国際ビジネス研究における重要な諸理論やフレームワークを適用することを重視する方針を示した。実証分析，事例分析の底流に流れるテーマ（Research Question）は，総合商社における組織学習とイノベーションであると述べ，総合商社における組織学習のメカニズムはどのように機能し，組織学習によって得られた知がそのビジネスモデルの変革にどのように影響を与えてきたのかを，実証分析，事例分析を通じて明らかにしていくことを表明した。

　本書の構成としては目次および図1-1を参照していただくこととし，本節ではその詳細な説明を割愛する。

‖ 注 ‖
1　ウプサラ・モデルの詳細は第3章で解説する。

◆15

---| 第 2 章 |---

総合商社の誕生・発展・近年の動向

第 1 節　本章の概要

　本章では，総合商社の歴史を辿り，総合商社誕生から発展を経て現在に至るまでに，総合商社が日本経済の成長および事業環境の変化にどう対応してきたのかを明らかにする。

　時代としては，近代日本および日本経済の発展の歴史に合わせ，総合商社が誕生した①明治期，総合商社が発展した②第一次世界大戦から第二次世界大戦期，③第二次世界大戦後，④高度経済成長期からバブル経済期，⑤バブル経済崩壊後，⑥中国の爆食と資源ブーム，⑦2010年代から現在，と 7 つの時代に分けて見ていく。

第 2 節　総合商社の誕生（明治期）

　サービス業である貿易業の発展は，その国の産業構造と無関係ではなく，明治初期の貿易商社の動向を論じるのに，明治初期の産業と関連付けて論じなければならない（藤田 2011）と指摘される。この指摘を踏まえて，総合商社を取り巻く政治経済状況に留意しながら見ていく。

　近代明治の急激な産業化の過程において，「直（じき）輸出」，すなわちそれまで貿易の窓口を居留地に位置する外国商館に牛耳られていたことへの対抗策として，時の明治政府は殖産興業政策の一環として日系商社による貿易を推奨した。その中で誕生した最初の商社は，1873（明治 6 ）年[1]に設立された大倉組商会とされる。

　大倉組商会は，幕末期に江戸で鉄砲店を経営し，横浜の外国商館から買い付け

た鉄砲を販売していた大倉喜八郎が設立した商社である。1874（明治7）年には
ロンドン支店を開設したが，その一方で，喜八郎は岩倉具視，大久保利通といっ
た政府高官と面識があり，主な収益源はヨーロッパ貿易というよりも，政府から
請け負った兵站輸送，政府勧誘に基づく朝鮮貿易，鉄道・建物の土木工事であっ
たとされる（藤田 2011）。

　総合商社の直接的な始祖とされる三井物産は1876（明治9）年に設立された。
三井物産のはじまりは，明治政府内の意見対立で大蔵大輔を辞任して下野した井
上馨が設立した先収会社とされるが，先収会社自体は未だ商館貿易の担い手で
あった。井上馨の政界復帰に伴い，その事業と人材を三井が引き取り，三井の国
内向け流通事業を担う三井組国産方の業務を合併させる形で三井物産が設立され
ている（藤田 2011）。設立にあたっては，明治政府から貿易事業に取り組んでほ
しいとの要請を受け，先収会社東京頭取として実績を挙げた益田孝を招聘して直
貿易の拡大を目指した（田中（隆）2012）。

　当初三井物産はコミッションビジネスを目的としたがゆえに無資本で，三井大
元方[2]からの借入金と三井銀行からの当座貸越を元手に事業を始めたが，これは
三井物産の経営が破綻しても，三井家に累が及ばないように配慮されてのことだ
と言われる（藤田 2011）。

　創業直後の三井物産の業務は，政府御用商売の比重が極めて大きく，大蔵省へ
納める米が重要な収入源であり，陸軍の制服向けの絨[3]も重要商品であった。

　海外支店網は，ロンドン支店，パリ支店，上海支店，ニューヨーク支店，香港
支店などを開設しているが，こうした支店はいずれも明治政府との関係で開設さ
れており，三井物産は，政府御用商売に支えられながら総合商社化への基礎を形
成した点は注目に値する（藤田 2011）。産業殖産の国策の一翼を担ったと言えよ
う。

　この時代，主な貿易品は，日本からは生糸・米・石炭の輸出であり，日本へは
そのための紡績機械や綿花の輸入であった。

　その後，日清・日露戦争を経て，取扱品目，支店網を国内外に広げて一層業容
を拡大し，1893（明治26）年に合名会社に改組した頃をもって，三井物産は総合
商社としての体制を揃えたとされる（藤田 2011）。同社は1908（明治41）年の段
階で主要品目として110品目を取引していた（長廣 2011）。三井物産の国内外の
支店網の展開を表2－1に示す。日本国内の支店の開設と海外支店の開設が同時
並行的に行われていることがよく分かる。総合商社は創業期から海外進出が積極
的に行われており，本国事業から海外事業に移行する他業種の海外進出モデルの
パターンとは大きく異っている点は注目に値する。

| 表2－1 | 三井物産の国内外支店開設状況

西暦	和暦	国内	アジア	欧米その他
1893	明治26	札幌，越前堀，深川	ボンベイ	
1896	明治29	名古屋	営口（牛荘），台北	ニューヨーク（再開）
1897	明治30	唐津		
1898	明治31	呉，佐世保，杵島		サンフランシスコ
1899	明治32	門司，横須賀	仁川，厦門，芝罘	ハンブルク
1900	明治33		漢口，京城，「関東州」，マニラ	
1901	明治34	舞鶴	ジャワ	シドニー

出所：田中（隆）（2012）の記載を元に表形式に改変。

第3節　総合商社の発展
（第一次世界大戦から第二次世界大戦期）

　第一次世界大戦期は商社の新設が相次いだ。第一次世界大戦期の軍需と欧州からの輸入途絶により日本・アジア市場の拡大による好景気および明治期には大きな勢力だった外国商社の後退により，商社設立が大きな潮流となっていった。この時期，古河商事，浅野物産，久原商事，三菱商事など，それまで主として財閥内の工業生産物販売のための付帯事業として展開されてきた販売機能を分社化し，総合商社化させる事例が多くなる。

　1893（明治26）年に設立された三菱合資会社の営業活動は，所有鉱山から産出される石炭・銅に限定されており，三井物産と比較すれば，取扱商品の種類・支店数は少なかった（三菱商事 1986）。これは三菱合資が社内品の販売業務に特化する方針であったためとされ，1904（明治37）年～1905（明治38）年の日露戦争直後の取扱商品は，石炭・銅・銅板・コークス・タール製品・洋紙・ビールに限られていた。

　三菱合資（三菱商事）の国内外の支店網の展開を表2－2に示す。三菱合資の支店網展開は三井物産との比較において10年～20年遅れており，総合商社草創期において三井物産の海外進出が他と比較して大きく先行していた事実が見て取れる。

｜表2－2｜ 三菱合資（三菱商事）の国内外支店開設状況

西暦	和暦	国内	アジア	欧米その他
1890-1910	明治23-43	新潟，大阪，神戸，門司，若松，長崎		
1892	明治25		漢口	
1906	明治39		上海，香港	
1909	明治42		北京	
1912-1915	大正1-4	小樽，函館，青森，横浜，名古屋，呉		
1915-1917	大正4-6		台北，大連，天津，シンガポール	ロンドン，ニューヨーク
1920	大正9		シドニー	

出所：長廣（2011），天野（2006）の記載を元に表形式に改変。

　1896（明治29）年に三菱合資の組織機構改変により，鉱山部などとともに営業部が設置され，これが三菱商事の直接の起源となる。石炭の取り扱いは，産炭地に近い長崎・下関支店が担ってきたが，東京本店で一括して石炭販売をするために売炭部が設置された。これが営業部となり，営業部が各支店・代理店，社船を統括し，石炭・銅の販売，鉱山・造船所の資材購買を担う形となる。1906（明治39）年には鉱山部と営業部が統合されて鉱業部となり，採掘から輸送，販売が一体化された。平行して漢口支店が独自に1909（明治42）年から綿花取引を開始した（長廣 2011）。

　1911（明治44）年に鉱業部から営業部門が再び分離され，次第に社外品も扱うようになったことから，営業部門を独立させる形で1918（大正7）年に資本金1,500万円で三菱商事が設立された（大島 2011）。

　第一次世界大戦期に三井物産を凌ぐ最大の総合商社に急成長したのが鈴木商店である。鈴木商店は，鈴木岩次郎が創業した神戸の佐藤取引商を起源に持ち，岩次郎の死後，大番頭であった金子直吉の強力なリーダーシップのもと，台湾の樟脳販売権の獲得や大里製糖所の設立・売却，製鉄業への進出など多角化戦略を進めた。1917（大正6）年の段階で，取扱高は15億円に達し，三井物産の10億円を抜いて最大商社になった（橋本 1998）。1920（大正9）年には投資先が神戸製鋼所，帝国麦酒（現在のサッポロビール），播磨造船所（現在のIHI），帝国人造絹糸（現在の帝人）など60社にも達していたとされる。総合商社初期の段階から，貿易業・流通業である総合商社が傘下に製造業を保有する形態が採られているこ

とに総合商社のビジネスモデルの原型が見て取れる。

伊藤忠商事と丸紅の起源も整理しておく。両社の起源は，滋賀県出身の兄弟関係にあった伊藤長兵衛・忠兵衛が1872（明治5）年に博多・大阪で開設した店舗である。伊藤忠商事の名称は創業者伊藤忠兵衛の名前に由来し，丸紅の名称は忠兵衛の商号である「○に紅」に由来する。伊藤忠兵衛は，呉服・近江麻布・羅紗・ビロードを扱い，1896（明治29）年に伊藤染工場を設立した。その後，伊藤糸店が開業して国産綿糸，輸入綿糸の扱いを始め，1908（明治41）年に東京支店を開設した。これら事業のうち，伊藤本店・京店・染工場・西店は伊藤忠兵衛家が経営し，伊藤糸店は分家の伊藤孝太郎家が経営する形態となっていた。さらに，忠兵衛の子息が糸店，京店，西店を継ぐ形となっていたが，三井物産の近代的な経営体制を模倣して，1908（明治41）年に伊藤忠兵衛本部が管理する形に機構改変が行われた。

伊藤家の海外貿易は1893（明治26）年に始まったとされるが，何度かの失敗や継続的な赤字に悩まされながらも，1914（大正3）年に持株会社の伊藤合名会社，呉服店の伊藤忠商店と貿易会社の伊藤忠商事が設立され，商社としての形態を整えた。1921（大正10）年に伊藤忠商店が丸紅商店に改称，独自に商社として成長していく。丸紅商店が業容を拡大する中で伊藤忠商事との競合が顕在化し，1941（昭和16）年に伊藤忠商事を存続会社とする三興株式会社が設立され両社が合併した。従業員総数3,900名となり，戦争による特需を足場に総合商社としての地位を確立した。

時代を第一次世界大戦後に戻すと，戦後の経済恐慌により高田商会をはじめ数々の商社が破綻，伊藤忠商事や岩井商店はかろうじて生き残ったものの，経営危機に陥り，長期間無配を続けることになった。

そのような中でも鈴木商店は，貿易会社ながら持株会社化して新事業を次々と立ち上げ積極的に多角化を進めた。第一次世界大戦の戦後不況は乗り切ったものの，鈴木商店も業績が次第に悪化，鈴木商店のメインバンクであった台湾銀行が金融不安の中で債権回収を進めたため，多額の融資を受けていた鈴木商店は1927（昭和2）年に事業停止・清算に追い込まれた。なお，鈴木商店の商社部門の一部は1928（昭和3）年に鈴木商店の子会社だった日本商業会社を日商と名を改め，存続を図った。

このような生存競争の結果，第二次世界大戦前の戦前期に「総合商社」と呼びうる形態を整えていた企業としては，三井物産，三菱商事，大倉商事，岩井商店が挙げられる（山崎 1987）[4]。これらはいずれも財閥に所属しており，財閥系商社の原型は戦前期に概ね出揃ったと言える。これらに続く形で，伊藤忠商事と丸

紅が合併した繊維系の三興が業容を拡大させ，戦中期の特需を取り込むことで総合商社への形態へと成長を果たした。

田中（隆）（2012）は，第二次世界大戦前の日本産業界において「総合商社」が必要とされ，その成立を可能にした条件として以下の4つを挙げている。

条件1　戦前の通商が，開国・不平等条約下で始まったこと
条件2　後発国・極東国であったこと
条件3　経済が急成長したこと
条件4　財閥が存在したこと

そして，戦前期の総合商社の定義として，以下4つの要件を挙げている。

① 多様な商品を扱う
② 多様な地域を相手にする
③ 仕切り取引や支店の営業展開に関するリスク管理に関し，それなりに制度化された近代的な経営システムを築いている（その背景として大学卒を多く採用し，人材の育成に重点を置いていたと指摘している）
④ 産業とのつながりが強く，（主に商権の確保を目的に）事業投資を相当な規模で行っている

日本が日中戦争，第二次世界大戦へと進んでいく中で戦時経済統制が敷かれ，欧米との貿易が途絶し，国策への協力体制として満州や中国圏との貿易が多くなっていった。この時期，総合商社は貿易の低迷を補うべく，重工業への投資活動を活発化させた。従来の軽工業への投資に加え，その後商社が重工業にも投資する事業投資の素地や経験はこの頃に涵養されたと言えよう。

戦時中は欧米との貿易が遮断され，いわゆる大東亜共栄圏内貿易に限定されたことから，総合商社各社は軍政が敷かれた地域（オランダ領インドシナ，英領マレーシア，フィリピン，ビルマなど）や非占領地域で現地政府を通じた間接統治が敷かれた地域（フランス領インドシナ，タイ）において多種多様な政府からの受命事業に従事させられた（田中（隆）2012）。

これら国策とも相まって，1937（昭和12）年から1943（昭和18）年における日本の輸出入総額に占める三井物産の比率は18.3％，三菱商事のそれは10.3％と日本の貿易において圧倒的な地位を占めるに至った（内田 1975）。

第4節　第二次世界大戦後の総合商社

　第二次世界大戦前に活動していた商社は，戦後海外支店を全て相手国に接収され，活動を再開するには海外支店を新たに開設しなければならなかったが，当初はそれが認められず，戦後直後の貿易は，占領軍の方針に基づき政府の管理貿易によって担われた（田中（隆）2012）。

　輸出において全面的に民間貿易が始まったのは1949（昭和24）年12月，輸入においては1950（昭和25）年1月，商社による海外支店の設置が原則的に許可されるようになったのは同年8月である。こうした占領軍の制限の急速な緩和の背景には，対日占領政策の転換がある。1947（昭和22）年3月のトルーマン大統領による反共演説，いわゆるトルーマン・ドクトリンの発表，同年6月のマーシャルプランの発表に対応して，米国は対日占領政策の基本目的を「非軍事化」から「経済復興」に転換させたためである。

　この貿易再開に先立つ1947（昭和22）年，戦前に「総合商社」の地位を確立し，他の商社を圧倒する規模を持っていた三井物産と三菱商事に対して解散命令が出された。戦争遂行にあたって両社が戦争に協力したことを問題視した，また日本の占領地で日本軍へ協力した点で，戦争経済の担い手として大企業の中でも突出した位置にあったとみなされた可能性がある，と田中（隆）（2012）は指摘するが，「この解体計画そのものについては，いつ，誰が，どこで計画したのか─その真相は，今日においても謎につつまれたままである。結果的にGHQ（連合国軍最高司令官総司令部）が，ついに2大商社解散へと傾斜していったという事実のみが残っているだけである」との指摘もある（内田 1975）。また，英国の多国籍商社が，戦前の世界市場での競争に際して，総合商社の貿易活動に圧倒された苦い経験があり，日本商社の力を恐れたという見方もあるとしている。いずれにせよ，この解散命令により部長以上だった者が2名以上いてはならない，100名を超えてはならないなど，他の企業では見られない厳しい規制が敷かれ，突如として三井物産は223社，三菱商事は139社に分散させられた。この模様を，当時三菱銀行の営業部長だった宇佐美洵は，「豪華なガラス器を床にたたきつけて，こっぱみじんにくだくようなものであった」と形容したという。人員整理は，解散時の三井物産7,058名，三菱商事4,086名のほとんどが設立された新会社あるいは既設会社へ転出する形となった。規制に対応して各社あたりの人員は10名から90名で，戦後の厳しい経済環境下，資本力がなく倒産や吸収合併された会社も少なくなかったとされる。

三井物産と三菱商事の再合同は，1949（昭和24）年３月の「制限会社の記載に関する覚書」，1950（昭和25）年10月の「貿易会社の解体に関する覚書」がGHQによって交付されたことをもって規制が大幅に緩和されたことで実現に至る。

　1950年に，旧三菱商事の商権などを継承する第二会社として光和実業が設立され，GHQが旧三菱商事役職員に対する雇用制限緩和を発表したことで再合同が具体化する。この時点で既に12社にまで集約されていたが，さらにそれらが合同し，1952（昭和27）年に不二商事，東西交易，東京貿易の３社が発足した。1951（昭和26）年のサンフランシスコ講和条約の発効に伴い，財閥商号使用禁止などの政令が廃止され，光和実業から改称した三菱商事を加えた４社の間で合併協議が行われた。三菱商事以外の３社は，取扱商品が多角化し，相互に競争関係にあったことで協議は難航し，一時は段階的合同論が台頭したが，最終的には三菱銀行をはじめとする三菱グループ首脳が一括合同を要請し，1954（昭和29）年７月に新生三菱商事が成立した。

　三菱商事の再合同が比較的迅速に実現したのに対して，三井物産の再合同は時間を要した。旧三井物産系企業は，三菱商事よりも多くの企業に分割されており集約が遅れていた。そのような中でも，1950（昭和25）年に旧三井物産の第二会社として日東倉庫建物が設立され，1951（昭和26）年の段階では，第一物産，第一通商，日東倉庫建物，室町物産に集約された。1952（昭和27）年に日東倉庫建物が三井物産に改称され，1953（昭和28）年に室町物産と合併した。三井物産の商号は大合同の暁まで日東倉庫建物に一時的に預けることが申し合わされていたが，日東倉庫建物が突如商号を三井物産に変更して室町物産と合併したことで，約束を反故にされた関係者が激怒したという（三井広報委員会HP）。1954（昭和29）年には，三菱商事の再合同に危機感が広がったが，第一通商の負債処理問題に対してメインバンクの三井銀行が資金供給できず，他銀行に支援を仰がざるを得なかったこと，日東倉庫建物が三井物産の商号を使用したことで，後継商社間で紛争が起こったこと，三菱グループで起こったような財閥内からの要望が無かったことなどから協議は難航した。1955（昭和30）年になり第一物産が第一通商などと合併し，同社が事実上の旧三井物産の継承会社となり，その後三井グループ首脳（三井系会社社長有志会）のあっせんにより，三菱商事に遅れること５年，1959（昭和34）年に三井物産と第一物産が合併し，新生三井物産が誕生した。しかしながら，旧三井物産の商権を引き継いだゼネラル物産（後のゼネラル石油，東燃ゼネラル石油），東京食品（後の東食，現カーギル・ジャパン）は再合同には参加しておらず，三井物産においては完全な形での再合同に至ることはなかった。

第 2 章　総合商社の誕生・発展・近年の動向　◆23

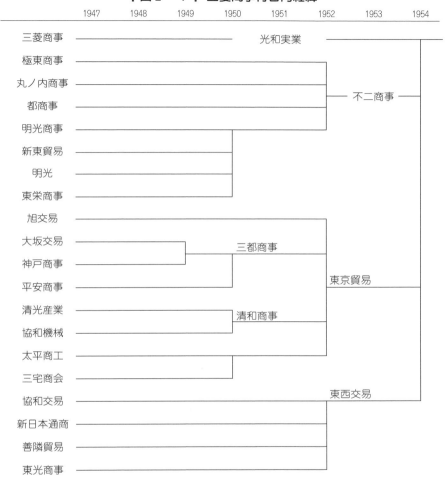

| 図 2 － 1 |　三菱商事再合同経緯

出所：ダイヤモンド社（1965）

　これら再合同の結果，1955（昭和30）年度の貿易額の取扱高の順位において三菱商事は9.2％を占めて1位となりほぼ戦前の占有度を回復した一方，三井物産は5.9％の比率にとどまった。
　伊藤忠商事と丸紅に関しては，戦時体制下で岸本商店，呉羽紡績，大同貿易と合併したものの，戦後に独占を指摘されたことから再度分割を行い，伊藤忠商事と丸紅は別会社（大島 2011）として歩んでいくことになった。

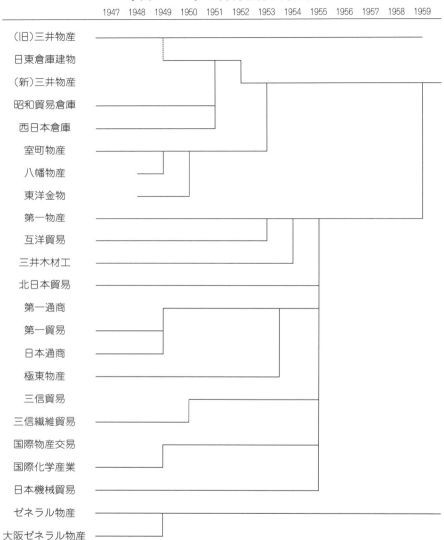

図2-2 三井物産再合同経緯

出所：現代企業研究会（1962）

　その後，日本経済の復興に伴い，原料の海外調達や製品の海外販売から総合商社の必要性が叫ばれた。第一次世界大戦時にはグループ内の総合商社設立を断念していた住友グループも住友商事を設立して業界に参入，また繊維系，鉄鋼系の

専門商社が，商品の多角化により総合商社となっていった。政府も輸出振興およびそれを支える商社強化策を打ち出し，1951（昭和26）年には日本輸出銀行（現在の国際協力銀行）が設立され，1953（昭和28）年には貿易商社の資本増強と海外活動の活性化を図る目的で租税特別措置法の改正なども行い，総合商社が活動しやすくなるような環境整備を図った。その後，日本経済は約15年間，年平均9％強の成長を遂げ高度経済成長期を迎える。財閥・企業集団，産業界，政府からの要請に基づいて，総合商社が成長してきたと言えるであろう。

　住友商事の設立経緯をまとめておく。戦前において住友グループの中でも商事部門を設立しようとする動きはあったが，住友のトップマネジメントであった鈴木馬左也の反対に合い，商社設立は実現しなかった。戦争が終結した1945（昭和20）年に，住友本社で住友商事設立方針が固まり，母体として日本建設産業が設立され，住友グループ各社の原料調達と製品販売を担った。1952（昭和27）年に財閥商号の使用が許可されると社名を住友商事と改称した。1951（昭和26）年下期には，住友金属工業，住友化学，住友金属鉱山の総仕入れの6割，販売面でも住友金属工業，住友電工，東洋アルミの4割を日本建設産業（住友商事）が担い，重工業化による日本経済発展の成長を取り込むことに成功し（大島 2011），総合商社としての地位を確立した。

第5節　高度経済成長期～バブル経済期

　戦後の高度経済成長期において，日本経済は重化学工業を中心とする設備投資の急増と輸出の増加を要因として高い経済成長が持続した。

　総合商社は，三井，三菱，住友，芙蓉，一勧，三和の6大企業グループの中にあって株式の相互持合いの機能を銀行と共に担い，さらには売買に伴う信用供与による商社金融機能を提供して企業グループ内の事業成長を支え，また総合商社自身も規模を拡大していった。

　この時期，総合商社は，エネルギーや原材料となる天然資源を日本に安定供給するために開発輸入機能を提供し，需要家からの長期的な購入契約を背景に，プロジェクトでの資源開発のみならず，船舶の建造や港湾インフラなどの全体開発コーディネーションを行い，オーガナイザー機能を提供して資源調達システム（田中（彰）2012）を確立する。この過程を経験することにより，総合商社は情報や金融，コーディネーションにおける自らの能力・機能を高度化させていった。

　また，それら原料により製造された工業製品やプラント，インフラを輸出し，海外の拠点ネットワークを使って全世界を相手に販売を行った。こうして，総合

商社は「日本経済の先兵（The Vanguard of the Japanese Economy）」（Yoshihara 1983）とまで称されるようになったのである。

1971（昭和46）年に米国ニクソン政権の新経済政策により，1ドル＝360円の固定為替レートが崩壊して変動相場制に移行，その結果急激な円高が進んだ。いわゆるニクソンショックである。円高不況を恐れた日本政府は景気刺激策を採用し，資金供給が増加した結果，株価や地価が高騰，インフレが進行した。この物価の高騰に対して，総合商社が買い占めや売り惜しみをしているとの社会的批判が巻き起こった。1973（昭和48）年に通商産業省（当時）が行き過ぎた活動の自粛を要請，三菱商事，三井物産，伊藤忠商事，丸紅，住友商事，日商岩井の6社に対して調査を実施し，「大手商社の営業活動の実態調査について」とするレポートを公表した。さらに，衆議院に物価問題特別委員会が設置され，これら6大商社の経営陣が国会に参考人招致され，土地や商品に対する買い占めや売り惜しみの問題について質疑が行われた。これらの批判に対応して，総合商社で構成する日本貿易会[5]は「総合商社行動基準」を発表し，「土地・株式・生活関連物資などの取り扱いに当たっては，経営の理念と機能に照らしてとくに慎重に配慮する」と自主規制を敷いた。

しかし，1973（昭和48）年に第四次中東戦争に端を発した石油危機の結果，「狂乱物価」と言われる激しいインフレに陥ると総合商社に対する社会的批判は一層強くなり，公正取引委員会が独占禁止法の改正を視野に調査を実施し，最終的には独占禁止法が改正された。事業会社の株式保有総額制限が制度化され，商社による会社保有に制限が課された。

石油ショック後，総合商社各社の業績は低迷し『商社－冬の時代』という書籍（日経ビジネス 1983）の出版を機に，この言葉で商社低迷が語られるようになった。

この間，総合商社は重工業を主な商品とする旧来の事業形態から，新たな輸出品目になった自動車の海外販売や国内のリテールへの参入など，新たな機能や商圏の獲得を進めてビジネスモデルを変化させていった。

1985（昭和60）年のプラザ合意以降急速に円高が進んだ日本では，1980年代後半に株や不動産への投機が横行し，バブル経済期に入った。世界唯一の品質とコスト競争力を誇る高度組み立て産業を武器に，欧米への製品輸出を行い，ジャパン・アズ・ナンバーワンといわれるまでの経済大国にのし上がったのである（平野 2017）。

株価と地価が高騰し，企業にも個人にも「財テク」が流行した。この時期総合商社は，特定金銭信託やファンドトラスト（特金ファントラ）を利用した財テク

第2章　総合商社の誕生・発展・近年の動向　◆27

に走り利益を上げていった。1989年3月期の6大商社は，特定金銭信託の運用により表2－3に示す莫大な利益を上げていた（逸見・齋藤 1991）

| 表2－3 | 各社の特定金銭信託の運用額と運用益（1989年）

社名	運用額	運用益
三菱商事	2兆5,500億円	250億円
住友商事	1兆9,000億円	200億円
伊藤忠商事	8,500億円	45億円
三井物産	8,000億円	50億円
丸紅	7,000億円	130億円
日商岩井	7,000億円	70億円

出所：逸見・齋藤（1991）

　1980年代前半に外国為替の自由化が進むと総合商社はすぐに対応して外国での社債発行や外銀からの借入を行って資金調達手段を多様化させ，競争力のある金利を享受するようになっていた。バブル期にはさらなる自由化が進んだことで，財テクの余地が広がり，総合商社は世界的なマーケットへのアクセスと高度に発達させた金融機能により運用を拡大させた。

　1990（平成2）年になると株価の下落が始まり，平成不況と呼ばれる低迷期に入る。1996（平成8）年には不動産価格下落に伴う住宅金融専門会社問題，いわゆる「住専問題」が顕在化し，地方銀行や証券会社，さらには日本長期信用銀行や日本債券信用銀行の破綻が相次ぎ，バブル崩壊の影響が深刻化した。このような経済環境下にあって総合商社の業績も低迷，大倉商事が1998（平成10）年に倒産，1999（平成11）年には兼松が業務の大幅縮小により総合商社から専門商社に転換，豊田通商とトーメンが資本・業務提携（2006年に豊田通商がトーメンを吸収合併），2004年には日商岩井とニチメンが合併して双日になるなど，総合商社においても業界再編が進んだ。

第6節　バブル経済崩壊後

　1996（平成8）年に住友商事の米国現地法人で銅地金不正取引事件が発生，1997年のアジア通貨危機，2000（平成12）年の会計ビッグバンが起こると共に，時を同じくして信用格付会社（rating firm）の発言力が強くなり，総合商社にお

けるコンプライアンス・リスク管理体制が問われる状況となった。

　この流れを受けて，住友商事が1998（平成10）年に発表した中期経営計画において，総合商社の中でいち早く定量的リスク管理手法の導入を図り，RAROC（リスク調整後資本利益率）という指標を用いて事業別の採算管理強化を打ち出した。同様に三菱商事では資本コストと収益から計算されるMCVAを，三井物産ではPACC，丸紅ではPATRACを，伊藤忠商事ではリスク・リターン指標としてRRIを導入，総合商社各社がこぞって採算管理制度を導入した。

　これら制度の導入により，バブル崩壊時に抱えていた不良資産の償却が一気に進んで財務体質の健全化を実現し，信用格付会社による格付で高い格付を維持できるようになった。

　これらと並行して，いわゆる「ゴーン・ショック」に代表されるメーカーによる商社外しや「中抜き」の動きが強まり，総合商社の伝統的な稼ぎ方である仲介による手数料収入が漸減していく。こうした中，総合商社はビジネスモデルの転換を図り，トレーディング・仲介ビジネスから事業投資と呼ばれる投資活動に軸足を移していった。

　三井物産の誕生以来，総合商社が工場を設立して，商権・商流を作り出すことは自然に行われてきたが，目的はあくまで手数料・口銭獲得狙いの商権確保にあり，投資に付随する取引の意味で「随伴取引」と呼称された。

　2000年代前後には，連結会計制度を使うことで投資先からの利益が本体利益として連結できるようになり，投資の意味が変わっていった。1990年代から既にその萌芽はあったが，企業戦略あるいはビジネスモデルとして事業投資が位置付けられるようになったのである。これは前出のリスク管理体制確立による後押しが大きい。資本コストに見合わない事業は撤退が促され，より収益性の高い事業を選別していく過程で，個別事業部門が利幅が低く本体で行うがゆえにコストが高いトレーディング・仲介ビジネスから事業投資に収益確保の活路を求めることで事業投資化が進展したのである。

　リスク管理の具体的な事例として，例えば，三菱商事では事業選別の仕組みとして，2000年にビジネスユニット（BU）制と言われる収益単位を導入した。社内共通の管理指標を用いてBUを「再構築型」「拡張型」「成長型」に分類し，「再構築型」と認定されたBUは事業撤退するか，他社・他部門と統合させて「拡張型」もしくは「成長型」への移行を余儀なくされる管理手法である。この結果，三菱商事は不採算部門の整理をいち早く終え，他社に先駆けて積極的な投資活動を展開し，表2－4に示す通り，順調に関係会社を増やしていった（木山2011）。

| 表2−4 | 5社の関係会社[6]数

社名	1998年3月	2000年3月	2001年3月	2002年3月	1998年比
三菱商事	597	653	694	780	+183 （+31%）
三井物産	905	882	882	857	▲48 （−5%）
住友商事	719	767	727	720	+1 （±0%）
伊藤忠商事	1,092	852	740	671	▲421 （−39%）
丸紅	693	646	598	515	▲178 （−26%）

出所：木山（2011）に1998年比を追記。

第7節　中国の爆食と資源ブーム

　2005年を境に中国の経済成長が一段と進み，世界中の資源を高値で買う，いわゆる「爆食」の時代が到来し，資源高に支えられて総合商社各社の収益レベルは一段高いレベルに飛躍した。1990年代の「商社−冬の時代」と対比して「商社−夏の時代」とも言われた。

　同時に，単なるトレーディングから事業投資へのシフトが顕著となり，従前よりも投資会社としての特性が浮き彫りになった。

　総合商社はその誕生以来，開発輸入モデルをはじめとする原料の輸入・確保に大きな役割があった。そのため，日本の製造業が必要とする原料のために，海外の油田・ガス田・鉱山などの天然資源に日本政府による制度金融支援も得ながら投資を行い，資産保有を行っていた。そこに中国の飛躍的な経済成長による天然資源需要の急拡大，いわゆる「爆食」が押し寄せた。この結果，資源価格は軒並み上昇する状況になった。これにより，総合商社の資源・エネルギー部門は大きな恩恵を受けることになる。2004年3月期の決算で三菱商事が総合商社として史上初めて純利益1,000億円を達成，他商社も最高益を記録した。三菱商事では1,000億円の純利益のうち，オーストラリアで石炭事業を統括する資源投資管理会社MDP（Mitsubishi Development Pty Ltd）の収益が200億円以上を占め，液化天然ガス（LNG）などの事業も大きく寄与した。

第8節　2010年代から現在

　2010年代に入っても，総合商社は高い資源価格に支えられて好調な業績を維持していた。しかし，2016年3月期決算では，資源価格の下落に伴う資産評価減により，三菱商事と三井物産が創業以来初の赤字を記録した。この赤字は主に銅価格の下落が原因であった。総合商社は他の日本企業に先駆けて国際会計基準（IFRS）に移行しており，IFRSにおける時価会計の原則に従い，資源価格の下落により，保有権益や資産の評価を下げざるを得なかったため，減損損失により赤字に至った。

　このような資源価格の変動に対応するため，三井物産を除く各社は非資源分野への投資を拡大し，投資ポートフォリオのバランスを図る戦略を採った。例えば，三菱商事はすでに連結先会社としていたコンビニエンスストアのローソンを過半数まで買い増して子会社化，同様に伊藤忠商事もファミリーマートの株式を追加取得し，子会社とした。

　2020年8月，「投資の神様」とも称されるウォーレン・バフェット（Warren Buffett）氏が率いるバークシャー・ハサウェイ（Berkshire Hathaway）が総合商社5社の株式を各々5%超保有したことをプレスリリースで発表し，その発表を受けてこれら5大商社の株価は急騰し，世間の耳目を集めた。バークシャー・

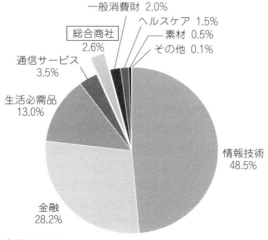

┃図2−3┃　バークシャー・ハサウェイ保有株のセクター別比率

出所：CNBC

第2章　総合商社の誕生・発展・近年の動向　◆31

ハサウェイが保有株についてプレスリリースするのは珍しいとされるが，その投資総額は7,000億円，同社保有株の2.6％（2020年第2四半期，**図2-3**）とも言われ，また投資方針として，最大9.9％まで買い進める可能性も公表した。出資の狙いについては様々な憶測があるが，同氏の投資手法は，企業価値よりも割安な銘柄を購入し長期保有する，いわゆる「バリュー投資」であることから，コングロマリット・ディスカウントにより割安評価を受けている商社株に投資妙味を見出したとされる。

　序章で述べた通り，2024年2月には，バークシャー・ハサウェイは5大商社の株式を約9％まで買い増したことを発表，また，2023年4月にはウォーレン・バフェット氏が11年ぶりに日本を訪れ，5大商社各社を訪問したことは，日本経済への再注目へと発展し，日経平均株価はそれ以降高騰を続けることとなった。

第9節　信用格付会社による総合商社の事業形態への見解

　前項での記載の通り，1990年代から信用格付会社の力が強まり，借入により運転資金を得る総合商社はその格付を強く意識して財務規律を保ってきた。

　その信用格付会社は，総合商社をどのように定義し，どのように事業を見ているのか，有力な信用格付会社の1社であるムーディーズの総合商社評価方法（ムーディーズ 2016）から確認する。少し長くなるが，以下，同社資料から抜粋する。

　　ムーディーズが格付を付与している主要な商社（総合商社）は日本経済において重要な地位を占めており，また，日本の主要な銀行と密接な関係にあり，日本のクレジット市場全般から支持されている。

（中略）

　　コモディティ商社と同様，総合商社も顕著にグローバル化しており，数多くのセクターにまたがって事業を展開している。商品やコモディティをそれぞれの主要なエンドマーケットに提供することを基盤とする事業を大規模に行っているが，それらの取引は通常，back-to-backで行われており，本来的に事業の投機性は低い。また，世界にまたがるサプライチェーンの中での垂直統合の達成度合という点でもコモディティ商社とは異なり，単なる商取引の仲介にとどまらず，川上事業に直接投資を行ったり，または相当な持分を取得している。またこれらの企業は，生産やサプライチェーンの複数の過程で商品・サービスの付加価値の向上に努めており，また多くの場合，そのためのロジスティクス

を提供している。これらの企業は通常，膨大な情報収集と情報ネットワークを活用することによってグローバルな収益機会を追求しており，既存の事業セクターや新たなセクターに巨額な投資を迅速に行う能力を有している。事業活動は極めてダイナミックで，事業構成は常に変化し続けており，事業プロファイルを特定するのが難しい場合がある。これらの企業は，利益（損失）の機会の変化を見極めながら，自らが事業を行う市場で活発な仲介者となり，頻繁に投資・売却を繰り返すなど，資産リサイクルを行っている。また，特に資源分野の事業投資において，世界の景気サイクルのリスクにさらされやすい。それらの企業の多くは，これらのリスクを相殺するため，石炭や液化天然ガスなどのセクターで長期の引取契約を採用しているが，そのようなリスク緩和策は事業ポートフォリオの一部にしか有効でなく，石炭や鉄鉱石の価格リスクなど全てのリスクをカバーしている訳ではない。

（中略）

　総合商社のビジネスモデルは非常に複雑であり，多くのセグメントで多様な収益源がある。総合商社の事業は独自に形成されており，一方では伝統的なトレーディング事業を，他方では長期的な事業投資を行っている。総合商社の信用プロファイルは全般的に事業会社と金融機関の間に位置するハイブリッドである。そのため，レバレッジ水準が高くても，多くの純粋な事業会社より高い格付に位置づけされることもある。総合商社の収益源とキャッシュフロー源は，概ね３つに分類される。(1)トレーディング事業からの収益，(2)持分法適用会社から得られる配当収益，(3)連結子会社による製造，販売，金融サービス事業からの収益。トレーディングは商社にとってファンダメンタルな事業であり，引き続き各社のビジネスモデルの重要な要素として位置づけられる。輸出，輸入，国内商業取引の仲介のみならず，情報収集・発信，ロジスティクス（川下への商品販売），金融機能（信用供与）などの各種サービスを提供し，円滑な商業取引を支える。一般に，トレーディング事業は低リスク，低収益である。トレーディング事業に加え，商社は通常，少数持分を獲得することで積極的に事業投資を行う。総合商社は，伝統的なトレーディング事業から長期投資へと事業をシフトし，投資を拡大している。また，各セグメントで多様な収益機会を獲得するために，バリューチェーンの川上から川下までの全領域に効率的に投資を行っている。例えば，LNG事業では，ガス田開発，（液化）ガス生産，LNG輸送，ユーザーへのガス供給等，幅広い事業に携わっている。事業投資の収益性は伝統的なトレーディング事業をはるかに上回るため，事業投資は商社のビジネスモデルを構成する重要な要素となっている。しかし，トレーディ

ング事業と比べて事業投資は，長期で流動性が低く，リスク・プロファイルが高いといった特徴を持つ。また，総合商社は鉄鉱石，石炭，銅，アルミニウム，天然ガスなどの循環的下降局面に直面する資源・コモディティ分野に，多額の投資を行ってきた。したがって，リスク管理は極めて重要であるが，限られた情報しか公開されていないため，商社のリスク管理能力を比較し，数値化することは難しい。子会社からの収益も，商社の全般的な収益性に寄与する。子会社は製造業からサービス業，リース業と多岐にわたり，業種により事業リスク・プロファイルや利益率は異なる。総合商社の分析上の課題の一つは，トレーディング事業が各社のバリューチェーンの中に組み込まれており，トレーディング事業からの収益と事業投資・事業活動（子会社と持分法適用会社）からの収益を切り離すことが難しいことである。また事業投資の一環として，商社は定期的に資産を売買しているため，他業界の企業と比べてEBITDAの変動性は高い傾向にある。デリバティブは主に為替，金利，コモディティ価格といったエクスポージャーに関連する市場リスクのヘッジに用いられる。自己勘定取引への関与は極めて限定的である。リースや販売金融に関連した事業などを手掛ける総合商社の金融機能的な性質や，トレーディング事業に関連した短期資金の提供を要因として，総合商社の純有利子負債/EBITDAで示されるレバレッジは非常に高い。ただし，大部分の投資は総合商社の裁量で行われることから，この高水準のレバレッジは各社の投資抑制能力により一部緩和される。金融危機直後に見られたように，不透明あるいは困難な事業環境においては，各社はこれらの投資を抑制するといった財務の柔軟性を有する。また，規模の大きい会社は，在庫ならびに，営業債権など，短期で質の高い大規模な資産ポートフォリオを有しており，必要とあれば速やかにこれらを売却することができる。最後に，総合商社において流動性管理も極めて重要である。一般に，総合商社は短期債務をカバーするのに十分な多額の現金を保有している。また，日本の銀行からのコミットメントラインを有していることが多い。

　ムーディーズの見解１つ１つをカテゴリーに分類すると「日本経済との関係」「ビジネスモデルの複雑さ・多様さ」「ケイパビリティ」「トレーディング機能」「事業投資」「外部からのビジネスモデルの把握しづらさ」「財務・金融との関係」に分けられよう。カテゴリーごとにまとめると，以下の通りとなる。

① 　日本経済との関係
● 　総合商社は日本経済において重要な地位を占めている。

② ビジネスモデルの複雑さ・多様さ

● 顕著にグローバル化し，数多くのセクターにまたがって事業を展開。

● ビジネスモデルは非常に複雑で，多くのセグメントで多様な収益源。

● 世界にまたがるサプライチェーンの中での垂直統合を進めており，単なる商取引の仲介に加え，川上事業への直接投資により相当な持分を取得。

● 総合商社の事業は独自に形成されており，一方では伝統的なトレーディング事業を，他方では長期的な事業投資を行う。総合商社の収益源とキャッシュフロー源は，概ね3つに分類される。(1)トレーディング事業からの収益，(2)持分法適用会社から得られる配当収益，(3)連結子会社による製造，販売，金融サービス事業からの収益。

③ ケイパビリティ

● 膨大な情報収集と情報ネットワークを活用することによってグローバルな収益機会を追求し，既存や新たなセクターに巨額な投資を迅速に行う能力を有する。

④ トレーディング事業

● 商品やコモディティをそれぞれの主要なエンドマーケットに提供することを基盤とする事業を大規模に行うが，それらの取引は通常back-to-backで行われており，本来的に事業の投機性は低い。

● トレーディング事業は低リスク，低収益。

● トレーディングは商社にとってファンダメンタルな事業で，引き続き各社のビジネスモデルの重要な要素。輸出，輸入，国内商業取引の仲介のみならず，情報収集・発信，ロジスティクス（川下への商品販売），金融機能（信用供与）などの各種サービスを提供し，円滑な商業取引を支える。

● 生産・サプライチェーンの複数の過程で商品・サービスの付加価値の向上に努める。

⑤ 事業投資

● トレーディング事業に加え，商社は通常，少数持分を獲得することで積極的に事業投資を行う。総合商社は，伝統的なトレーディング事業から長期投資へと事業をシフトし，投資を拡大している。

● 各セグメントで多様な収益機会を獲得するために，バリューチェーンの川上から川下までの全領域で効率的に投資を行う（例：LNG事業では，ガス田

開発，（液化）ガス生産，LNG輸送，ユーザーへのガス供給等）。

- 事業投資の収益性はトレーディング事業をはるかに上回るため，事業投資は商社のビジネスモデルを構成する重要な要素。しかし，トレーディングと比べて長期で流動性が低く，リスク・プロファイルが高い。
- 特に資源分野の事業投資において，世界の景気サイクルのリスクにさらされやすい。これらのリスクを相殺するため，石炭や液化天然ガスなどのセクターで長期の引取契約を採用しているが，そのようなリスク緩和策は事業ポートフォリオの一部にしか有効でなく，石炭や鉄鉱石の価格リスクなど全てのリスクをカバーしている訳ではない。
- 事業投資の一環として，商社は定期的に資産を売買しているため，他業界の企業と比べてEBITDAの変動性は高い傾向。
- 利益（損失）の機会の変化を見極めながら，自らが事業を行う市場で活発な仲介者となり，頻繁に投資・売却を繰り返すなど，資産リサイクルを行う。

⑥ **外部からのビジネスモデルの把握しづらさ**

- 総合商社は鉄鉱石，石炭，銅，アルミニウム，天然ガスなどの循環的下降局面に直面する資源・コモディティ分野に，多額の投資を行ってきた。故にリスク管理は極めて重要だが，限られた情報しか公開されておらず，商社のリスク管理能力を比較し，数値化することは難しい。
- 子会社からの収益も，商社の全般的な収益性に寄与。子会社は製造業からサービス業，リース業と多岐にわたり，業種により事業リスク・プロファイルや利益率は異なる。総合商社の分析上の課題の1つは，トレーディング事業が各社のバリューチェーンの中に組み込まれており，トレーディング事業からの収益と事業投資・事業活動（子会社と持分法適用会社）からの収益を切り離すことが難しいこと。
- 事業活動は極めてダイナミックで，事業構成は常に変化し続けており，事業プロファイルを特定するのが難しい場合がある。

⑦ **財務・金融との関係**

- 流動性管理が極めて重要。短期債務をカバーするのに十分な多額の現金を保有。
- 日本の銀行からのコミットメントラインを有していることが多い。
- 信用プロファイルは全般的に事業会社と金融機関の間に位置するハイブリッド。そのため，レバレッジ水準が高くても，多くの純粋な事業会社より高い

格付に位置付けされることもある。

- 日本の主要な銀行と密接な関係にあり，日本のクレジット市場全般から支持されている。
- リースや販売金融に関連した事業などを手掛ける総合商社の金融機能的な性質や，トレーディング事業に関連した短期資金の提供を要因として，総合商社の純有利子負債/EBITDAで示されるレバレッジは非常に高い。ただし，大部分の投資は総合商社の裁量で行われることから，この高水準のレバレッジは各社の投資抑制能力により一部緩和される。金融危機直後に見られたように，不透明あるいは困難な事業環境においては，これら投資を抑制する財務の柔軟性を有する。
- デリバティブは主に為替，金利，コモディティ価格といったエクスポージャーに関連する市場リスクのヘッジに用いられる。自己勘定取引への関与は極めて限定的。

　総合商社は高い格付を維持するために，事業の詳細を信用格付会社に対して積極的に説明していると言われている。しかしながら，信用格付会社が「限られた情報しか公開されておらず」「事業プロファイルを特定するのが難しい」との見解を示しているのは注目すべき点である。これは，総合商社のビジネスモデルの複雑さや，その不透明性に対する信用格付会社の懸念を示していると解釈できるであろう。

第10節　本章のまとめ

　本章では，総合商社の歴史を辿り，総合商社誕生から発展を経て現在に至るまでに，総合商社が日本経済の成長および変化にどう対応してきたのかを概観した。
　時代としては，近代日本および日本経済の発展の歴史に合わせ，誕生した①明治期，総合商社が発展した②第一次世界大戦から第二次世界大戦期，③第二次世界大戦後，④高度経済成長期からバブル経済期，⑤バブル経済崩壊後，⑥中国の爆食と資源ブーム，⑦2010年代から現在，の7つの時代に分けた。

（明治期）
　明治政府が殖産振興策の一環として日系商社による貿易を推奨し，総合商社の始祖となる三井物産の誕生と成長の経緯を明らかにした。三井物産の拠点展開では国内支店の開設と海外支店の開設が同時並行的に行われた点に注目した。

（第一次世界大戦から第二次世界大戦期）

第一次世界大戦期の軍需等により商社ブームとなり，その中で三菱商事が三菱合資会社の営業活動から誕生した経緯を明らかにした。また，一時は三井物産を凌ぐ最大商社に成長した鈴木商店，伊藤兄弟が起こした伊藤忠商事と丸紅の起源を整理した。田中（隆）（2012）が示した戦前の総合商社の成立を可能にした4条件と，総合商社の定義としての4要件を確認した。

（第二次世界大戦後）

GHQによる占領政策により全ての貿易が管理貿易となったが，段階的に許可されるようになり，全面的な民間貿易が再開された経緯を整理した。一方で，GHQによる占領政策により解散させられた三菱商事と三井物産の再合同の経緯を丹念に追うことで，三菱商事が三井物産に5年先駆けて再合同を実現できた理由を明らかにし，伊藤忠商事と丸紅の再分割，住友商事の設立経緯も整理した。

（高度経済成長期からバブル経済期）

高度経済成長期には，総合商社は6大企業グループの株式相互持合いの機能を銀行と共に担い，商社金融機能を提供して企業グループの成長を支えた。この時期，天然資源を日本に安定供給するために開発輸入機能を提供し，自らも機能を強化した。変動相場に移行，産業構造の展開と高度経済成長の終焉と共に総合商社への社会からの風当たりが強くなり，「商社・冬の時代」とも称される低迷期に入った。プラザ合意以降，円高になるとバブル経済期に入り，総合商社は財テクに走った事実を指摘した。

（バブル経済崩壊後）

1990年代以降，日本経済が平成不況に入ると，総合商社は不良債権の処理という重荷を背負い，業績は低迷した。この時期，総合商社の倒産や専門商社への転換，合併などの再編が進行し，総合商社のビジネスモデルに大きな変革が求められた。1997年のアジア通貨危機や2000年の会計ビックバン，そして信用格付会社の影響力増大は，総合商社に対してコンプライアンスとリスク管理体制の強化を促した。これに応える形で，各社は事業別の採算管理制度を導入し，不良資産の処理を加速させ，財務体質の健全化を図った。この過程で，総合商社はビジネスモデルの転換を図り，従来のトレーディング・仲介ビジネスから事業投資へのシフトを進めた。この変化は，リスク管理体制の確立による後押しを受け，資本コストに見合わない事業からの撤退や収益性の高い事業への選別が進んだ。結果と

して，総合商社は事業投資化を進め，収益構造の変革を実現した。

（中国の爆食と資源ブーム）

2005年を境に，中国の経済成長が一段と進み，世界的な資源市場での高値買い，いわゆる「爆食」状況が資源価格の高騰をもたらした。この結果，総合商社の収益は大幅に向上し，「商社夏の時代」が到来した。この時代には，トレーディングから事業投資へのシフトが加速し，各社が最高益を記録した経緯を整理した。

（2010年代から現在）

資源価格の急落に伴い，三菱商事と三井物産が創業以来初の赤字に転落した。これは主に銅価格の下落によるものであり，国際会計基準（IFRS）への移行に伴う時価会計の原則に従い，資産評価等の下落が生じてその結果赤字が発生したものである。このような市況変動への対応策として，非資源関連分野への投資を増加させ，投資ポートフォリオのバランスを調整する動きが活発化した。さらに，ウォーレン・バフェット氏率いるバークシャー・ハサウェイが5大総合商社の株式を保有し，その発表を受けてこれら商社の株価が急騰し，注目を浴びた。バフェット氏はバリュー投資の投資手法を採用し，割安とされる総合商社株に投資機会を見出したとされる。

最後に，信用格付会社が総合商社をどのように定義し見ているのかを彼らの評価指針から読み解き，総合商社から積極的に事業の詳細説明を受けている信用格付会社であっても「限られた情報しか公開されておらず，事業プロファイルを特定するのが難しい」と見解を示している点に着目し，総合商社のビジネスモデルの複雑さや把握の難易度の高さがあることを確認した。

‖ 注 ‖

1　本研究では，年の表記は原則として西暦に統一するが，日本国内の事象を説明する場合には和暦も併記する場合がある。

2　「大元方」とは，三井全事業の統括機関であり，現代でいえば法人格のあるホールディングカンパニーに当たる（三井広報委員会HP）。

3　厚い毛織物のこと。

4　山崎は鈴木商店も含めているが鈴木商店は上記の通り1927年に事業停止しており，時系列が合わないため，ここでは引用から外している。

5　一般社団法人日本貿易会。1947年設立。1986年に業界団体に改組。法人正会員42社。正会員団体19団体。活動内容：政策提言，政府当局との意見交換，日本国外との経済交流の促進，

調査研究・広報・情報収集活動を行っている。
6　関係会社は連結子会社と持分法適用会社の合計。

第 3 章

国際ビジネス研究の諸理論の整理

第 1 節　本章の概要

　本章は，本研究において参照する国際ビジネス研究の代表的な諸理論について整理し，総合商社研究におけるそれら理論の適用可能性と限界を探究する。

　はじめに国際ビジネス研究の発展の軌跡を概観した上で，国際ビジネス研究における総合商社研究の意義を明示する。

　続いて，国際ビジネス研究における主要な理論モデルを詳細に検討する。これには，パールミュッター（Perlmutter）のERPGモデル，バートレット＝ゴシャール（Bartlett and Ghoshal）の 4 類型，ウプサラ・モデル（Uppsala model），取引コスト理論，OLIパラダイム，多角化戦略論が含まれる。

　最後に，これらの理論が総合商社研究に適用された場合の限界点を批判的に分析する。この分析を通じて，既存の理論が総合商社の複雑なビジネスモデルとグローバルな活動をどの程度説明できるか，また，これらの理論が将来の研究にどのように貢献できるかを考察する。

第 2 節　国際ビジネス研究の概観と総合商社研究の意義

　国際ビジネス研究は，世界経済の一体化が進んで多国籍企業（MNE：multinational enterprise）が成長するのに伴って，20世紀中頃に生まれた比較的新しい学問分野である（安室 2008）。初期の理論は，垂直統合型クローズド・システムを持つ大企業を想定しており，それゆえに企業のケイパビリティの内部化・内部性（internality）を重視した理論に重点を置いていた。この文脈で，ウィリアムソン（Williamson）やティース（Teece）の内部化理論，ダニング（Dunning）の

OLIパラダイムなどが生まれた。

　近年，製造業のアーキテクチャが統合型（インテグラル）からモジュール型へと変化し，航空網などの移動インフラ，物流，インターネットの発達により，内部性よりも外部性（externality）を利用して成長する水平分業モデルによって成長する企業が現れ，国際ビジネス研究もその理論的解明に力が注がれてきた。

　さらに先進国だけでなく新興国市場の成長と市場としての魅力の増大は，グローバルなマーケティングの視点で生まれながらにして世界市場を目指す「ボーングローバル（born global）」と称される新しいビジネスモデルを持つグローバルな新興企業・スタートアップ企業の出現を促している。これらの現象が，国際ビジネス研究の領域を拡大させ，新たな研究対象によりその研究領域は年々多様化している状況である。

　しかし，国際ビジネス研究は経営学のパラダイムの一領域に過ぎず，国際ビジネス固有の理論は存在しないとの批判もある（入山 2015）。

　この見解の違いは，国と国，市場と市場を隔てる国境という存在に対する考え方に起因する。国際ビジネス研究は，企業が，歴史・国家・民族・因習によって規定された国境を容易に越えられるものなのか，越えられないものなのか，企業の起源があり本社を置いている本国の位置が海外進出に影響を与えるのか，という国境と企業の関係に焦点を当てることで発達してきた。

　総合商社は貿易会社として国境を越えてグローバルに活動することを前提にしているが，その存在は100年以上にわたり日本に限定されている。また，進出先の国の広範さや，製造業やサービス業などの投資先の業種やビジネスモデルの多様性が特徴である。

　過去の国際ビジネス研究は，主に製造業を明示的にも暗黙的にも想定してきた。製造業の特徴である知的財産や製造拠点，サプライチェーンといった観点を取り除いて，海外進出はどのようなプロセスで起こるのか，という視点で総合商社の海外進出を調査することで，より際立った形で総合商社のビジネスモデルや本質が浮かび上がる可能性がある。

　このように，総合商社を研究することは，国際ビジネス研究における海外進出の理解に新たな視点を提供する重要な意義を持つと考えられる。

第3節　国際ビジネス研究の諸理論の概観

　本章では国際ビジネス研究における代表的な諸理論を概観する。
- 　パールミュッターのERPGモデル

第3章　国際ビジネス研究の諸理論の整理　◆43

- バートレット＝ゴシャールの4類型
- ウプサラ・モデル
- 取引コスト理論（Transactional Cost Theory）
- OLIパラダイム
- 多角化理論

第1項　パールミュッターのERPGモデル

　パールミュッター（Perlmutter, 1969）が企業のグローバル化の発展段階を示すモデルとしてEPRGプロフィールという4つの分類を提唱した。EPRGは，各企業の海外進出形態であるEthnocentric（本国志向型），Polycentric（現地志向型），Regiocentric（地域志向型），Geocentric（世界志向型）の頭文字からとったものである。多国籍企業の戦略は，当初は本国中心で本国志向型で意思決定が行われるが，次第に現地志向型，地域志向型，世界志向型に変化していくと説明した。ただしパールミュッターは，必ずしもE→P→R→Gの順番で変化するとは限らず，ケースによって様々なバリエーションがあるとしている。

　本国志向型（Ethnocentric）：経営資源と権限を全て本社に集中し，現地でのローカル人材は登用せず，本社が全て意思決定する。集中的大量生産で規模の経済によるスケールメリットを生み出し，コスト優位性から新市場へのチャネルを獲得する。
　現地志向型（Polycentric）：経営資源と権限を現地子会社に移譲し，独立的に事業を行う。各国ごとに優位性を追求する戦略で市場シェア獲得を狙う。
　地域志向型（Regiocentric）：欧州圏，アジア圏などの地域単位に経営資源と権限を委譲し，各地域での現地適応性と規模の経済によるスケールメリットを生み出すことで，市場シェア獲得を目指す。
　世界志向型（Geocentric）：経営資源をグローバルに共有し，本国と外国の関連会社が全社的に結合された理想形を具現化する。

第2項　バートレット＝ゴシャールの4類型

　バートレット＝ゴシャール（Bartlett and Ghoshal, 1999）は多国籍企業を4つのモデル類型に分類した。
　彼らは日米欧9つのグローバル企業の250名以上のマネージャーに聞き取り調

査を行い，①グローバル企業，②マルチナショナル企業，③インターナショナル企業の３つの国際経営モデルをまず定義した。その上で，これら３つのモデルの特徴を全て具備し，ローカル市場のニーズを汲み上げるための現地拠点を有した新たなモデルとして④トランスナショナル企業を提唱した（図３－１）。各類型の特徴は以下の通りである。

① グローバル企業（Global）：世界の市場は単一であるとの想定に立ち，経営資源と権限を本社に集中させる。結果，海外子会社の権限は極めて制限され，グローバル統合が進み，ローカル適応度は低くなる。各国市場に標準化された商品を展開し，大量生産による規模の経済の追求，コスト優位性から新市場への販売チャネル獲得を行う。
② マルチナショナル企業（Multinational）：各国の市場ニーズに対応すべく，各国の子会社に権限があり独立的に事業を行う。結果，グローバル統合度は低く，ローカル適応度が高くなる。各国市場に対応した事業・商品を展開する。分権的に経営される現地子会社の集合体として運営され，各国ごとの優位性を追求する戦略である。
③ インターナショナル企業（International）：グローバル組織とマルチナショナル組織の中間的な組織であり，グローバル組織より意思決定は海外子会社に移譲するものの，重要な意思決定は本社に集中させる。技術重視に徹し，知識や専門的能力を後続国に移転・共有し適用させることで，売上向上とコスト削減を図り，市場シェアを獲得する。グローバル規模で学習を繰り返す

┃図３－１┃ バートレット＝ゴシャールの４類型

Global Integration
グローバル統合度

High 高	Global グローバル企業	Transnational トランスナショナル企業
Low 低	International インターナショナル企業	Multinational マルチナショナル企業

Local Responsiveness
ローカル市場への適応度

Low 低　　　　High 高

ことで改善を図る。

④ トランスナショナル企業（Transnational）：グローバル統合の効率性とローカル適応の競争優位性の両立を目指し，各子会社に独自の専門的能力が構築されるよう経営資源を配分し，自立させる。本社と子会社，子会社間で双方向の連携が図られ，本社はそれらの取り組みの調整や統制を図る。

第3項　ウプサラ・モデル（Uppsala model）

ウプサラ・モデル（Johanson and Vahlne 1977, 2009）は，観察された事実に基づいて海外市場への進出段階・モードが連続的・段階的に起こるとの事例研究に基づき構築された。この現象は "establishment chain（確立のチェーン）"（Johanson and Vahlne 1977）と呼ばれる。

そのメカニズムは，状態変数（state variables）と変化変数（change variables）が相互にダイナミックに作用し合う構造で，企業は市場の知識を学ぶことで知識の蓄積を図り，その蓄積が高いレベルでの市場へのコミットメントに繋がるという構造を有している（図3－2）。

┃図3－2┃　ウプサラ・モデルにおける相互影響構造

State Variables
状態変数

Change Variables
変化変数

Market Knowledge
市場知識

Commitment Decisions
コミットメント決定

Market Commitment
市場へのコミットメント

Current Activities
現在の活動

出所：Johanson and Vahlne（1977）を元に訳語追加。

ウプサラ・モデルの核となる概念は知識であり，企業は時間をかけて学習して経験を蓄積し，不定期な輸出，定期的な輸出，現地販売子会社の設立，現地販売子会社の設立を段階的に行うとする。知識を客観的知識（objective knowledge）と経験的知識（experiential knowledge）に分けた場合，経験的知識は容易に得

られるものではないことから，海外進出にあたって市場に関する経験的知識が不可欠（critical）であり差別化要因になるとする。

　一方で，認知心理学に基づいた「人は合理的に意思決定するが，その認知力・情報処理力には限界がある」という見解から導き出された「限定された合理性」が人が構成する組織である企業においても同様に存在するとし（企業行動理論，Behavioral Theory of the firm），企業が獲得し創造する知識は時間をかけて得た経験からもたらされるとする。

　これら前提の上で，ヨハンソン＝ボールネ（Johanson and Vahlne）は海外進出に関する学習は2方向あると指摘した（図3－3）。

　1つ目は進出する国・市場の選定で，自国と文化・制度・距離などが近い国から進出が始まり，経験を通じて学習をしていくことで，徐々に遠い国に進出していく方向である。

　2つ目は進出形態であり，間接輸出，直接輸出，ライセンスなどリスクの小さ

▎図3－3▎ ウプサラ・モデルによる段階的海外進出

		Mode of operation　オペレーションのモード			
				FDI (foreign direct investment)　外国直接投資	
		No regular export (sporadic export)　　不定期な輸出	Independent representatives (export modes)　　独立の代理人	Foreign sales subsidiary　　海外販売子会社	Foreign production and sales subsidiary　海外生産・販売子会社
市場（国）Market (country)	Market A		Increasing market commitment 市場コミットメントの強化		
	Market B				
	Market C				
	Market D				
	．				
	．				
	．				
	Market N				

（縦書きラベル）Increasing geographic diversification　地理的分散の増加
（斜めラベル）Increasing internationalization　国際化の進展

出所：Forsgren and Johanson（1975）を元に改変・訳語追加。

い事業形態から始まり、経験を通じて学習をしていくことで、現地法人による海外現地販売拠点設立、製造拠点設立、研究開発活動拠点設立へと段階的に移行していくという方向である。

さらに、ヨハンソン＝ボールネは、バーニー（Berney 1986）の経営資源に基づく企業観（リソース・ベースド・ビュー、Resource-Based View of the firm）、すなわち企業がもつ資源の異質性と特異的な経営資源が市場環境とは無関係に価値を創造するとの概念を引用し、ビジネス・ネットワークの概念を同モデルに導入してモデルを拡張した（Johanson and Vahlne 2009）。新しいモデルにおいて海外進出は、現地パートナーや顧客など市場のアクター（actor）との関係とネットワークに依存するとし、ネットワークから事業機会の情報がもたらされ、既に市場参入しているアクターが近くにいることで市場参入を決めることになる等、アクターとの信頼醸成と関係を深めることで得られるネットワークからの知識創造が海外進出プロセスを決定し、その結果がネットワークでの位置付け（position）に影響を及ぼすとした（図3－4）。

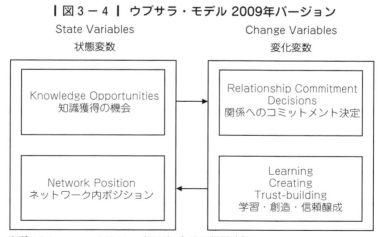

┃図3－4┃ ウプサラ・モデル 2009年バージョン

出所：Johanson and Vahlne（2009）を元に訳語追加。

さらに近年では、企業の海外進出・国際化プロセスに留まらず、組織進化（evolution）にも適用範囲を拡張し、不確実性の下での企業行動として、経験からの学習、パートナーやアクターとのネットワークといった知識へのアクセスと知識創造の関係性（図3－5）を指摘している（Vahlne 2020）。

┃図 3 － 5 ┃ ウプサラ・モデル 2020年バージョン

State Variables 状態変数	Change Variables 変化変数
Capabilities 能力	Commitment Process コミットメントのプロセス
Commitments Performance コミットメントの成果	Knowledge Development Process 知識開発プロセス

出所：Vahlne（2020）を元に訳語追加。

第 4 項　取引コスト理論

取引コスト理論（Transactional Cost TheoryまたはTransactional Cost Economics）の起源はコース（Coase 1937）の「企業の本質（The Nature of the Firm）」までさかのぼる。コースは資源配分の調整メカニズムとして市場には取引コストがかかることを指摘し，よって市場は組織・企業によって代替されうるとした。その後ウィリアムソン（Williamson 1975）が，ビジネスにおける「取引（transaction）」で発生する「コスト」を対象に，コストを最小化する形態とどのように最小化されるかを企業との関係において明らかにした。

　取引コスト理論は企業の存在を経済学的に明らかにし，市場取引か企業内部に機能を取り込むかの選択が企業の形や事業の範囲を決定することを説明する。

　多国籍企業への応用はマクマナス（McManus 1972），バックリー＝カッソン（Buckley and Casson 1976）らにより進められ，取引コスト理論は多国籍企業の諸現象を説明する有力な理論の1つとなった。

　取引コスト理論から導き出される内部化理論は多国籍企業を説明する支配的原理としてすぐれた視点を提供したが，いくつかの限界も指摘される。特に日本企業のグローバル化を考察する上では以下の4点が重要となるとの指摘（長谷川1998）があることに留意を要する。

　① 内部化理論は企業の境界の問題を，取引相手との取引の効率性の問題に全

て帰着させてしまう。ライバル企業の存在が考慮されず，1つの企業のみが対象となる。しかし現実の企業活動にはライバル企業が存在し，相互に影響する。
② 内部化理論の規定をなす市場の失敗のパラダイムはきわめて静学的な概念であるが，多国籍企業の活動は企業を取り巻く環境を原動力として成長するダイナミックなものである。
③ 内部化のコストは大きさが明らかにされず，分析に不十分さが残る。特に日本の多国籍企業の組織構造は欧米企業と異なり，明らかにすることに困難さを伴う。
④ 内部化理論は取引形態の選択肢が市場取引か内部化かの二分法になっており，提携などの選択肢が次善の策，ないしは不本意な選択肢としての地位しか与えられていない。

一般に，取引コスト理論は市場と階層組織（ヒエラルキー）の二項対立で論じられることが多いが，提携やネットワーク組織といった中間的な性質をもった統治構造や取引形態が存在する。わが国における，長期的な取引関係を続けることを暗黙の前提としながら，信頼関係において部品や半完成品の納入契約を結ぶわが国の系列関係はその一例である（井上・手塚 1999）。取引の特性として財の特

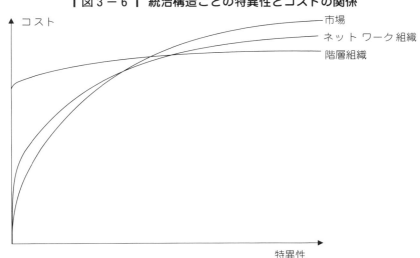

┃図3－6┃ 統治構造ごとの特異性とコストの関係

出所：井上・手塚（1999）

異性を取り上げた場合，特異性と市場，ネットワーク組織，階層組織の各統治構造の費用の程度との関係は図3−6のようになるとされる。

第5項　OLIパラダイム

OLIパラダイム（別名Eclectic Paradigm：折衷パラダイム）は，ダニング（Dunning 1980）により提唱された企業の海外進出に関する意思決定に関するパラダイムである。

企業の海外進出は，<u>強みの所有の優位性</u>（Ownership），<u>進出国の優位性</u>（Location），<u>内部化の優位性</u>（Internalization）の3つの優位性（advantage）を基準に意思決定されるとする（表3−1）。

強みの所有の優位性とは，技術力，ブランド力，ノウハウ，経営手法など，企業が持つ個別の強みを生かすべきとの基準である。

進出国の優位性とは，企業固有の強みを生かせる進出国を選ぶべきとの基準である。

内部化の優位性とは，企業固有の強みを進出国に移転する際には，企業内部を経由させる優位性，つまり，自社自らが内部化して事業を行う優位性を考慮すべきとの基準である。

企業が進出国の企業と比較して，強みの優位性が高いか，進出国の立地優位性を活用したいか，外部に頼るのではなく内部化することで優位性が高いか，という基準で海外進出を決定するインセンティブが高まると考える。当初ダニングは製造業を念頭にOLIパラダイムを提唱したが，その後このパラダイムによりサービス業を含むあらゆる企業のあらゆる形態の海外活動を説明できると主張した。

経営学の他のパラダイムや理論との関係性の視点で見れば，強みの所有の優位性と進出国の優位性はリソース・ベースド・ビュー（RBV）と整合的であり，

| 表3−1 | OLIパラダイム

		Ownership 強みの所有	Internalization 内部化	Location 進出国
市場への進出ルート	直接投資	Yes	Yes	Yes
	輸出	Yes	Yes	No
	契約による資源の移転（ライセンス等）	Yes	No	No

出所：Dunning（1988）

内部化の優位性は前述の取引コスト理論と整合的と言えよう。

　一方で，市場取引にともなう困難の克服を一元的に階層組織に求めようとする従来の内部化インセンティブの分析は，現実の多国籍企業がとる多様な戦略に対してあまりに無邪気すぎる，市場の取引問題を解決してくれる取引メカニズムは階層組織以外にも存在しうる（長谷川 1998）との指摘もあり，OLIパラダイムの適用にはその限界性を認識しておくことも重要である。

第6項　多角化理論

(1)　アンゾフの多角化理論

　Product Market Growth Mixフレームワーク（**表3-2**）に基づき，アンゾフ（Anzoff 1965）が提唱したのがアンゾフの多角化戦略である。

　成長性を企業目標とした場合，成長実現のために，企業製品と顧客市場の異なる組み合わせによってPPM（Product Portfolio Management）と呼ばれる4つの基本戦略が生まれる。

| 表3-2 | アンゾフのProduct Market Growth Mixフレームワーク

	Present Products 既存製品	New Products 新製品
Present Markets 既存市場	Market Penetration 市場浸透	Product Development 製品開発
New Markets 新規市場	Market Development 市場開発	Diversification 多角化

　多角化こそが本格的な成長戦略と位置付けられているが，多角化はハイリスク・ハイリターンの性質を持つ。

　また，多角化自体にPPM分析を適用すると**表3-3**のように解釈される。

| 表 3 － 3 | プロダクトポートフォリオマネジメント（PPM）

既存製品との関連性	生産技術の関連 ある	生産技術の関連 ない
マーケティング的関連 ある	水平的多角化	マーケティング的 多角化
マーケティング的関連 ない	技術的多角化	コングロマリット的 多角化

(2) 多角化の類型

　企業は何からの形で多角化を行っている。ルメルト（Rumelt 1982）はその類型を主に売上高の比率により，以下の3種類に分類した。

① 限定的多角化

　複数の事業を遂行しつつそれら事業がほぼ同一の業界にある場合を指す。また，限定的多角化は，同一業界からの売上高の比率により単一事業会社（95％以上）と主要事業会社（70％～95％）に分かれる。限定的多角化においては，経営資源やケイパビリティが単一の業界を超えていない。

② 関連多角化

　最大の事業が売上高の70％未満である時の状態を指す。関連多角化には，関連限定型と関連連鎖型の2つのタイプがある。関連限定型は，全ての事業が大部分の生産要素（資産，原材料，人材など），製造技術，流通ネットワーク，顧客ベースなどを共有している場合を言い，関連連鎖型は，複数の事業間で何かしらのリンクはあるものの，(a)非常に少ない要素の共有にとどまっているか，(b)各事業間のリンクがそれぞれ非常に異なっている場合である。

③ 非関連多角化

　最大の事業が売上高の70％未満であり，各事業との間に何のリンクも存在しない場合をいう。

(3) 多角化の経済価値

　多角化戦略が経済価値を持つには，以下の2つの条件が満たされなければならない（Barney 2002）。

① 各事業間に範囲の経済が存在すること
② 範囲の経済を実現し維持する上で，階層的統治（ヒエラルキー）が，それ以外の統治形態（中間的形態や純粋な市場による統治）よりも効率が高いこと

　一般に企業による多角化が経済合理性を持つのは，投資家が持ちえない投資ポートフォリオを形成できる場合のみである。投資家は多角化に伴う範囲の経済の多くを，企業経営者の力に頼らず享受できる上，範囲の経済をほとんどコストをかけずに実現できる。企業内部でポートフォリオを構築すると内部コストがかかり経済合理性を成立させることができないことになる。投資家にとり，経済合理性を持つのは範囲の経済が競争優位の源泉になるか，特殊な取引を必要とする場合のみとなる。
　バーニーによれば，多角化の動機として認識されるのは次の通りである。
　1．事業運営上の範囲の経済
　　・活動の共有
　　・コア・コンピタンス
　2．財務上の範囲の経済
　　・内部資本配分
　　・リスク分散
　　・税効果
　3．反競争的な範囲の経済
　　・多地点競争
　　・市場支配力の活用
　4．従業員とステークホルダーの多角化インセンティブ

　事業運営上の範囲の経済には活動の共有，コア・コンピタンスがある。
　ここでの活動の共有とは，生産要素，生産活動，物流，販売・マーケティング，アフターサービスなどの活動を複数の部門間で共有することにより，コスト優位性の確保ができることを指す。また，顧客の共有（マーケティングで言うところのクロスセル）により，売上の増大を図ることもできる。
　コア・コンピタンス（Prahalad and Hamel 1990）は，経営上のノウハウ，技術上のノウハウ，経験，知恵など無形の経営資源を指す。プラハラド＝ハメル（Prahalad and Hamel）の定義では「コア・コンピタンスとは，組織内で行われる集団的学習内容のことであり，特に多岐にわたる製造スキルや複数の技術をい

かに調整・統合できるか」という能力である。コア・コンピタンスは複数の事業間で共有されうる経営資源やケイパビリティの集合体で，これらの活用により競争優位を作り出すことができる。

　財務上の範囲の経済には，内部資本配分，リスク分散，税効果が挙げられる。

　内部資本配分は企業内の事業が相互に競争し，企業は配分を調整することになるが，これが外部の市場よりも効率的でなければ経済合理性がない。経済合理性を成り立たせるには，内部市場のほうが外部市場よりも保有する情報が正確であるという条件が成り立つ必要がある。

　リスク分散は，ファイナンスにおけるポートフォリオ理論と同様の概念であり，複数事業を保有することで事業リスクを低く抑えられるという合理性が存在し，税効果はある事業での損失を他事業での収益で相殺し節税を図ることができるというものである。

　反競争的な範囲には，多地点競争と市場支配力の活用が動機として認識される。

　多拠点競争は多角化企業同士が複数の市場で同時に競争する際に，暗黙的な談合である相互抑制をする状況に陥り，競争に一定の均衡が成り立って経済的な合理性が得られることを指す。外部の投資家にはこのような状況を作り出すことはできないので，これは範囲の経済として意味のあるものになる。

　市場支配力の活用とは，特定の事業で独占的地位を得ている際に，その事業からの利益を他事業の必要資金として投下（内部の補助金）し，他事業においても競争優位を作り出す状況をいう。この状況は机上では想定されるものの，事業運営上の範囲の経済や財務上の範囲の経済と異なり，実際に範囲の経済が存在する事例は少ないと指摘されている。

　従業員とステークホルダーの多角化インセンティブは，経営者の報酬を決める要素は企業規模や売上高が主要な要素になっており，自分の報酬を最大化させようとする経営者には企業規模を拡大させるインセンティブが働くというメカニズムによるものである。

⑷　多角化の模倣困難性

　多角化が持続的な競争優位の源泉になるには，経済価値のみならず，希少で，模倣コストが大きくなければならない（Barney 2002）。多角化戦略の希少性は多角化そのものではなく，それに伴って実現される特定の範囲の経済がどれほど希少か，直接的複製と代替の可能性によって決定される。

　価値があり（valuable），希少な（rare）多角化戦略が，直接的複製に耐えられるかは競合がどの程度コストをかければ実現できるかに依存する。直接的な複

製における，多角化の動機ごとの複製コストの大小は**表3－4**のように整理される。

| 表3－4 | 多角化動機の複製コスト

複製コスト大	複製コスト小
コア・コンピタンス 内部資本配分 多地点競争 市場支配力の活用	活動の共有 リスク分散 税効果 従業員の報酬体系

出所：Barney（2002）を改変。

　活動の共有，リスク分散，税効果，従業員の報酬体系は，競合から分かりやすく，複製も容易であり，複製コストは小さい。他方，コア・コンピタンス，内部資本配分，多地点競争，市場支配力の活用は，無形の知識に依存する，または非常に高度な情報収集・分析能力が必要，あるいは複雑性が高いため複製コストが高く模倣困難性が高い，と言える。

　多角化には2つの代替戦略があり，1つ目は事業横断でシナジーを追求するのではなく，個々の事業を強くし別々に成長・発展させる戦略である。競合との競争関係において十分なリソースとケイパビリティがあれば，個別の事業戦略により優位に立つことができる。2つ目は外部のパートナーとのジョイントベンチャーなどの提携戦略である。ただし，多角化戦略は企業内部に取り込まれ，階層的統治（ヒエラルキー）でしか実現できない範囲の経済が存在することが前提であり，同等の効果をジョイントベンチャーで実現する可能性は低いと指摘されている。提携戦略が多角化の代替となるためには，企業が稀有な統治スキルを有する必要がある。

第4節　国際ビジネス研究の諸理論の総合商社への適用時の理論的限界

　以上のような国際ビジネス研究の諸理論を総合商社に適用する場合の理論的限界について指摘する。

① 国際ビジネス研究の諸理論の多くは，主に単一事業の製造業型の多国籍企業（MNE）を暗黙的に想定してモデル化がなされており，サービス業であ

る総合商社にそのまま適用する場合には各種の考慮・修正が必要である。
（例：R＆Dや本国市場，製造拠点の概念）

② 多角化理論においては本業の存在を想定し，関連多角化・非関連多角化を
想定しているが，総合商社は多彩多様な事業を包含するゆえに，関連・非関
連の判別が困難である。

③ 総合商社は，商社型・非商社型（製造業・サービス業など）という異なる
事業形態・ビジネスモデルを内包する高度に多角化したコングロマリットで
あり，商社というサービス業が製造業を保有する逆方向性，本国国内事業の
存在が海外進出の前提とはならないなど，既に提示されているモデルそのま
までは総合商社の業態を十分に説明できない。

　これら理論的限界を踏まえた上で，国際ビジネス研究の諸理論を足場とし，異
なる事業形態・ビジネスモデルが同一企業の中に内包する総合商社の特殊性や特
異性を考慮したモデル化を目指す点に本研究の意義がある。

第5節　本章のまとめ

　本章では，本研究で使用する国際ビジネス研究の代表的な諸理論について整理
した。

　はじめに国際ビジネス研究の軌跡を概観した上で，国際ビジネス研究における
総合商社研究の意義を明示した。

　その上で本研究が依拠する経営学・国際ビジネス研究の諸理論について整理し
た。諸理論の概要は以下の通りである。

（パールミュッターのERPGモデル）

　パールミュッターが提唱した企業のグローバル化の発展段階を示すモデルで，
本国志向型（Ethnocentric），現地志向型（Polycentric），地域志向型（Regiocentric），
世界志向型（Geocentric）からなるERPGプロフィールに分類するモデルである。

（バートレット＝ゴシャールの4類型）

　バートレット＝ゴシャールにより提唱された多国籍企業のモデル類型であり，
①グローバル企業，②マルチナショナル企業，③インターナショナル企業の3つ
の国際経営モデルを定義した。その上で，これら3つのモデルの特徴を全て具備
し，ローカル市場のニーズを汲み上げるための現地拠点を有した新たなモデルと

して④トランスナショナル企業を提唱した。

（ウプサラ・モデル）

　ヨハンソン＝ボールネにより企業行動理論をベースに提唱され，企業が獲得し
創造する知識は時間をかけて得た経験からもたらされ，進出する国と進出形態の
２方向の学習があるとした。

（取引コスト理論）

　取引コスト理論は，ビジネスにおける「取引（transaction）」で発生する「コ
スト」を対象に，コストを最小化する形態とどのように最小化されるかを企業と
の関係において明らかにした。取引コスト理論は企業の存在を経済学的に明らか
にし，市場取引か企業内部に機能を取り込むかの選択が企業の形や事業の範囲を
決定することを説明する。
　多国籍企業への応用はマクマナス（1972），バックリー＝カッソン（1976）ら
により進められ，取引コスト理論は多国籍企業の諸現象を説明する有力な理論の
１つとなった。

（OLIパラダイム）

　ダニングにより提唱された企業の海外進出の意思決定に関するパラダイムであ
る。強みの所有の優位性（Ownership），進出国の優位性（Location），内部化の
優位性（Internalization）の３つの優位性（advantage）を基準に意思決定され
るとした。

（多角化戦略）

　Product Market Growth Mixフレームワークに基づき，アンゾフが提唱したの
がアンゾフの多角化戦略である。成長性を企業目標とした場合，成長実現のため
に，企業製品と顧客市場の異なる組み合わせによってPPM（Product Portfolio
Management）と呼ばれる４つの基本戦略が生まれる。
　多角化の類型には，限定的多角化，関連多角化，非関連多角化がある。多角化
に合理性がもたらされるのは，各種の範囲の経済（事業運営，財務，反競争な
ど）が存在する場合のみである。多角化が持続的な競争優位の源泉になるには，
経済価値のみならず，希少で，模倣コストが大きくなければならないが，多角化
戦略の希少性は多角化そのものではなく，それに伴って実現される特定の範囲の
経済がどれほど希少か，直接的複製と代替の可能性によって決定される。

最後に，以上のような国際ビジネス研究の諸理論を総合商社に適用する場合の理論的限界について指摘した。具体的には，国際ビジネス研究の諸理論の多くは，主に単一事業の製造業型の多国籍企業（MNE）を暗黙的に想定してモデル化がなされており，サービス業である総合商社にそのまま適用する場合には各種の考慮・修正が必要であること，多角化理論においては本業の存在を想定し，関連多角化・非関連多角化を想定しているが，総合商社は多彩多様な事業を包含するゆえに，関連・非関連の判別が困難であること，総合商社は，商社型・非商社型（製造業・サービス業など）という異なる事業形態・ビジネスモデルを内包する高度に多角化したコングロマリットであり，商社というサービス業が製造業を保有する逆方向性，本国国内事業の存在が海外進出の前提とはならないなど，既に提示されているモデルそのままでは総合商社の業態を十分に説明できないことが理由である。

　これら理論的限界を踏まえた上で，国際ビジネス研究の諸理論を足場とし，異なる事業形態・ビジネスモデルが同一企業の中に内包する総合商社の特殊性や特異性を考慮したモデル化を目指す点に本研究の意義があると述べた。

第4章

先行研究の検討

第1節　本章の概要

　総合商社は日本に独特な事業形態とされるが，戦後の日本経済の発展に大きな
役割を果たし，そしてバブル経済崩壊後の1990年代末に経営危機を迎えながら，
事業ポートフォリオ管理やトータル・リスク・マネジメントを武器としつつ，ビ
ジネスモデルを変革して事業基盤・収益基盤の再構築に成功し，国際的な「優良
会社」に生まれ変わってきた（榎本 2012）。

　そのように事業内容を変化させる総合商社の研究が始まったのは1960年代とさ
れる（田中（隆）2012）。戦後のこの時期に10大総合商社体制が確立し，高度成
長の牽引役として広く注目を浴び，その過程で，「総合商社とは何か」「総合商社
の本質・機能は何か」「総合商社はなぜ日本にしか存在しないのか」などの問い
が発せられ，戦前に遡ってその成立過程を明らかにする研究が多く出現した。

　これらの経緯から，総合商社は日本に特有であるという視点に立ち，その研究
は独自に発展してきた傾向が顕著に認められる。一方で，総合商社が日本を代表
する多国籍企業であるという見解があるにもかかわらず，国際ビジネス研究のア
プローチを用いて多国籍企業としての側面が十分に研究されているとは言い難い。

　加えて，総合商社はその多様な事業ポートフォリオと，事業環境の変化に応じ
た新規事業の創出，ビジネスモデルの進化により，時代ごとに多角的な研究が行
われてきた。

　本章はこれらの背景を踏まえて，総合商社に関する先行研究を系統的に分類し，
その時代的な変遷を定量的に分析する。これにより，社会や研究者の関心の変遷
を明らかにし，現在における総合商社研究の課題を明確にすることを目的として
いる。

第2節　本章のRQ

本章のResearch Question（RQ）を以下の通り設定する[1]。

RQ 4 - 1：総合商社研究には複数のアプローチがあるが，その研究はどのような
　　　　　もので，どのような傾向があるのか。

RQ 4 - 2：複数のアプローチがあることは何を意味しているか，総合商社研究の
　　　　　課題は何か。

RQ 4 - 3：国際ビジネス研究の視点で，総合商社研究にはどのような意義がある
　　　　　か。

　総合商社に関する先行研究を系統的，定量的に検討することでRQに答え，その結果として総合商社研究の課題を明らかにする。
　具体的には，総合商社研究の系統を以下の4つに整理した上で，国内・海外の総合商社に関する論文の系統ごとの件数，時代変遷に関して定量的な分析を行う。
　　1　歴史研究アプローチ
　　2　機能・ビジネスモデル研究アプローチ
　　3　事例研究・事業創造研究アプローチ
　　4　国際ビジネス研究アプローチ
　さらに，研究系統ごとの代表的な研究を取り上げて概観する。これら検証により総合商社研究の系統を整理し，最後に総合商社研究の課題について提示する。

第3節　総合商社研究における総合商社の定義

　総合商社は，その時々の経済環境およびその要請に対応して，事業内容や提供する機能を変化させてきている。先行研究において，総合商社の定義に関する議論は多数あり，研究系統の種類に関わらず，密接に総合商社に関する議論と結びついていることから，本節では，研究の対象となる総合商社がどのように定義されているかについて確認しておく。
　最初に総合商社自身が自らの業容を対外的にどのように説明しているのかを確認する。

総合商社が加盟する業界団体である日本貿易会（2020）は，以下の機能をもって総合商社を定義している。

① 商取引機能
② 情報・調査機能
③ 市場開拓機能
④ 事業開発・経営機能
⑤ リスクマネジメント機能
⑥ ロジスティクス機能
⑦ 金融機能
⑧ オーガナイザー機能

総合商社を機能要素に分解し定義を試みているが，還元主義的な定義であり，要素間の有機的な関係や主従関係を説明していないため，表面的な説明に留まっているように思える。

次に，総合商社大手5社（三菱商事，三井物産，伊藤忠商事，住友商事，丸紅）が2019年3月期および2023年3月期の有価証券報告書に記載している自社事業の説明を比較すると**表4－1**の通りである。

| 表4－1 | 総合商社各社の自社事業の説明

三菱商事	当社グループは，国内外のネットワークを通じて，エネルギー，金属，機械，化学品，生活産業関連の多種多様な商品の売買や製造，資源開発，インフラ関連事業，金融・物流事業を行うほか，新エネルギー・環境分野等における新しいビジネスモデルや新技術の事業化，全産業を俯瞰する総合力を活かした各種サービスの提供など，広範な分野で多角的に事業を展開しています。（2019年3月期） 当社及び国内外の連結子会社は，国内外のネットワークを通じて，天然資源開発から多種多様な商品の売買や製造，コンシューマー向け商品やサービスの提供を行うほか，広い産業接地面やグローバルインテリジェンスによる総合力を活かし，新しいビジネスモデルや新技術の事業化，新たなサービスの開発・提供など，広範な分野で多角的に事業を展開しています。（2023年3月期）
三井物産	当社及び連結子会社は，総合商社である当社を中心として全世界に広がる営業拠点とその情報力を活用し，世界各地の販売先及び仕入れ先に対する多種多様な商品の売買及びこれに伴うファイナンスなどに関与し，また，国際的なプロジェクト案件の構築などに取り組んでいます。鉄鋼製品，金属資源，機械・インフラ，化学品，エネルギー，生活産業，次世代・機能推進などの分野で商品の販売，輸出入・外国間貿易及

	び製造を行うほか，リテール，情報通信，技術，輸送，ファイナンスなどの総合的なサービスの提供，更にはエネルギー・鉄鋼原料などの資源開発事業，また，IT，再生可能エネルギー，環境関連事業に代表される新分野への事業投資などの幅広い取組を展開しています。（2019年3月期） 当社及び連結子会社は，金属資源，エネルギー，機械・インフラ，化学品，鉄鋼製品，生活産業，次世代・機能推進などの各分野において，総合商社である当社を中心として全世界に広がる事業拠点とその情報力を活用し，多種多様な商品の売買，製造，輸送，ファイナンスなど各種事業を多面的に行っており，更には資源・インフラ開発プロジェクトの構築，環境・新技術・次世代燃料やウェルネスに関連する事業投資やデジタルを活用した価値創出などの幅広い取り組みを展開しています。（2023年3月期）
伊藤忠商事	当社グループ（当社及び当社の関係会社）は，多種多様な商品のトレーディング，ファイナンス，物流及びプロジェクト案件の企画・調整等を行う他，資源開発投資・事業投資等の実行を通して各種機能・ノウハウ等を培い，かつ保有しております。これらの総合力を活かし，幅広い業界並びにグローバルなネットワークを通じて，7つのディビジョンカンパニーが，繊維や食料，住生活，情報・金融等の生活消費分野，機械や化学品，石油製品，鉄鋼製品等の基礎産業分野，そして金属資源，エネルギー資源等の資源関連分野において，多角的な事業活動を展開しております。（2019年3月期） 当社グループ（当社及び当社の関係会社）は，多種多様な商品のトレーディング，ファイナンス，物流及びプロジェクト案件の企画・調整等を行う他，資源開発投資・事業投資等の実行を通して各種機能・ノウハウ等を培い，かつ保有しております。これらの総合力を活かし，幅広い業界及びグローバルなネットワークを通じて，8つのディビジョンカンパニーが，繊維や食料，住生活，情報・金融等の生活消費分野，機械や化学品，石油製品，鉄鋼製品等の基礎産業分野，そして金属資源，エネルギー資源等の資源分野において，多角的な事業活動を展開しております。（2023年3月期）
住友商事	当社グループは，長年培ってきた信用，国内外のグローバルネットワーク，あらゆる分野の取引先とのグローバルリレーション，知的資産といったビジネス基盤と，ビジネス創出力，ロジスティクス構築力，金融サービス提供力，IT活用力，リスク管理力，情報収集・分析力といった機能を統合することにより，顧客の多様なニーズに応え，多角的な事業活動をグローバル連結ベースで展開しております。（2019年3月期） 当社グループは，長年培ってきた信用，国内外のグローバルネットワーク，あらゆる分野の取引先とのグローバルリレーション，知的資産といったビジネス基盤と，ビジネス創出力，ロジスティクス構築力，金融サービス提供力，IT活用力，リスク管理力，情報収集・分析力といった機能を統合することにより，顧客の多様なニーズに応え，多角的な事業活動をグローバル連結ベースで展開しております。（2023年3月期）

丸紅	当社及び連結子会社は，国内外のネットワークを通じて，食料，生活産業，素材，エネルギー・金属，電力・プラント，輸送機，その他の広範な分野において，輸出入（外国間取引を含む）及び国内取引の他，各種サービス業務，内外事業投資や資源開発等の事業活動を多角的に展開しております。（2019年3月期） 当社及び連結子会社は，国内外のネットワークを通じて，ライフスタイル，情報・物流，食料，アグリ事業，フォレストプロダクツ，化学品，金属，エネルギー，電力，インフラプロジェクト，航空・船舶，金融・リース・不動産，建機・産機・モビリティ，次世代事業開発，次世代コーポレートディベロップメント，その他の広範な分野において，輸出入（外国間取引を含む）及び国内取引のほか，各種サービス業務，内外事業投資や資源開発等の事業活動を多角的に展開しております。（2023年3月期）

出所：各社2019年3月期および2023年3月期有価証券報告書

　各社の説明項目や内容は概ね類似しており，整理すると**表4－2**の通りになる。

｜表4－2｜　総合商社自らが定義する自社事業の説明

① 国内外のネットワーク，情報力
② 多角的な事業分野
③ 多様な提供機能・サービス
④ 事業投資，資源投資，金融サービス

　これら総合商社各社自らの定義を再構成すれば，総合商社とは「国内外のネットワークからの情報力を駆使し，多角的な事業領域で事業投資や金融手法なども用いて多様な機能提供・サービス提供を行う企業体」と表現できるが，総花的で「何でもできる」会社のような印象を受ける。

　日本貿易会の説明も含め，これら説明は株主や社会も含めた広義のステークホルダーに向けたものであって，総合商社による自己宣伝であり，誇張も含む可能性がある点は考慮しておくべきであろう。

　これら総合商社自身の定義に対し，学術研究において総合商社はどのように定義されているかを確認する。

　田中（隆）（2012）は，明確に定義付けることは難しいとしつつ，総合商社の定義の代表的な例として川辺（1991）の定義を挙げている。川辺は専門商社との比較を念頭に総合商社の特徴を以下の通り整理している。

　① 取引商品が多種類にわたること

② 国内および海外に多数の支店・出張所を持ち，その取引分野が国内商業・輸出入貿易および三国間貿易（外国間貿易）にわたること

③ 取引高が巨大であること

④ 一方で，機械・技術・原材料を産業に提供し，他方ではその製品のための市場を開発するという活動を通じて，産業に対するオーガナイザーの役割を果たすこと

⑤ 一手販売権の獲得などのために，資金の供与によって多くの子会社・関係会社を持ち，持株会社的性格を備えること

⑥ 近代的経営管理システムを有すること

　ここで川辺の定義と前項で検討した総合商社自身の定義と比較すると，相互に共通する部分は多いものの，川辺の定義には「市場開発」「持株会社的性格」「近代的経営管理システム」という総合商社自身の定義にはない視点があり，外形的な機能のみならず，総合商社の質的特性を捉えた定義も含んでいる点に差異があり，機能の羅列に留まらず，捉えどころのない総合商社の特徴や性質を多面的に捉えようと試みた形跡が見て取れる。この文脈における近代的経営管理システムとは，吉原（1987）によればリスク管理システム，国内・海外支店をカバーするグローバルな情報の収集・分析・伝播のシステム，管理会計のシステム，人材の採用・育成・配置転換などの人事管理システムの他，本国本店と国内・海外支店の権限，役割，コミュニケーションのラインなどを規定するグローバルな組織構造などを指しており，組織内の有機的な機能の繋がり，すなわちシステムとして総合商社を把握しようとしているとも言える。

　なお，田中（隆）（2012）は，総合商社の定義は，その発生過程を研究目的とした戦前の総合商社を対象にした研究と，その発展を研究目的とした戦後を対象とする研究において異なると指摘し，戦後を対象とした総合商社の研究においては，川辺の指摘を例に，単なる商品・地域の多様性のみならず，上記④⑤などの貿易業務以外の機能や，⑥の組織・体制の充実度を重視している，と指摘している。

第4節　先行研究における総合商社研究の系統

　本節では総合商社研究の系統，すなわち研究アプローチについて概観する。総合商社研究の分類形態は，研究者ごとに異なる視点・見解があり，一般化された分類というものは存在しておらず，各研究者により独自の整理が行われているの

が現状である。以下では代表的な研究系統の分類例を見ていく。

田中（隆）（2012）は総合商社の研究を以下のように整理している。

- 戦後盛んになった総合商社研究は，概念としては戦後確立した総合商社というものの原型を戦前に求めるという形でまず行われた。「なぜ日本だけに総合商社が成立したか」という問題への回答を，戦前の「総合商社」（特に三井物産）研究に求めた。

- 総合商社の定義は戦前を研究対象とする場合と戦後を対象にする場合で，その内容に違いがある。戦前は「あらゆる種類の商品をいかなる地域とでも取引する商社」のような商品と地域の多様性にその定義を求め，他方，戦後の総合商社を対象とした研究では，総合商社の「総合」の意味が，単に商品と地域の多様性だけでなく，それ以上を含む。

岩谷・谷川（2006）は，総合商社研究の学問的体系化が他の分野に比べて遅れをとっているのは，総合商社が外国とは異なる独特の経営形態を有するがために，海外の優れた研究成果がそのまま応用しにくいことも一因にあるかもしれない，しかし，何よりも大きな研究上のネックは，考察のベースとなる総合商社の実態が容易に把握できないことにある（中條 1994）との指摘を引用しつつ，総合商社の研究には以下の4つの視点があると提示した。

① 歴史的視点
② 機能的視点
③ 現代的・近未来的視点
④ 国際的視点

また埼本（2015）は，総合商社論は着地点が見えないと指摘した上で，総合商社に関する先行研究を以下の5つに分類した。

① 経済史的アプローチ
② 産業組織論的アプローチ
③ 経営史的アプローチ
④ 流通論的アプローチ
⑤ 財務分析を中心としたアプローチ

埼本（2015）によれば，経済史的アプローチとはマルクス主義経済的側面から商業資本として総合商社を捉え，商業資本は付加価値を生むものではない，とい

う見解に基づくものであり，その後の商社斜陽論，商社不要論の理論的な背景になったと指摘している。

　産業組織論的アプローチは，産業組織論あるいは企業集団の観点で総合商社を分析した研究とし，取引コスト理論によって商社の成立を説明した土井（2006）の研究を紹介している。他方，企業集団と総合商社の関係に関する議論は，奥村（1994）の研究を紹介しつつ，その後の総合商社の危機的状況や都市銀行再編などから多少過大評価であったと評価した。

　経営史的アプローチは，中川（1967）を初期段階での先駆者として紹介し，森川（1971）の「人材フル稼働仮説」，米川（1983）の「生き残りのための革新的企業活動説」など，歴史的な諸条件や発展過程の研究を通じ，歴史的論理として，成長を持続しようとする限り総合化する，という見解が得られたとしている。

　流通論的アプローチでは，島田（1990）の商社商権論を紹介し，主要な取引先との間の安定した取引関係は，特に産業財の場合，取引先変更コスト（switching cost）の問題があり容易に解消できないこと，そこでさらに総合商社側の地位の安定を目指して商権が求められていることを示した，とした。

　財務分析を中心としたアプローチは，孟（2008）を代表例に，決算資料に基づき営業利益と総合商社の事業投資収益を比較して収益構造基盤の変化からビジネスモデル変化を分析した研究を挙げている。

　以上の先行研究における総合商社研究の系統分類の試みを踏まえ，本研究では岩谷・谷川の定義を基盤として，独自の研究系統の分類として以下を定義し，各々のアプローチの特徴について確認していくこととしたい。

（1）歴史研究アプローチ
（2）機能・ビジネスモデル研究アプローチ
（3）事例研究・事業創造研究アプローチ
（4）国際ビジネス研究アプローチ

　なお，それぞれの研究アプローチは相互に排他的な関係ではなく，研究の中には複数のアプローチを採用して，組み合わせて検討を行っていることもあるが，第5節の個別論文の分類にあたっては各研究の代表的要素から分類を行っている。

第1項　歴史研究アプローチ

　岩谷・谷川の定義に従えば，「なぜ総合商社が登場して，成長することができ

たのか。その商社成長システムを探る」アプローチである。これは，田中（隆）
（2012）が概観した戦前の総合商社を対象に総合商社成立の検討を行った研究や
経営史（business history）の視点での研究を包含する。

経営史は，1920年代にハーバード・ビジネス・スクールのグラス（Gras）が
切り拓いたとされる。経営史は企業経営の歴史を社会経済的な諸条件の変遷に即
して考察するのではなく，企業内部の諸組織，諸機能に即し，経営政策，経営指
揮，経営統制などビジネス・アドミニストレーションそのものを研究するという
立場である（中川 2014）。

本研究ではこれらの研究系統を包括し，歴史研究アプローチと呼称する。

第2項　機能・ビジネスモデル研究アプローチ

岩谷・谷川の定義に基づき，機能論アプローチは，戦後にいくつかの商社が総
合化して日本経済の発展を支えることになったことを受け，これを可能にした商
社サービス（特に取引コスト節約）の特質を捉える研究として位置付けられる。
経済的合理性の観点から総合商社機能の検討をするものである。

現代的な視点からは，ビジネスモデルの概念も機能論に含めることが適切であ
ろう。入山（2015）によれば，経営学におけるビジネスモデルの定義は未だ確立
されていないが，アミット＝ゾット（Amit and Zott 2001）が以下のように定義
している。

「ビジネスモデルとは，事業機会を生かすことを通じて，価値を創造するため
にデザインされた諸処の取引群についての内容・構造・ガバナンスの総体であ
る。」

アミット＝ゾットは，ネット系企業の分析を通じて，「価値を創造するビジネ
スモデル・デザイン」の条件として，帰納的に以下の4つを導出している。

- 効率性（Efficiency）
- 補完性（Complementarity）
- 囲い込み（Lock-in）
- 新奇性（Novelty）

本研究では，アミット＝ゾットの定義に従い，「ビジネスモデルとはビジネス

の内容（事業内容）・構造（組織構造）・ガバナンス（経営）を対象とするデザインであり，ビジネスモデルの研究とは上記4条件を確認する研究である」と定義し，論を進めていく。岩谷・谷川の機能論の定義は，効率性，補完性，囲い込み，新奇性に関するものであり，上記ビジネスモデルの定義と整合する。

　総合商社は，1990年代後半から資金調達における信用格付機関の影響力増加に伴い，リスクマネジメント体制を強化し，株主重視の経営戦略を採用した。これらの戦略的転換は，他の日本企業に先駆けたものであり，先導的な取り組みとして市場から注目を集めた。これらの背景を踏まえ，強化された経営機能としての総合商社のリスクマネジメントを対象とする研究が行われているが，これも機能論アプローチの一環と分類できよう。

　本研究では，これらの研究系統を包括し，**機能・ビジネスモデル研究アプローチ**と呼称する。

第3項　事例研究・事業創造研究アプローチ

　岩谷・谷川は「歴史が現在の総合商社の戦略と組織に，どのような影響を与えるのか，総合商社論の関心事は，常にコンテンポラリーなところに集まるため，いまがどうであって，これからどうなるのか」を見ていくことの重要性を指摘している。

　総合商社は絶えず新規事業領域への進出を図っており，それらの事例研究，時代の変化や新たな市場の出現に対応したイノベーションや総合商社の機能進化への産業界の興味は高く，それらを対象にした研究が多数存在する。

　本研究ではこれらの研究系統を包括し，**事例研究・事業創造研究アプローチ**と呼称する。

第4項　国際ビジネス研究アプローチ

　岩谷・谷川によれば，「現地国からの商社排除によって，総合商社は本格的に国際化に取り組みだした。その際，商社成長システムを現地でも通用させることができるために打ち出さないとならなくなった経営政策について取り上げる」アプローチが必要であると指摘している。

　これは国際ビジネス研究における多国籍企業（MNE）の企業行動，具体的には海外進出時の意思決定や戦略に関する研究を意味しよう。

　本研究ではこれらの研究系統を包括して，**国際ビジネス研究アプローチ**と呼称

する。

第5項　いわゆる「商社不要論」

　総合商社は1960年代以降，経済界において様々な批判的な言説にさらされてきた。いわゆる「商社斜陽論」「商社不要論」「商社・冬の時代」といった総合商社への逆風の言説がたびたび流布されてきた。学術的な観点でこれら言説がどのように研究されてきたのか確認しておきたい。

　日本貿易会の資料（2020）によれば，1960年代の「商社斜陽論」，石油ショック前後の「商社批判」「商社無用論」，1970年代後半から1980年代前半の「商社―冬の時代」，1990年代の「商社崩壊論」「IT革命下の商社不要論」といった，周期的に総合商社への批判が巻き起こったことが示されている。

　この流れの端緒となったのは，御園生（1961）による経済誌『エコノミスト』への寄稿である。御園生はその後も同誌や一般雑誌に総合商社批判の記事を発表しているが，経済学や経営学などの社会科学系学会誌における同様の主旨の論文は確認されていない。このことから，商社斜陽論が学術的な総合商社研究の範囲内に含まれるかどうかは，再考の余地があるであろう。なお，御園生は研究実績や論文から判断すれば独占禁止政策や産業組織論の専門家である。

　一方で，これらの批判が当時の産業界における総合商社への不満の顕在化であったことは事実であり，これに応える形で総合商社が自身の事業形態やビジネスモデルを変革させてきたことは，実務的な影響が大きかったことは間違いないであろう。

　以上の背景を踏まえると，いわゆる「商社斜陽論」「商社不要論」などの言説は総合商社の（2）**機能・ビジネスモデル研究アプローチ**や（3）**事例研究・事業創造研究アプローチ**における影響因子であるという認識は持ちつつも，本研究では独立した研究系統とは分類しないことが適切と考える。

第5節　総合商社研究の定量的分析

　総合商社に関する研究論文はどの程度あり，過去からどのように推移し，どの研究アプローチが多いのかを確認するために，国内外の研究論文の数および発表年から定量的分析を試みる。

第1項　使用データ

　Google Scholarが対象とする検索可能な文書，具体的には論文，書籍および雑誌記事（本節においてはこれらを論文と定義する）を対象とする。

　総合商社研究とカウントする論文は，キーワードとして，国内研究は「総合商社」，海外研究は「Sogo Shosha」が登録されており，学術的貢献度合を考慮して他論文からの引用数が1件以上の論文を対象とした。データ総数は国内研究が138件，海外研究が514件である。また，研究アプローチの判別については，タイトルないしアブストラクトの記載から分類している。

第2項　国内研究

　日本語論文（キーワード：総合商社）の研究系統ごとの集計結果を表4－3，および，発表された年の推移を図4－1に示し，時代背景が分かるように経済環境や重要な歴史的出来事を追記してある。なお，研究系統の集計にあたっては，4つの研究系統に当てはまらない論文を除外しており，総計とデータ総数は一致しない。

　件数で一番多いのは事例研究・事業創造研究アプローチ（31.6％）で，それに機能・ビジネスモデル研究アプローチ（29.4％），歴史研究アプローチ（26.5％）が続く。概ね拮抗しており，これら3系統がバランスよく研究されていることが分かる。

　年代的な傾向についても確認した。年ごとの分布は図4－1の通りとなっている。1970年代以降，概ねコンスタントに論文が発表されているが，過去2回，1997～1999年と2005～2006年に総合商社研究の盛り上がりがあったことが分かる。

　1997～1999年は総合商社がバブル崩壊後の低迷から不良資産の整理を行い，リスクマネジメント体制を整えていく時期に重なる。

　2005～2006年は，中国の経済成長に伴う資源ブームにより総合商社の収益が伸長していった時期であり，総合商社のビジネスモデル転換が進んだ時期と重なる。

　これら外部環境を背景として，総合商社研究が盛り上がりを見せたものと推測される。

| 表4－3 | 研究系統ごとの件数（総合商社）

研究系統	件数	構成比
歴史研究	36	26.5%
機能・ビジネスモデル研究	40	29.4%
事例研究・事業創造研究	43	31.6%
国際ビジネス研究	17	12.5%
総計	136	

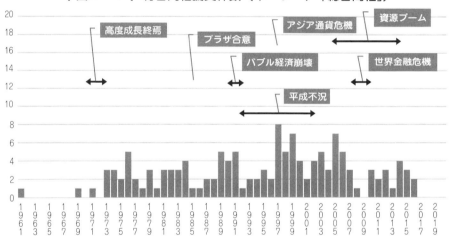

| 図4－1 | 総合商社論文件数（キーワード「総合商社」）

第3項　海外研究

　同様に海外での論文傾向を確認した。Google Scholarにおいてキーワードとして「Sogo Shosha」を含む論文の研究系統ごとの集計結果を表4－4，および，発表された年の推移を図4－2に示す。なお，研究系統の集計にあたっては，国内研究同様，4つの研究系統に当てはまらない論文，英語以外の論文は除外しており，総計とデータ総数は一致しない。また，海外論文の中には日本人と判断される研究者が発表した英語論文も含まれるが，マイナーな数に留まること，海外学術誌に投稿が認められているということは研究対象としての興味も表すと考えられることから，海外論文に分類している。

| 表4－4 | 研究系統ごとの件数（Sogo Shosha）

研究系統	件数	構成比
歴史研究	34	8.9%
機能・ビジネスモデル研究	106	27.7%
事例研究・事業創造研究	152	39.8%
国際ビジネス研究	90	23.6%
総計	382	100.0%

　海外での「Sogo Shosha」をキーワードとする研究の総数が国内よりも多い点が興味深い。総合商社は日本に独特な事業形態であり，総合商社研究は日本固有の研究と思いがちであるが，海外研究者からも総合商社への興味が高いことが分かる。なお，海外研究者としている中には，日本の研究者の英文投稿も含まれるが，前述の通り限定的な投稿に留まっていることを付記する。

　件数で最も多いのは，国内研究同様に，事例研究・事業創造研究アプローチ（39.8%）で，それに続き機能・ビジネスモデル研究アプローチ（27.7%）となるが，国内研究とは異なり，3番目に多い系統は国際ビジネス研究アプローチ（23.6%）で，歴史研究アプローチは4番目（8.9%）となっている。

　年代的な傾向を把握するための年ごとの分布は図4－2の通りとなっている。

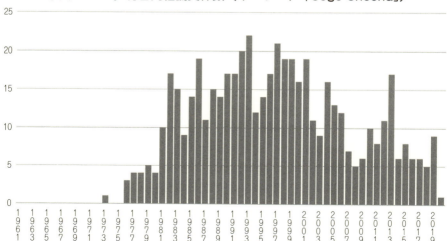

| 図4－2 | 総合商社論文件数（キーワード「Sogo Shosha」）

第4章　先行研究の検討　◆73

　海外研究の動向を検討すると，1970年代から1990年初頭にかけての期間におい
て順調に論文件数が伸び，1990年後半に再度その水準に達するレベルまで盛り上
がりを見せるが，2000年以降，現在に至るまで，ピーク時の4分の1程度まで漸
減していることが見て取れる。

　この時代の背景としては，日本のバブル経済期や日米貿易摩擦が顕著であった
日本経済の絶頂期，いわゆる「ジャパン・アズ・ナンバーワン」とも言われた時
代において，「日本経済の先兵」としての総合商社の活動に注目が集まっていた
と推測される（Shao and Herbig 1993）。また，1982年に米国連邦政府が貿易赤
字解消を目的として，日本の総合商社をモデルとした貿易促進政策「The
Export Trading Company Act」を推進し，後にこの政策は失敗に終わったが，
同政策の評価において総合商社を比較対象とする研究事例（Amine et al 1986な
ど）が多数発表されており，海外研究において事例研究・事業創造研究アプロー
チにおける論文数の増加の一因となっている。海外研究は国内研究と同様に，
1990年末にかけて再度盛り上がりを見せるが，その後は低調である。

　総合商社に対する海外研究者からの注目度は，概して日本経済への関心の高ま
りと連動していると観察される。

第4項　国内・海外研究の比較

　国内研究および海外研究の年次推移や研究系統の比較を行うと表4－5の通り
となる。

　国内研究において歴史研究が顕著なのは，日本固有の事業形態である総合商社
の成立過程を深く掘り下げることで，日本型経営や日本経済の源流をたどろうと
いう研究上の目的や意図が反映されていると推察される。一方で海外研究では，

| 表4－5 |　国内・海外研究の比較

	国内	海外
研究の盛り上がり時期	1990年代末 （総合商社経営危機期） 2000年代中盤 （構造改革後・資源ブーム期）	1980年代～1990年代始め （日本経済絶頂期・バブル経済期） 2000年代初頭 （構造改革後）
論文傾向	安定的・継続的に研究が行われている	近年は低調
研究系統	歴史・機能・事例がバランス。国際ビジネスが少ない	事例が最も多い。国内研究と比して国際ビジネスが多く，歴史が少ない

前項で概観したように，日本経済が絶頂期にあった時代に，日本経済の強さを分析する目的で行われた事例研究，機能・ビジネスモデル研究および国際ビジネス研究が盛んであったと考えられる。

第6節　総合商社研究の系統ごとの代表的研究

本節では，総合商社研究の系統ごとの代表的な研究について，前項の研究分類に従って概観する。

第1項　歴史研究アプローチ

なぜ日本に総合商社が誕生したのかという問いは，長年にわたり多くの研究者が取り組んできたテーマである。

中川（1967）は，かつて日本においては貿易を仲介する専門的な業者が存在しなかったため，貿易業者自らが外国為替，海上保険，海運事業などの補助的な業務を兼営しなければならず，それがゆえに，補助的業務をも営むことができる大企業にならざるを得ず，大企業として成り立つために多様な商品を大量に輸出入しうる総合商社に発展した，と論じた。これとは対照的に，森川（1971）は，後進国であった日本が発展させねばならなかった事業分野がきわめて広範だったのに対して，企業の人的資源は限られていたため「人材」をフルに活用しなければならず，また教育レベルの高い高価な人材をフルに稼働させ人件費を吸収するためには，取扱商品，地域，あるいは貿易外業務の多様化，すなわち総合化が不可欠だったと指摘した。これは前出の通り「人材フル稼働仮説」として知られている。

また，米川（1983, 1985[2]）は，総合商社の歴史的論理として，成長を維持しようとする限り「総合化」せざるを得ず，欧米にも総合商社は存在したものの，欧米には「総合化」を促進させない条件が存在したのに対し，（最初の総合商社である）三井物産には貿易業務のノウハウ，経営の人材，企業形態と組織という3つの要素が相互に絡み合って，総合商社の形成に適合した特異な主体的かつ客観的条件があったと論じた。橋本（1998）は，主体的な条件に適合した革新的企業者活動や，「人材」の育成，活用，評価，登用といった側面の分析を重視して総合商社の成立を説明した。他にも，リスク低減と規模の経済（Yamamura 1976）などの仮説が提示されている。

歴史研究アプローチは事例研究を手法として採ることが多い。例えば，川辺

（1981）は戦前の総合商社の在米支店活動の事例として三菱商事サンフランシスコ，シアトル両支店を取り上げ，役割，活動，発展過程を追跡し，総合商社の存立基盤を探究した。

田中（隆）（2012）は，経済史学系と経営史学系に分けて研究を行い，経済史分野における研究は，典型的な資本主義，つまり英国で発展した資本主義経済との対比において，後発である日本資本主義の特殊性を解明する，という立場に立ち，その一環として日本に特殊な経営体である総合商社の存在を説明したと論じた。他方，経営史分野における研究としては，森川の「人材フル稼働仮説」，米川の「生き残りのための革新的企業活動説」，山崎（1987）の「総合化の論理」らを挙げて総合商社の成立条件，存続のポイントが明確化されたとし，これらを先行研究として評価している。

また，Jones（2000）は英国多国籍商社の歴史的変遷を追跡する過程で総合商社を対比させて比較検討している。

第2項　機能・ビジネスモデル研究アプローチ

機能・ビジネスモデル研究アプローチには，複数の理論的説明が提案されているが，代表的な手法について以下の通りサブカテゴリーに分けて概観する。

a. バリューチェーン・商権分析からのアプローチ

田中（彰）（2012）は，資源開発輸入が総合商社化の鍵であったとの見解を示した。資源開発機能が総合商社固有の機能であり，それを果たしうるかどうかが総合商社化の試金石であったとし，原燃料輸入の分野が日本の産業連関の上流に当たり，それを押さえることが，顧客関係の連鎖をたどって中間財，製品の商権に波及していくことになる，と論じた。この文脈での産業連関とは，現代的にはバリューチェーンと同義と解釈できるであろう。また，田中（彰）は資源開発機能が総合商社化の試金石となった理由として，大規模開発輸入プロジェクトはコーディネーターとなるべき商社に対して高度な機能を要求し，それに対して総合商社は情報網や取引ネットワークを駆使してプロジェクトに必要な企業を組織し，資機材を手配し，多方面の調整にあたるとともに，売り手である鉄鋼企業になりかわって投融資の主体となり，プロジェクト遂行に多大な貢献をしたことが総合商社の多角的かつグローバルな事業システムを背景とした複合機能，総合商社固有の機能を育んだと主張した。

榎本（2012）は，総合商社は単なるトレーディング会社から総合事業会社に転

換したとし，製品・サービスの「サプライチェーン」を活動舞台として，「サプライチェーン」における収益機会を主要製品のトレーディング以外にも増やすとともに，トレーディングと事業投資の有機的な連携により「サプライチェーン」に対するコントロール力を強化し，「サプライチェーン」自体の成長を図るビジネスモデルを"Value Chain Design"モデルと称した。榎本は，このモデルが前提とする市場の条件についても詳細に説明した。

b. 取引コスト理論からのアプローチ

三宅（2014）は，総合商社はサービス業の一業種であることから，製造業と異なり，他の企業との企業間関係が総合商社を特徴付けると主張した。他の企業との取引，あるいは取引相手となる他企業があってはじめて付加価値発揮の機会が得られる，と論じ，企業間関係のあり方にこそ，総合商社のビジネスの本質がある，と指摘した。その上で三宅は，互いに欠けている資源を補う相互補完性をベースとした，資源依存関係に対処するための調整手段として「中間組織」が存在すると主張し（資源依存パースペクティブ），コース（Coase）の流れを汲む取引コスト経済学の組織間関係論の応用として，取引が権限によって調整される「階層組織」と「市場」の選択の問題を取引コストの観点で取り扱うことができる（取引コストパースペクティブ）とした。近年の企業間の提携は，ライセンス契約，合弁事業，連携グループ形成といった様々な形態をとりうるが，いずれも純粋なarm's lengthの単発の市場取引でもなければ，単一企業内の取引でも無いという意味で「中間組織」による取引である，とし，その担い手として総合商社を位置付けた。また，三宅は今井ら（1982）が日本における「中間組織」の重要性を主張していることを踏まえ，経済のインターフェースの技術は市場取引と組織内連結だけではなく，資本的な結びつきによる企業間関係や下請けも，また役員派遣等による企業間の人的結合もインターフェースの方法である，と指摘している。

奥村（1994）は，総合商社を「集団内取引の結節点」と位置付けている。日本の企業集団は総合的な産業体系を持ちつつも中心は重化学工業にあり，奥村は同産業分野の特徴として「迂回生産」と「規模の経済」の2点を挙げ，さらに日本の大企業の特質として，特定の産業分野の中でも販売や輸送などを外部の他企業に任せ，製造分野でもまた多くの下請企業を使うことで専業化し，外部化していると指摘して，それら外部化を総合商社が担っているとした。

岩谷・谷川（2006）は，総合商社は日本経済の取引コストを「もったいない」精神で節約してきた，と形容している。

他方で，土井（2006）は，戦後，メーカーは商社利用による取引コストが商社を利用しないで自前で解決を探るときの取引コストより低いため商社を利用することを選択したとしつつ，一方で取引コストは，商社の成立は説明できるが，成立後の，革新的，進化的組織としての発展と競争優位を必ずしも十分に説明できないとし，総合商社の成立と発展を説明できず，取引コストによる総合商社の説明には限界があると指摘した。

c. ビジネスモデル・経路依存性分析からのアプローチ

孟（2008）は，企業の新たなビジネスの発展の程度や方向性が，過去の成長経験によって制限される傾向があると指摘した。孟は，企業の活動領域や将来の方向性は，完全に自由に選択され生成されるものではなく，その根底にある過去の経験や成功によってある程度特徴付けられると説明している。新たなビジネスモデルを構築する過程においても，企業は時間の経過とともに形成された一定の「組織ルーティン」（Winter 1988）に大きく依存する，とし，総合商社のビジネスモデルに経路依存性が存在することを強調した。

また，総合商社の場合は，それがどのような業態にでも比較的低いコストで転換できるという強みを持ちながらも，過去の経路に依存することから完全に自由に転換できるわけではない，と指摘した。また，利用可能な選択肢の幅が，あらかじめ存在する構造の形態によって定められていることから，総合商社のコア機能から付加価値の源泉となるソリューション提供部分を見出すことを通じてビジネスモデルをデザインする必要がある，と指摘した。そして，長い成長過程において，経営資源が蓄積されるとともに総合商社の特殊的優位としてのコア機能が内生的に革新され，進化してきたため，（今後は）これに基づいた新たなビジネスモデルを構築する必要がある，と主張した。

d. リスクマネジメント能力分析からのアプローチ

総合商社は1990年代のバブル崩壊後，アジア通貨危機で経営危機を迎えたが，その後いち早くリスクマネジメント体制を強化させ，不良資産を切り離し，事業採算性の評価を厳格化し，高い格付を獲得して復活したという経緯がある。

これらリスクマネジメント能力の研究例としては，瀬・塘・淺田（2016）が三菱商事の事例を対象に，事業計画の立案，コミット方法，事業のポートフォリオ・マネジメントについて分析している。

e. 組織・人材研究からのアプローチ

　総合商社は，日本・海外にネットワークを張り巡らし，世界中で事業活動を行っていること，また人事ローテーションも多様であることから，組織・人材研究の対象としてもよく取り上げられている。

　中村（2012）は，総合商社の組織構造には独自の特徴があるとし，その組織構造の3つの組織要素を以下の通り説明している。

① 多元的な事業部門。取り扱う商品やサービスの種別・市場別に，相対的な独立性をもった事業部制をとっている。この事業部門のもとで具体的な個々の事業を推進するために，いくつもの関係会社を所有しコントロールし，それらを事業会社と呼んでいる。

② 事業部門をまたがって全社を対象とした管理部門。経理，人事，広報，総務などの機能的組織の形態でコーポレート・スタッフ部門と呼ばれることもある。

③ 全世界に網目をめぐらした海外拠点。各事業部門が海外に持つ現地法人と，事業部門を超えた全社的な性格の海外拠点がある。特に重要なのは後者で，会社の組織構造上，社長に直属して「海外店」と呼ばれて，全世界の各地域に展開している。その多くが法人格をもつ。ここで事業部門出身の駐在員が勤務して，総合商社のグローバルな事業を推進することになる。どの事業部門から駐在員が送られてくるかは，地域ごとの業務の種類と多寡による。総合商社では，事業部門をまたがった全社的な管理部門の中に，「市場業務部」「業務部」といった名称で地域ごとの事業特性を把握する部署があり，グローバル展開のために情報を集約する役割を果たしている。こうした全世界を網羅する特徴的な組織形態を，ある総合商社の市場業務部チーフは，「商社のインフラ」という的確な比喩によって表現している。

　加えて中村は，グローバル展開をしているメーカーとの比較において，地域特性を越えて全世界に巡らされた営業と情報のネットワークは，総合商社に独自のものと指摘している。

　また，政岡（2006）は，総合商社の非総合性という概念で，総合商社では事業部の独立性が強く，実際は機能的総合性が希薄となっていると指摘し，その理由として，商品事業部制を引いている組織，予算管理および与信管理，俗称"背番号制"による人材配置を行う人事管理などを挙げている。

第3項　事例研究・事業創造研究アプローチ

　総合商社は，情報通信革命のような時代の変化を敏感に捉え，新しい事業領域への迅速な参入と事業の確立に成功している事例を多数有している。これらの事例から，次世代の事業創造者としての総合商社の役割を探究し研究対象とするアプローチがある。

　総合商社は多様な業種・業態に参入していることから，業界参入の事例研究などでも頻繁に取り上げられている。

　島田（2000）は，事例研究として畜産物関連ビジネスを対象に，食品の流通から，総合商社のフードバリューチェーンへの進出形態の研究を示した。

　加藤（2018）は，食品・小売部門の取り組み事例を取り上げ，総合商社が有する内部資源の強みを食品・小売向けに活用し始めていると指摘した。

　また，新規事業創出，イノベーションの事例として，杉野（2005）はITによる流通革命の中で総合商社の電子商取引戦略を対象とし，孟（2006）は，総合商社におけるナノテクビジネス分野への取り組みを対象として新規事業・新産業創出における総合商社の役割について論じている。

　埒本（2017）はマーケティングの観点から，総合商社の本質はビジネス創造にあり，価値共創型企業システムとしての総合商社の存在を明らかにした。

　Palepu and Ciechanover（2020）は，三菱商事がシリコンバレーで展開しているオープンイノベーション活動「M-Lab」を取り上げ，総合商社のイノベーションから多国籍企業におけるイノベーション・マネジメントのあり方の示唆を与えるケース教材を提供した。

第4項　国際ビジネス研究アプローチ

　総合商社は多国籍企業化をいち早く実現した日本企業であり，国際ビジネス研究の研究対象として早期から注目されてきた。他の研究系統と比較して論文の絶対数は多くはないものの，その重要性は認識されていたのである。

　先駆的研究として，塩田（1976）は総合商社が多国籍企業として日本独自のモデルを打ち立てることに期待を寄せ，その先導的な研究を行った。デリオス＝ビーミッシュ（Delios and Beamish 1999）や三宅（2014）は総合商社の海外投資戦略や進出形態について深く論じている。

　国際ビジネス研究分野では，1980年代から1990年代前半にかけて，小島・小澤

（1984a，1984b[3]）とレディング学派のバックリー（Buckley 1985）らとの間で，総合商社を題材に日本型直接投資（FDI）に関する論争が展開された。小島・小澤は国際経済学の立場から国際貿易と直接投資の統合を試み，大手総合商社9社からの約1,500のデータや三井物産へのヒアリングを元に，国際分業の立場から総合商社の機能を「空間と時間の仲介役」と定義し，総合商社によるFDIを統制の内部化を優先する伝統的な多国籍企業のそれとは大きく異なる新しい形態であるとして「日本型直接投資」と評価した。これに対し，バックリーはレディング学派の特徴であるOLIパラダイムと内部化理論を用いて，企業は市場の失敗を内部化するインセンティブを持ち，内部化こそが企業の国際化を説明する最大要因であると主張し，総合商社もそれに従ったものであり，比較的未発達な資本市場を背景に持った日本ゆえに総合商社が登場したと主張した。

　伊田（2011）はこの論争を振り返り，小島・小澤が指摘した総合商社の国際分業の役割や，組織を肥大化させた巨大メーカーなどの従来型多国籍企業とは異なる情報ベースの直接投資は，現代的な理解では，外部経済効果を伴った「ネットワーク経営」であると評価した。同時にバックリーの解釈した「総合商社の内部性」は，現在では「ネットワーク外部性」と呼ばれる現象とコインの裏表という関係であるとも理解でき，小島・小澤の先見性に焦点が当てられるべきと評価した。

第7節　総合商社研究の課題および総括

　以上の通り，多様な事業を傘下に持ち，グローバルに活動し，また時代と共にビジネスモデルを進化させ，新しい事業を創造してきた総合商社の研究アプローチについては様々な形態がある。包括的に総合商社を定義付け，ビジネス構造を明らかにするのは容易ではなく，総合商社の多様さを考慮すると1つの研究アプローチで総合商社を明らかにすることは難しく，様々なアプローチを組み合わせていく必要がある。

　日本的経営の意味あるいは特徴を捉えるために，日本に独特な事業形態である総合商社に光を当てる試みは自然な着眼であり，歴史研究アプローチで盛んに研究されてきたということ自体に合理性はある。

　そして，総合商社は時代の変遷と共に，事業構造やビジネスモデルを変化させてきており，その過程で機能やビジネスモデルに着目し，存在意義を確認するというステップに進んだのも自然な流れと言えよう。

　他方，総合商社研究は，日本の独自性に目を奪われ過ぎた面も否めない。そし

て，手法としては観察を通じた事例研究，それに基づく規範的分析に偏重してきた。

　総合商社は日本にしかなく，また総合商社と言える会社も合併などを経て会社数は減少しておりデータが不足していることから，実証的分析を容易に当てはめられるものではないが，実証分析が皆無と言ってよい状況は世界的な経営学研究の動向から見ても寂しい状況である。

　また，日本企業の国際化・多国籍企業化が進む中，国際ビジネス研究の観点でいち早く多国籍企業になったと指摘される総合商社の研究が少ないことも課題であろう。

　これらを踏まえると，総合商社研究を多国籍企業として捉え，国際ビジネス研究の諸理論を当てはめて総合商社の機能・役割・戦略を分析していくことに学術的な価値が見出せるものと考える。また，従来研究は歴史研究アプローチにより歴史的変遷を辿り，あるいは機能・ビジネスモデル研究アプローチにより機能を分解して総合商社を説明するという手法が主流であり，財務データ以外のデータを用いた統計による実証分析が皆無である点も総合商社研究の課題と考える。

　これらの課題認識を踏まえ，本研究では，国際ビジネス研究の諸理論を総合商社に適用することで総合商社のビジネスモデルをモデル化し，統計を用いた実証分析により総合商社のビジネスモデルの変革を捉える研究を試みることとしたい。

第8節　本章のまとめ

　本章は，総合商社に関する先行研究を定量的，系統的に検討することでRQに答え，その結果として総合商社研究の課題を明らかにすることを目的とした。

　具体的には，総合商社研究の系統を4つに整理した上で，国内・海外の総合商社に関する論文の系統ごとの件数，時代変遷に関して定量的な分析を行った。

　さらに，研究系統ごとの代表的な研究を取り上げて概観し，これら検証により総合商社研究の系統を整理し，最後に総合商社研究の課題について提示した。

　本章のRQであるRQ4-1〜4-3に対する，本章で明らかになった事項は以下の通りである。

RQ4-1：総合商社研究には複数のアプローチがあるが，その研究はどのような
　　　　もので，どのような傾向があるのか。

　総合商社の研究を以下の4つのアプローチに分類した。

（1）歴史研究アプローチ
（2）機能・ビジネスモデル研究アプローチ
（3）事例研究・事業創造研究アプローチ
（4）国際ビジネス研究アプローチ

（1）歴史研究アプローチは，「なぜ総合商社が登場して，成長することができ
　　たのか。その商社成長システムを探る」アプローチである。戦前の総合商
　　社を対象に総合商社成立の検討を行った研究や経営史（business
　　history）の視点での研究を包含する。
（2）機能・ビジネスモデル研究アプローチは，「戦後には，いくつかの商社が
　　総合化して，日本経済の発展を支えることになった。これを可能にした商
　　社サービス（特に取引コスト節約）の特質を捉える」研究である。経済的
　　な合理性の観点からの総合商社機能の検討とも言える。
（3）事例研究・事業創造研究アプローチは，総合商社が時代の変化を捉えて
　　新しい事業領域にいち早く参入し，事業を確立しているケースなどを対象
　　に，次世代の事業創造者として総合商社を研究対象とするアプローチであ
　　り，新規事業・新産業創出における総合商社の役割を対象にする。
（4）国際ビジネス研究アプローチは，いち早く多国籍企業化した総合商社を
　　対象に，総合商社の海外投資戦略，進出形態を対象とするアプローチであ
　　る。

RQ 4-2：複数のアプローチがあることは何を意味しているか，総合商社研究の
　　　　　課題は何か。

　総合商社は，経営学上の定義から，以下の特徴を持つ。
① 取引商品が多種類にわたり，
② 国内および海外に多数の支店・出張所を持ち，
③ 取引高が巨大で経済の中で存在感があり，
④ 産業に対するオーガナイザーとして業界接地面が多く，
⑤ 多数の事業体を傘下に抱え多様な産業に参入し，
⑥ リスクマネジメント機能など最新の経営管理を行っている，
　総合商社は，これら多面的な特徴を持つため，研究対象として様々な角度から
アプローチしうる研究対象である。
　一方で総合商社研究は，日本の独自性に目を奪われ過ぎた面も否めない。そし

て，手法としては観察を通じた事例研究，それに基づく規範的分析に偏重してきた点に課題がある。

RQ 4 - 3：国際ビジネス研究の視点で，総合商社研究にはどのような意義があるか。

　総合商社は，過去多様なアプローチで研究がされてきたが，多国籍企業としての側面から，国際ビジネス研究の諸理論を当てはめて総合商社の機能・役割・戦略を分析していく研究は欠けており，国際ビジネスの視点で総合商社を研究することに意義がある。またデータを用いた統計分析，実証分析が皆無である点も総合商社研究の課題と考える。

‖ 注 ‖
1　本研究では，各章ごとのSub RQを設定し，それらを積み重ねていることで論考を進めていく。
2　Yonekawa（1985）
3　Kojima and Ozawa（1984b）

◆85

| 第 5 章 |

総合商社の海外進出モデル

第 1 節　本章の概要

　本章では，総合商社が自らを「総合事業運営・事業投資会社」に変化させてきたとの先行研究を踏まえ，事業発展プロセスを考慮した総合商社の新たな海外進出モデルを提示の上，総合商社の海外進出形態が，時間経過に伴って「現地法人」から「経営権のない海外投資」へ，さらには「経営権のある海外投資」に変化してきていること，それら変化はトレーディング業務を中心とする伝統的な商社機能を有する投資先のみならず，製造業・サービス業など非トレーディング業務の投資先でも同様に見られることを，総合商社5社を対象に実証的に分析する。

　加えて，それらの結果をもとに，総合商社の海外進出形態の変化をもたらした外部要因，組織学習のメカニズムおよび海外進出形態の段階的変化，組織学習と企業規模，総合商社が経営権を志向する業種について考察する。

第 2 節　他章との関係

　本章と他章との関係は図5－1の通りである。総合商社の海外進出モデルを提示し，その有効性を確認し，後段の第10章での検討結果を考慮して段階的進化を実現しているケイパビリティとして組織学習の存在について考察する。

▌図5－1▐ 他章との関係

```
序章    なぜ今総合商社が注目
        されるのか？

第1章   本研究の目指す方向性・
        アプローチ・本書の構成

第2章   総合商社の誕生・発展・
        近年の動向

第3章   国際ビジネス研究の諸
        理論の整理

第4章  先行研究の検討

第5章  総合商社の              →  第6章  総合商社の
      海外進出モデル                   企業価値創造

      段階的海外進出の                  企業価値創造の
      実証分析                        実証分析
事例研究①                                              事例研究②
第7章 英国多国籍商社  →  組織学習に関する        企業価値創造に  ←  第8章 現代類似企業と
     との比較           考察               関する考察            の比較

事例研究③                総合商社のビジネス
第9章 総合商社5社の  →  第10章 モデルに関する包括
     国別進出戦略の            的な考察
     比較

第11章 総合商社の未来

終章  結言

      本研究のまとめ

      学術的貢献と実務へ
      のインプリケーショ
      ン

      本研究の限界と今後
      の展望
```

第3節　本章のRQ

本章のRQを以下のように設定する。

RQ5-1：総合商社のビジネスモデルの変遷はどのようなもので，モデル化可能
　　　　　か。

RQ5-2：総合商社のビジネスモデルの変遷はモデルに従って段階的に変遷して

いるか。あるいはランダムに起こっているのか。その違いは企業規模により異なるか。

RQ5-3：段階的に変遷するとした場合，その要因は何か。

　本章では，事業発展プロセスを考慮した総合商社の新たな海外進出モデルを提示の上，総合商社の海外進出形態が，時間経過とともに経営権を志向する方向に変化しており，総合商社の事業発展およびビジネスモデル変革と符合していること，その変化はトレーディング業務を中心とする伝統的な商社機能を有する投資先（FDI）のみならず，製造業やサービス業など非トレーディング業務の投資先でも同様に見られることを実証的に分析するものである。

　総合商社は，誕生以来，海外での事業活動を前提とする独特なビジネスモデルであることから，製造業のように本国で培った事業を海外展開するという時系列関係をとらず，事業発展形態の変化が海外進出形態に速やかに現れる点に特徴がある。したがって，海外進出形態の変化を対象に検証することで，総合商社の事業発展プロセスやビジネスモデルの変遷を検証することができる。

　総合商社が「総合事業運営・事業投資会社」化しているとの先行研究（田中（隆）2012）を踏まえ，その事業発展プロセスを考慮した総合商社の海外進出モデルを新たに提示し，同モデルの有効性を確認する。

第4節　多国籍企業および総合商社の海外進出モデル

第1項　多国籍企業の海外進出モデル

　国際ビジネス研究において，多国籍企業の海外進出モデルは，長年にわたり重要な研究テーマとされてきた。ここでは，代表的な理論の1つであるヨハンソン＝ボールネ（Johanson and Vahlne 1977, 2009）のウプサラ・モデル（Uppsala model）について概観する。

　ウプサラ・モデルの中核を成す概念は「知識」であり，企業は時間をかけて学習し，経験を蓄積することに焦点が当てられている。企業の海外進出は，不定期な輸出，定期的な輸出，現地販売子会社の設立，現地生産子会社の設立へと段階的に発展していく。知識は客観的知識（objective knowledge）と経験的知識（experiential knowledge）に分類され，特に経験的知識は容易に得られるもので

はないため,海外進出において市場に関する経験的知識が不可欠（critical）であり,差別化要因となるとされる。

さらにヨハンソン＝ボールネは,バーニー（Barney 1986）の経営資源に基づく企業観（リソース・ベースド・ビュー,Resource-Based View of the firm),すなわち企業が持つ資源の異質性と特異的な経営資源が市場環境とは無関係に価値を創造するとの概念を引用し,ビジネス・ネットワークの概念をウプサラ・モデルに導入してモデルを拡張した（Johanson and Vahlne 2009）。拡張されたモデルでは,海外進出は現地パートナーや顧客など市場のアクター（actor）との関係とネットワークに依存し,ネットワークからもたらされる事業機会の情報や,市場に既に参入しているアクターの近さが市場参入の決定に影響を与えるとした。このモデルでは,アクターとの信頼構築と関係の深化を通じて得られる知識創造が,海外進出プロセスを決定する要因としている。

第2項　総合商社の海外進出モデル

ゴーゼン＝牧野（Goerzen and Makino 2007）は,サービス産業における海外進出モデルを総合商社の海外進出を対象として検証した。彼らは海外進出事業を「コア事業（グローバル）」(Core-global),「関連事業（ローカル）」(Related-local),「非関連事業（グローバル）」(Unrelated-global),「非関連事業（ローカ

図5－2　Goerzen and Makinoの総合商社の海外進出モデル

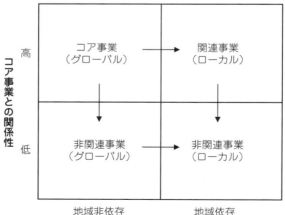

出所：Goerzen and Makino（2007）（筆者訳）。

ル）」（Unrelated-local）の４つに分類し，これらのカテゴリーごとの海外進出の順序を比較分析した。多国籍サービス企業（multinational corporations in service industries）も製造業と同様に（Chang 1995），初期の投資はコア事業および地域依存性の低い事業に密に関連しており，その後の投資は非関連事業や地域依存性の高い事業に広がっていくとした。

しかしながら，ゴーゼン＝牧野のモデルを用いて総合商社の海外進出を説明するには，いくつかの点で議論の余地がある。

彼らが総合商社の事業モデルのコア事業として分類した，東洋経済新報社の海外進出企業総覧データ（TKデータ）の分類項目は「総合卸売」であるが，これは現地進出にあたって総合商社が設立した現地法人（例：ドイツ三井物産）が主に分類されている項目である。これら現地法人は，現地進出する際に税務上あるいは業法上の理由から設立されるのが自然な成り立ちであり，この分類項目だけをもって機械的にコア事業から海外進出が始まると結論付けるのは論拠に乏しく，海外での事業展開を事業の中心に据える総合商社において，本国での事業モデルを順次海外で展開していく製造業の海外進出モデルを総合商社に当てはめて議論することの妥当性についても慎重に検討すべきであろう。

さらに，分類の妥当性に関するもう１つの問題点として，総合商社本体からトレーディング機能（商社機能）を対象に分社した投資先（例：住商医薬（上海））は，TKデータにおいて「○○卸売」というカテゴリーに分類されているが，ゴーゼン＝牧野はこれを関連事業に分類した。しかしながら，これらトレーディング機能を分社した投資先の業務内容は本来的な商社機能そのものであり，ゴーゼン＝牧野が定義したコア事業と実質的に同じ事業内容である実態から考えると，これら企業の関連事業への分類は適当ではなく，分類の妥当性についても議論が必要であると考える。

加えて，同論文では総合商社による海外への進出年の検討が記述統計の比較に留まっており，統計手法を用いた実証的な検証が望まれる。

第３項　総合商社の事業形態の変化

田中（隆）（2012）は，1980年代後半に既に始まっていた総合商社による事業投資が平成不況期に入って一気に加速した，と指摘している。高度成長の終焉とバブル崩壊の後に，「連結子会社を通じた，多様な製造業・サービス業への進出」および「事業投資会社化」という２つの側面を併せ持った動きにより，総合商社は「総合事業運営・事業投資会社」への転換を遂げたと論じている。田中は，

総合商社の連結決算の収益に占めるコミッションの比率推移を分析して，総合商
社の収益がトレーディングから投資によってもたらされるようになった事を示唆
している。しかし，収益構造の変化の比較に留まっており，具体的に「総合事業
運営・事業投資会社」化がどの分野でどのように進み事業形態が変化してきたの
かについて実証的な分析は行っていない。このため，実際の事業投資に関する
データを用いた詳細な検証が要請されるところである。

第5節　総合商社の海外進出モデルの提示および仮説

第1項　海外投資形態

　田中（隆）（2012）が提唱する総合商社の「総合事業運営・事業投資会社」化
の概念を，「総合事業運営」化と「事業投資会社」化の2つの軸に分解すると，
「総合事業運営」化は，伝統的な商社機能である仲介・販売を中心とするトレー
ディング事業から，製造業・サービス業など多様な非トレーディング事業（非商
社機能）への進出による対象事業領域の拡大を意味している。「事業投資会社」
化は，伝統的に総合商社で行ってきた商権確保を目的とした「経営権のない」マ
イナー出資形態から，「経営権のある」過半数・メジャー出資への進化を意味し，
経営責任とリスクを取る方向への変化を示している。
　前項で指摘した通り，ゴーゼン＝牧野は，海外現地法人を「Core」事業，商
社機能を有する投資先を「Related」事業とし，非商社機能を有する投資先を
「Unrelated」事業と分類して議論を展開したが，本研究では，総合商社の海外進
出形態をより正確にモデル化するために，投資先を「現地法人，商社機能，非商
社機能」，「経営権"なし"，"あり"」という2つの属性で再分類する。
　この再分類により，総合商社の海外投資先の形態は表5－1に示す5つのカテ
ゴリー（A，B-1，B-2，C-1，C-2）に整理される。ここで「商社機能」とは，総
合商社の伝統的な機能である仲介・販売を中心とするトレーディング機能やオー
ガナイズ機能（地域を統括する統括会社等を含む）を指し，非商社機能は製造業
やサービス業等非トレーディングの機能を指す。

第5章　総合商社の海外進出モデル　◆91

| 表5－1 | 総合商社の海外投資先形態

分類	形態	法人格	概要
A	初期海外進出	現地法人 （子会社）	海外事業活動・情報収集活動の足場となる現地法人を設立し，海外に進出
B-1	商社機能・経営権なし	事業投資先 （関連会社）	ビジネスモデルは，伝統的な商社機能（トレーディング・仲介貿易）のまま，地域ないし業界知見を活かし海外に進出。進出時は，メーカーの現地法人への出資や現地パートナーとの合弁などにより，経営権を持たない形（マイナー出資）で参画
B-2	商社機能・経営権あり	事業投資先 （子会社）	地域ないし業界知見，経営参画による経営知見を活かし，経営権を持つ形で参画
C-1	非商社機能・経営権なし	事業投資先 （関連会社）	地域知見を活かし，メーカーや現地パートナーとの合弁等により現地製造拠点やサービス企業（非商社機能）に経営権を持たない形（マイナー出資）で参画
C-2	非商社機能・経営権あり	事業投資先 （子会社）	地域ないし業界知見，経営参加による経営知見を活かし，経営権を持つ形で参画

第2項　事業発展を考慮した総合商社の海外進出モデル

　前項での考察を踏まえ，海外進出形態とその時系列的な発現過程を考慮して，ゴーゼン＝牧野のモデルとは異なる形で，総合商社の海外進出モデルを図5－3に提示する。総合商社の海外進出形態が，時系列に沿って段階的に発展する過程を表すモデルである。

　具体的には，初期段階では現地法人を設立して進出（A）し現地での知識と経験が獲得される。その後，商社機能を有するも経営権のない投資先が設立（B-1）される。事業経験の蓄積に伴い，商社機能を有し経営権を持つ投資先（B-2）の

| 図5－3 | 総合商社の事業発展を考慮した海外進出モデル

設立が増加していく。さらに，このプロセスと並行して，同様に現地法人（A）を通じて獲得した知識と経験を活用し，メーカーなど非商社機能を有する経営権のない投資先（C-1）が設立される。その後，非商社機能を有する経営権のある投資先（C-2）が設立され増加していく，というように海外進出形態の段階的な変化を捉えるモデルである。

第3項　仮説の設定

前項の海外進出モデルに対して，各進出形態が段階的に発現しているかを実証分析するべく，仮説を設定する。ここで，帰無仮説（H_0），対立仮説（H_1）とし，仮説の設定は表5－2の通りとなる。

これら仮説の検定にあたり，段階的とは海外進出形態（A，B-1，B-2，C-1，C-2）の進出年に統計的に有意な順序差が存在すること，と解釈される。

| 表5－2 | 仮説の設定

仮説1	H_0	*海外進出は，現地法人設立から始まるとは限らない。*
	H_1	*海外進出は，現地法人設立から始まる。*
仮説2	H_0	*現地法人設立の後，商社機能を有する「経営権なし」の投資先と「経営権あり」の投資先に同時的に進出する。*
	H_1	*現地法人設立の後，商社機能を有する「経営権なし」の投資先から「経営権あり」の投資先に段階的に進出する。*
仮説3	H_0	*現地法人設立の後，非商社機能を有する「経営権なし」の投資先と「経営権あり」の投資先に同時的に進出する。*
	H_1	*現地法人設立の後，非商社機能を有する「経営権なし」の投資先から「経営権あり」の投資先に段階的に進出する。*

第6節　分析

総合商社5社（三菱商事，三井物産，伊藤忠商事，住友商事，丸紅）の海外法人を対象に仮説に対する実証分析を行う。

第1項　使用するデータ

使用するデータセットはゴーゼン＝牧野と同様，東洋経済新報社の海外進出企業総覧データ（TKデータ）を用いた。データは2018年度版である。

第5章　総合商社の海外進出モデル　◆93

「海外進出企業総覧」は東洋経済新報社が独自に調査・収集した，わが国の海外進出企業に関するデータベースで，国内親会社および海外拠点（投資先企業）について企業ごとのデータが集められている。

第2項　データの概要

TKデータに格納されている総合商社5社の海外事業所（法人）データの概要を表5－3に示す。TKデータに格納されている海外事業所のデータのうち，検証に必要な出資比率および進出年が判明しているデータを使用する。

トレーディング機能を有する投資先（卸売，現地販売等商社機能）とそれ以外の非トレーディング機能を有する投資先（製造業との合弁による製造会社等非商社機能）は，表5－4の対応表を用いて分類している。前項で指摘した通り，ゴーゼン＝牧野は卸売や現地販売会社を「Related」事業とし，総合商社本社で行う「Core」事業と区別したが，本研究では総合商社本体で行うことができるかどうか，すなわち総合商社本体でも行うことができる事業を分社して外部で行っているか否か，という事業の実態に着目して卸売や現地販売会社を分類した。

また，総合商社においては，税務面やガバナンス面の観点から，現地法人を地域統括会社（中間持株会社）の下にぶら下げて間接出資形態を取っているケースがよく見られるが，それらは実質的に直接出資とみなして現地法人としてカウントしている（参考までに，ゴーゼン＝牧野は地域統括会社を「Unrelated」事業と分類している）。

なお，TKデータの業種分類に誤りが認められる場合は，個別の会社の業態を公開資料で確認の上，修正を行った。また，TKデータには創業開始年が記載されているが，総合商社が買収によって後年に経営参画したことが明らかな場合には買収年を進出年と修正しデータの精度を高めている。経営権の有無については，本社から海外投資先への出資条件に基づき，表5－5の判定基準を用いて決定している。

| 表5－3 | TKデータに格納されている各社の海外事業所（法人）数

	三菱商事	三井物産	伊藤忠商事	住友商事	丸紅	合計
海外事業所	382	304	224	444	255	1,609
出資比率・進出年が判明している件数	258	212	165	218	110	963
判明率	67.5%	69.7%	73.7%	49.1%	43.1%	59.9%

| 表５−４ | TKデータと商社機能有無のマッピング

TKデータ	商社機能	分類例
総合卸売，卸売，現地販売会社，統括会社，持株会社　等	あり	現地法人，自動車販売会社，機械販売会社，資源系特別目的会社（SPC）等
機械，鉄鋼，化学，繊維・衣服，金融，物流　等	なし	製造業との合弁製造拠点，物流サービス会社等

| 表５−５ | 本社から海外投資先への出資条件と経営権有無の判定基準

本社からの海外投資先への出資条件	経営権の有無
出資比率50％以上，または，筆頭株主	あり
出資比率50％未満	なし

第３項　各進出形態ごとの会社数および海外進出年の記述統計

　業種・出資比率に応じて５つ（A，B-1，B-2，C-1，C-2）の形態に分類し，各社ごとの各形態の会社数，進出年の記述統計（最小，最大，平均，中央値，標準偏差）を表５−６に示す。

　ここで，商社機能・非商社機能を有する投資先の「経営権あり・なし」の比率（B-2/B-1比率，C-2/C-1比率）に着目する。

　商社機能を有する投資先の「経営権あり・なし」の比率（＝B-2/B-1）については，三井物産・住友商事・丸紅については，概ね120％台〜150％となっている一方，三菱商事は100％未満（82.1％），伊藤忠商事は300％台（315.4％）と他３社の範囲から乖離している点が特徴的である。

　三菱商事は，商社機能を有する経営権なしの企業が５社中最も多い（39社）。個社を見ていくと，三菱グループ企業との合弁の商社機能を有する企業への出資（例：三菱電機との合弁によるエレベーター販売会社）が多いことが要因の一つとなっている。同一企業集団内において輸出機能を担うという伝統的な総合商社の機能提供であるが，複数の地域で展開されている点は財閥系の結びつきの強さを表しているものと考えられる。一方，伊藤忠商事は商社機能を有する経営権ありの投資先が５社の中で最も多く（41社），他４社と比較して商社機能の分社化が進んでいることが見て取れる。

　非商社機能の「経営権あり・なし」の比率（＝C-2/C-1）は概ね30％台後半か

ら50％台中盤に分布しており，各社間でB-2/B-1比率ほどの乖離は存在していないことが見て取れる。このC-2/C-1比率については，後段にてさらに検討する。

| 表5－6 | 各進出形態ごとの会社数および海外進出年

| | | | 現地法人 あり | 商社機能 なし | 商社機能 あり | | 非商社機能 なし | 非商社機能 あり | |
| | 経営権 | | | | | | | | |
	進出形態		A	B-1	B-2	B-2/B-1比率	C-1	C-2	C-2/C-1比率
三菱商事	社数		40	39	32	82.1%	95	52	54.7%
	進出年	最小	1954	1969	1978		1951	1967	
		最大	2016	2017	2016		2016	2016	
		平均	1979.2	1998.1	2004.2		1996.2	2000.2	
		中央値	1973.5	2003.0	2008.0		1997.0	2004.5	
		標準偏差	18.7	14.6	10.1		14.2	13.6	
三井物産	社数		19	24	36	150.0%	88	45	51.1%
	進出年	最小	1955	1962	1938		1917	1969	
		最大	2007	2014	2016		2013	2015	
		平均	1978.1	1989.8	2002.2		1996.0	2000.4	
		中央値	1976.0	1990.5	2008.5		1997.5	2004.0	
		標準偏差	16.8	15.6	17.1		14.6	10.7	
伊藤忠商事	社数		33	13	41	315.4%	53	25	47.2%
	進出年	最小	1952	1976	1974		1950	1981	
		最大	2016	2014	2017		2017	2014	
		平均	1984.2	1994.4	2001.4		1999.6	2000.2	
		中央値	1989.0	1995.0	2005.0		2001.0	1998.0	
		標準偏差	16.5	10.8	10.8		11.1	8.7	
住友商事	社数		33	25	37	148.0%	84	39	46.4%
	進出年	最小	1952	1974	1972		1959	1981	
		最大	2015	2016	2017		2018	2016	
		平均	1987.8	2000.1	2003.3		1999.5	2000.3	
		中央値	1993.0	2002.0	2004.0		2001.0	2002.0	
		標準偏差	17.9	11.1	10.3		11.0	10.6	
丸紅	社数		26	14	18	128.6%	38	14	36.8%
	進出年	最小	1951	1977	1967		1971	1972	
		最大	2011	2008	2012		2014	2012	
		平均	1981.1	1994.3	1990.2		1995.6	1995.6	
		中央値	1992.5	1991.5	1989.0		1996.5	1996.0	
		標準偏差	19.6	10.7	12.0		11.6	12.5	

第4項　経営権あり会社割合の推移

　海外投資先のうち，「経営権あり」が全体に占める比率（％）の時間的推移を図5－4，各商社の「経営権あり」と「経営権なし」の年代ごとの設立数を表5－7に示す。図5－3には，時代背景が分かるように，経済環境や重要な歴史的出来事を追記してある。

各社によりばらつきはあるものの，バブル崩壊期（1991年〜1993年）を転換点として会社数の増加ペース（直線近似した場合の傾きに相当）が上昇している（傾きがより急になる）ことが見て取れる。

また，2003年〜2010年頃を境に，「経営権あり」の会社数が増加，「経営権あり」の会社比率が上昇に転じている，または下げ止まる傾向が見て取れる。さらに，表5-7の年代ごとの比較から，2011年以降は5社いずれも経営権ありの投資先数が経営権なしの投資先数を上回っており，経営権ありの投資先増加傾向が強くなっていることが確認できる。

これら変化が起きた要因については後段にて検討する。

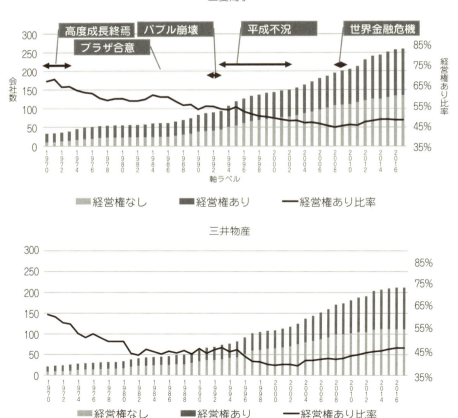

図5-4 経営権のある投資会社比率の推移

第5章　総合商社の海外進出モデル　◆97

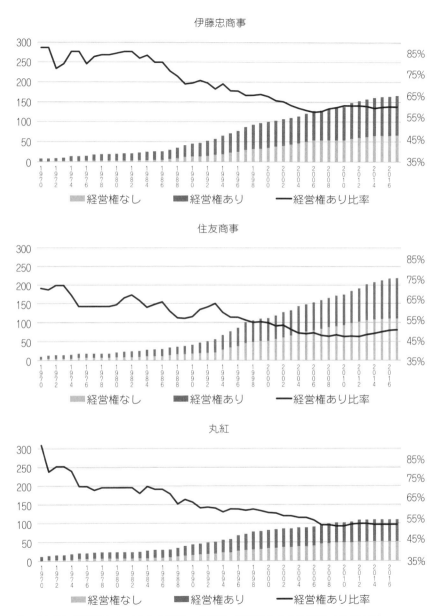

注：[左軸] 経営権なし／あり会社数，[右軸] 経営権あり会社比率（単位：％）

| 表 5 - 7 | 年代ごとの「経営権あり」「経営権なし」投資先数推移

(単位：会社数)

経営権	三菱商事			三井物産			伊藤忠商事			住友商事			丸紅		
	あり	なし	合計	あり	なし	合計	あり	なし	合計	あり	なし	合計	あり	なし	合計
1996-2000	0	15	15	5	22	27	15	24	39	11	22	33	7	11	18
2001-2005	5	14	19	17	18	35	6	15	21	12	25	37	2	5	7
2005-2010	2	12	14	19	18	37	12	4	16	8	16	24	3	10	13
2011-2015	16	15	31	19	10	29	13	11	24	21	16	37	4	3	7

第5項　時系列関係の実証分析

　表5－2の仮説（仮説1，仮説2，仮説3）の検証を行うために，各形態（A，B-1，B-2，C-1，C-2）の海外進出年に対して推定を行う。仮説1の仮説検定においては，A/B-1およびA/C-1の間に統計的に有意な順序差が存在することで帰無仮説（H_0）が棄却され，対立仮説（H_1）が支持される。同様に，仮説2においてはB-1/B-2間，仮説3においてはC-1/C-2間に統計的に有意な順序差が存在することで帰無仮説（H_0）が棄却され，対立仮説（H_1）が支持されることになる。

| 表 5 - 8 | Mann-WhitneyのU検定による推定結果

	標本	A/B-1	B-1/B-2	A/C-1	C-1/C-2
三菱商事	度数	79	71	134	147
	検定統計量U	329.5	473.5	896.0	2051.5
	検定統計量Z	-4.442	-1.741	-4.687	-1.697
	有意確率（片側）	.000 ***	.041 *	.000 ***	.045 *
三井物産	度数	43	60	107	133
	検定統計量U	139.5	219.0	308.5	1,627.0
	検定統計量Z	-2.166	-3.217	-4.303	-1.68
	有意確率（片側）	.015 *	.001 ***	.000 ***	.047 *
伊藤忠商事	度数	46	54	86	78
	検定統計量U	138.5	172.0	359.0	643.0
	検定統計量Z	-1.856	-1.914	-4.58	-0.209
	有意確率（片側）	.032 *	.028 *	.000 ***	.419
住友商事	度数	58	62	117	123
	検定統計量U	230.5	387.0	832.0	1583.5
	検定統計量Z	-2.859	-1.084	-3.359	-0.296
	有意確率（片側）	.002 **	.141	.000 ***	.384
丸紅	度数	40	32	64	52
	検定統計量U	124.5	102.0	273.5	260.5
	検定統計量Z	-1.634	-0.914	-3.021	-0.114
	有意確率（片側）	.052	.185	.001 **	.457

有意水準：　*** $p < 0.001$，** $p < 0.01$，* $p < 0.05$

海外進出年の分布は正規分布を仮定できないことから、ノンパラメトリック検定での推定が適当である。独立2群のノンパラメトリック検定であるMann-WhitneyのU検定を用いて、海外進出形態と海外進出年の時系列関係の推定を行った結果を表5－8に示す。

図5－5のモデル図は、推定結果の時系列関係を示している。図5－2で示したモデル上と同じ位置関係で進出形態を表し、ボックス内の上段は該当社数、下段は海外進出年の平均値、＊印は推定結果の有意水準（*** $p < 0.001$、** $p < 0.01$、* $p < 0.05$）を示す。

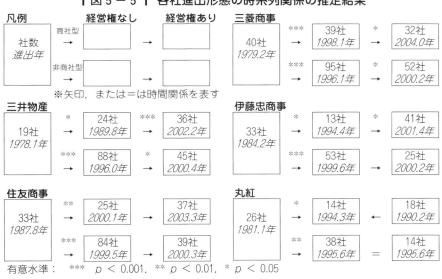

図5－5　各社進出形態の時系列関係の推定結果

第6項　仮説検定

前項の推定結果から仮説の検定を行う。

仮説1については、A/B-1およびA/C-1の推定結果から、A/B-1の丸紅（p = .052[1]）以外の4社、A/C-1の5社全てで、A/B-1およびA/C-1の時系列関係が5％水準で有意となっていることから、丸紅を除く4社で、5％水準で帰無仮説が棄却され、対立仮説である「海外進出は、現地法人設立から始まる」が支持された。

仮説2については，B-1/B-2の推定結果から，三菱商事・三井物産・伊藤忠商事の3社で，5％水準で帰無仮説が棄却され，対立仮説である「現地法人設立の後，商社機能を有する『経営権なし』の投資先と『経営権あり』の投資先に段階的に進出する」が支持された。

仮説3については，C-1/C-2の推定結果から，三菱商事・三井物産の2社で，5％水準で帰無仮説が棄却され，対立仮説である「現地法人設立の後，非商社機能を有する『経営権なし』の投資先から『経営権あり』の投資先に段階的に進出する」が支持された。

第7項　企業規模に関する追加検証

前項の分析結果から，商社機能および非商社機能を投資先を問わず，「経営権なし」の投資先から「経営権あり」の投資先へ段階的に移行し進出する傾向が業界上位社[2]において統計的に有意であることが明らかとなった。一方で，業界下位社ではこの傾向が必ずしも観察されないことが判明した。

この結果を踏まえ，モデルの成立条件に関する追加検証として，5％水準で有意な関係が確認された場合に，A→B-1，B-1→B-2，A→C-1，C-1→C-2の各関係に1ポイントを与え，各社ごとの合計値（0～4）と企業規模を比較分析した。

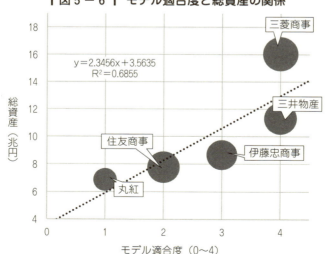

図5－6　モデル適合度と総資産の関係

注：バブル（●）の面積は経営権あり会社数を表す。

企業規模の代理変数としては、2019年3月期決算における総資産を用いた。結果は図5－6の通りとなった（図中のバブルの面積は経営権あり会社数）。モデルへの適合度は企業規模（総資産）と強い相関（重決定係数$R^2 = 0.686$）があることが確認された。

この分析から、企業規模が大きい上位社ほど、海外進出形態の変化が漸進的であり、時間の経過とともに段階的に形態が変化していることが明らかとなった。また、企業規模が大きいほどモデルの説明力が高まることが分かる。一方で、企業規模が相対的に小さい下位社の場合には、海外進出形態の変化が、統計的には必ずしも漸進的ないし段階的でなく、時に同時進行的に変化していることが観察された。

次に、表5－7で確認された非商社機能の「経営権あり・なし」の比率（C-2/C-1）について、企業規模との関係を確認した。上記の分析と同様に企業規模の代理変数として総資産を用いた。図5－7の通り、同比率についても企業規模と強い相関（重決定係数$R^2 = 0.728$）があることが見て取れる。この点の考察については、後段で検討を行う。

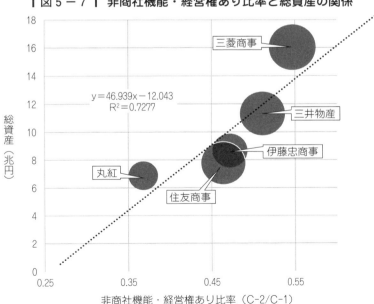

図5－7　非商社機能・経営権あり比率と総資産の関係

注：バブル（●）の面積は経営権あり会社数を表す。

第8項　総合商社が経営権を志向する業種の分析

　総合商社は多彩な事業領域に進出しているが，その進出は必ずしも全ての業種に均等に分布している訳ではない。そこで総合商社が経営権を志向する業種について検証を行った。この分析では，各総合商社における「経営権あり」の会社数の中で最も多い上位3業種を集計した（表5－9）。

| 表5－9 | **各社における経営権ありの会社数上位3業種**

三菱商事	会社数	構成比	三井物産	会社数	構成比	伊藤忠商事	会社数	構成比
資源	15	13.9%	資源	22	23.7%	現地販売（自動車）	8	9.9%
現地販売（自動車）	8	7.4%	電力	15	16.1%	不動産	6	7.4%
電力	8	7.4%	金融	4	4.3%	金融（販売金融）	4	4.9%
経営権あり合計	108		経営権あり合計	93		経営権あり合計	81	

住友商事	会社数	構成比	丸紅	会社数	構成比
メーカー（金属）	18	20.0%	資源	6	12.8%
電力	7	7.8%	インフラ（サービス）	2	4.3%
現地販売（自動車）	5	5.6%	メーカー（資材）	2	4.3%
			現地販売・保守（機械）	2	4.3%
経営権あり合計	90		経営権あり合計	47	

　この結果から，資源（5商社中3商社，全43社），電力（5商社中3商社，全30社），現地販売（自動車）（5商社中3商社，全21社）が5社中過半数の総合商社で上位3業種に入っていることが明らかになった。これら業種が，総合商社にとり戦略的に重要な事業領域であると考えられる。

　以上から，総合商社が特定の業種において経営権を持つ会社数が多いことが示され，これらの業種が総合商社にとって重要な事業領域となっていることが分かる。詳細の検討については次節で考察を行う。

第7節　考察

　本章では，総合商社が自らを「総合事業運営・事業投資会社」へと変革させてきたとする先行研究を踏まえ，事業発展プロセスを考慮した総合商社の新たな海外進出モデルを提示した。総合商社の海外進出形態が，「現地法人」から「経営

権のない海外投資」へ，さらには「経営権のある海外投資」へと段階的に経営権を志向する方向に変化してきていること，その変化はトレーディング業務を中心とする伝統的な商社機能を有する投資先だけでなく，製造業・サービス業など非トレーディング業務の投資先においても同様に観察されることを総合商社5社を対象に実証的に分析を行い，企業規模が大きいほど提示したモデルに適合して仮説が支持されることが明らかとなった。これにより，総合商社の事業発展が段階的に海外進出形態の変化と符合していることが確認された。

　以下では，海外進出形態の変化を促した外部要因，組織学習のメカニズムおよび海外進出形態の段階的変化，組織学習と企業規模，総合商社が経営権を志向する業種の各項目について考察する。

⑴　海外進出形態の変化を促した外部要因

　田中（隆）（2012）は，経営史の視点から，複合的な多国籍企業となった英国多国籍商社を日本の総合商社と対比している。Jones（2000）を参照し，英国の多国籍商社は，英国資本市場の構造変化により1979年に国際資本取引が完全に自由化された時点でかつての個人投資家中心から機関投資家中心へと株式所有構造が変化し，機関投資家がより効率的に監視できる企業を投資先に選んだことで多様な事業を有する複合企業体が好まれなくなり，こうした多国籍商社は姿を消していったとした。

　一方の日本の総合商社は，高度経済成長を通じて発展を遂げたが，バブル経済の崩壊後，深刻な業績不振に苦しみ，特に1997年夏以降のアジア通貨危機により東南アジア向け事業で大きな損失を被った。経営破綻の回避のために不良資産償却や有利子負債削減に追われ（榎本 2012），金融機関や投資家からの事業構造の転換圧力にさらされた。消滅と存続という結果の違いはあるが，英国多国籍商社，総合商社共に資本市場からの事業転換圧力にさらされたという点で類似している。

　1990年代に入ると，信用格付機関が付与する格付が資金調達に強い影響力を及ぼすようになり，総合商社は2000年代にかけて株主重視の施策を採用し，具体的には資本コストを用いた採算管理やリスクマネジメントの強化を行った。新たな内部規律に合致しない事業が厳格に選別され事業単位（ビジネスユニット）の収益性の追求が行われたことにより収益性の高い事業の選別が進み，事業・収益のコントロールを強化して会計上収益を連結できる投資先，すなわち「経営権あり」の会社の増加が加速し（「事業運営会社」化），また並行して新たな事業領域としてより収益性の高い事業を求めて非商社事業への展開（「総合事業運営」化）が促進されたと考えられる。

前節第4項で確認した2003年～2010年頃を境とした投資先における「経営権あり」の会社数の増加，「経営権あり」の会社比率の上昇は，上記の事業選別の強化と「総合事業運営」化によりもたらされたと考えられる。

(2) 海外進出形態の段階的変化と組織学習のメカニズム

本節では，前述の外部要因への対応として総合商社海外進出形態を変化させてきた背景にある組織学習のメカニズムについて考察する。

経営資源に基づく企業観（リソース・ベースド・ビュー，RBV：Resource-Based View of the firm）は企業ごとの経営資源の異質性（resource heterogeneity）と経営資源の固着性（resource immobility）を前提とし，企業の資源の強み・弱みを分析するアプローチである。RBVでは，企業が持つ持続可能な競争優位性（sustainable competitive advantage）は，究極的には組織学習の能力に帰結するとの見解が一般的である。

組織学習は，組織の行動研究から得られた観察に基づき，主に3つの行動特性を持つことが知られている。第一に，組織における行動は，規範，規則，手順，慣例，戦略，フレームワーク，文化といったものに規定されるルーティンによって形成され，第二に，それら行動は歴史に依存しフィードバックにより行動が強化される。第三に，組織は特定の目標に向かって行動する特性を有する（Levitt and March 1988）。これら特性から得られた知識が企業の競争優位性をもたらす。

リソースとして知識にフォーカスしたKBV（Knowledge-Based View of the firm）がKogut and Zander（1992）らによって提唱されており，KBVでは，企業が買収，ジョイントベンチャー，新たな雇用などの外部からの学び（external learning）と，社内組織変更，事故，実験といった内部からの学び（internal learning）から得られた情報やノウハウを共通の理解（code）の上で組み合わせ（combinative capabilities），組織として知識を拡張していくとしている。

総合商社にこの理論を適用すると，投資先企業（現地企業とのジョイントベンチャー等）の経営が「外部からの学び」に該当し，採算管理やリスクマネジメントの強化は「内部からの学び」に相当する。

また，組織における知識創造理論として知られるSECIモデル（野中・竹内1996）によれば，時間をかけて個人や個々の部署が経験により獲得した暗黙的な知識（暗黙知）は，「共同化（Socialization）」「表出化（Externalization）」「連結化（Combination）」「内面化（Internalization）」のプロセス（図5-8）を踏むことで，組織の共通知識（形式知）に昇華される。総合商社における海外進出形態の変化に必要な経験や知識（経営経験や非商社機能に関する知識）も，SECI

モデルに従って時間をかけた継続反復のプロセスにより獲得されたと考えられる。知識創造はイノベーションを生み出す基盤であり（野中 2007），組織学習によって総合商社は海外進出形態を変化させるというイノベーションを起こしたと解釈できる。

したがって，「外部からの学び」と「内部からの学び」を組み合わせて組織としての知識を拡張し（学習），それらを暗黙知から形式知へと昇華させ（伝播・浸透），さらに実践として「現地法人」から「経営権なし」投資先へ，「経営権なし」から「経営権あり」へ，商社機能から非商社機能へという形態変化を複数の部署において連続的に起こしていく（実践）には，相応の時間が必要となるものであり，総合商社の海外進出形態の変化が漸進的・段階的に現れるという今回の実証分析結果と整合する。

図5－8 SECIモデル

出所：野中・竹内（1996）を改変。

Teeceら（1997）は，企業が内部外部の競争力を統合，構築，再構成し，環境変化に迅速に対応する能力をダイナミック・ケイパビリティ（dynamic capabilities）と定義している。この理論は，企業が自らのリソースを状況の変化に応じて組み合わせ，調整することで一時的な競争優位を連鎖的に獲得するという考え方である。現代経営学研究においても，この理論は今なお議論の的となっているが，事業環境の変化に応じてケイパビリティの連鎖反応的な獲得を説明する理論と言える。総合商社が海外進出形態を段階的に変化させる過程は，外部事業環境の変化に対応して，連続的に知識を獲得，学習した結果であることから，この理論に基づく組織の適応力と学習能力の実証例として捉えることができる。

⑶ 組織学習と企業規模

　実証分析の結果，企業規模が大きい上位社では，進出形態の段階的な変化が統計的に有意であることが明らかになった。また，本研究で提示した海外進出形態モデルへの適合度も高いことが確認された。これに対し，企業規模が相対的に小さい下位社では，進出形態の段階的な変化が必ずしも有意ではなく，モデルへの適合度も低いことが判明した。

　一般的に，企業規模が大きい場合，事業の接地面やネットワークが広がり，企業が接する情報量や経験量が増加する。これにより，内部での学習量も増加し，組織学習に有利な状況が生まれる。したがって，企業規模が大きいほうが組織学習には有利であると言える。

　一方で，企業の内部での「共同化（Socialization）」「表出化（Externalization）」「連結化（Combination）」「内面化（Internalization）」のSECIモデルに基づくプロセスを通じて，個人や個々の部署が経験により獲得した暗黙的な知識（暗黙知）を組織の共通知識（形式知）に転換し，企業のケイパビリティとして取り込む過程には一定の時間が必要となる。

　ウプサラ・モデル（Johanson and Vahlne 1977，2009）によれば，企業が獲得し創造する知識は，時間をかけて得た経験からもたらされるとされており，これはSECIモデルの知識創造プロセスにおける時間の必要性と符合する。Johanson and Vahlne（2009）は，海外進出が現地パートナーや顧客など市場のアクター（actor）との関係とネットワークに依存するとし，これらとの信頼醸成と関係を深めることで得られる知識創造が海外進出プロセスを決定するとしている。具体的には，ネットワークから事業機会の情報がもたらされ，既に市場参入しているアクターが近くにいることで市場参入を決めることになるなど，である。これは，商社機能・非商社機能に関わらず，現地法人や経営権のない投資から進出し，その後市場での経験を積んだ後に，よりリスクを取る形で経営権ありの投資に段階的に移行していくとする本研究の海外進出モデルのメカニズムをよく説明している。

　Zander and Kogut（1995）によれば，組織内の知識移転の迅速性は，コード化可能性（codifiability），教育可能性（teachability），複雑性（complexity），システム依存性（system dependence），観察可能性（product observability）に依存する。観察可能性が高いほど知識移転は速やかに行われるが，他方で競合他社による模倣（imitation）を誘発しやすくする。

　「経営権なし」から「経営権あり」へ，商社機能から非商社機能へ，という戦

略そのものは，観察可能性が高く，その概念自体の複雑性は低いため，組織外からの模倣が比較的容易な経営戦略である。したがって，「ライバルが出来るのであればわが社も」と各総合商社が相互に模倣し合い，各社が類似する事業領域に進出してきたという総合商社業界の特性とも合致する。各社が海外進出形態の変化を相互に模倣し合って，総合商社というビジネスモデルを進化させてきたとも言える。

　一方で，戦略レベルでの模倣が比較的容易であっても，コード化可能性，教育可能性，システム依存性は，各社の企業文化，リーダーシップ，社内規定・ルールなどの組織の内部要因，ケイパビリティに強く影響される。これらにより，実行に至るまでに必要となる時間やタイミングが各社ごとに異なるのは自然なことであり，企業規模によりモデルへの適合度が異なることは，各社のこれら内部要因，ケイパビリティの差を反映していると考えられる。

　Kogut and Zander（1992）によるKBV理論では，企業の組み合わせ力（combinative capabilities）の差が重要な役割を果たす。企業の組み合わせ力の差は，企業規模が相関する可能性があるが，この関係性については今後の研究課題として検討する必要があろう。

　表5－6および図5－7のC-2/C-1比率，すなわち，非商社機能の「経営権あり・なし」の比率は，企業規模（総資産）に正の相関関係にあることが確認された。これは，総合商社が業界知識やネットワークが乏しい業種業態へ進出する際に，KBV理論における外部からの学び，あるいは，ウプサラ・モデルでのアクターとの信頼醸成や知識創造を通じた組織学習が必要であることを示唆している。「経営権あり」の比率が高いことは，より高い経営リスクを取り，より高い収益・リターンを追求していることを意味する。企業規模が大きい場合，ネットワークからもたらされる学習機会が多く，人的リソースの豊富さや財務基盤の強さなどを背景に，よりリスクを取って非商社業種への積極的な進出が可能であるため，総合商社が経営権を取る場合には企業規模の大きさが有利に働いていると考えられる。

　ただし，モデルへの適合度と企業規模に関するこの考察は，現時点までのデータに基づいたものであり，将来的に下位社のモデルへの適合度が高まる可能性も考慮しておく必要がある。したがって，これらの関係性については，時間の経過とともに継続的に確認していくことが必要であろう。

(4)　総合商社が経営権を志向する業種

　前節第8項で行われた経営権ありの業種に関する追加検証の結果から，総合商

社がどの業種に経営権を持って積極的に進出しているかについて考察する。

　総合商社の業種選択，すなわち，どの業種に経営権を持って積極的に進出しているかは，総合商社というビジネスモデルが持つ強み，各社固有の強みや意図的な経営戦略，各社が属する企業グループやメーカーとの歴史的な関係の深さなどが影響していると考えられる。

　追加検証の結果，「資源」（5商社中3商社，全43社），「電力」（同3商社，全30社），「現地販売（自動車）」（同3商社，全21社）が5社中過半数で上位3業種に入っていることが明らかになった。これらが一般に総合商社が経営権を志向する業種であることは指摘した通りである。特に，エネルギー資源を含めた天然資源領域（商社機能に分類）は総合商社が伝統的に強い事業領域であり，豊富な知見と経験を有している。この分野では税務メリットを活かすために各社は投資ビークルとして特別目的会社（Special Purpose Company：SPC）を税務上有利な国に設立しており，これが「経営権あり」の会社数が上位にくる理由ともなっている。

　電力領域（非商社機能に分類）では，総合商社は海外で独立発電事業者（IPP）として発電所を建設・運営し，現地電力会社に電力を販売する事業モデルを確立している。インフラ事業は資本集約度（capital intensity）が高く，高い格付を活かした有利な資金調達が競争優位をもたらすため，格付の高い現在の総合商社には強みが活かせる事業領域と言える。

　また，自動車の現地販売（商社機能に分類）に関しては，総合商社は日本の代表的な輸出産業である自動車会社の（特にリスクの高い国への）海外輸出を担い，現地販売統括会社を設立し，ディーラー網を整備して現地販売を担うことを伝統的に行ってきた経緯がある。総合商社が経営権を持つ自動車の現地販売会社は，各自動車会社との関係の観点では，三菱商事は三菱自動車といすゞ，三井物産はトヨタと日野，伊藤忠商事はスズキといすゞ，住友商事はホンダ，トヨタとフォード，丸紅は日産，のように属する企業グループや歴史的な関係の深さにより棲み分けがされていることが明確である。

　他方，5社の中で過半数には至っていないものの，「金融」（5商社中三井物産と伊藤忠商事のみ，全8社），「メーカー（金属）」（同住友商事のみ，全18社），「不動産」（同伊藤忠商事のみ，全6社）が，合計会社数としては顕著であり，横並び意識が強い総合商社の中で各商社固有の強みや経営戦略の違いが顕在化していることが明らかになった。これら業種への進出は，企業グループ（住友商事と住友グループ中核の旧住友金属工業）や意図的な経営戦略（伊藤忠商事は1990年代にASEAN諸国での工業団地造成やオフィスビル建設に注力）が他社との差別

化の要因として機能した結果と解釈できる。

　特に丸紅に注目すると，「資源」以外は「インフラ（サービス）」，「メーカー（資材）」，「現地販売・保守（機械）」が上位にランクされており，他の4商社と異なる事業ポートフォリオが形成されている。これは，上位社との差別化戦略の結果と推測される。

　これらの観察から，前項で検討したモデルへの適合度と企業規模の関係に加えて，経営権を志向して進出する業種が上位社と下位社で異なることが明らかである。これは，下位社では経営権「なし」から「あり」への段階的な進出が行われていない要因となっている可能性がある。すなわち，競合との差別化において，競合が狙わないニッチ領域への集中という戦略的意図を持った結果，あるいは参入機会があった場合に事業機会優先的に事業参入の決定が行われた結果であると示唆されるが，この点については今後丹念な精査が必要である。

　総合商社の事業ポートフォリオは，相互類似性が高いと一般に考えられているが，実際には事業ポートフォリオは乖離が進んでいることを示す一例と言える。

　総合商社は，どのような業態にも比較的低いコストで転換できるという強みを持つ（孟 2008）が，過去の成功事例を通じた組織学習による漸進的な変化（incremental change）を積み重ねるため，経路依存性（path dependency）の制約は免れないことが示唆される。

　今後，さらに経営権を志向する事業投資モデルへの進化や，製造業やサービス業のような「非商社型」事業領域への進出が進んでいくと，総合商社各社の業種ポートフォリオが一層乖離していくことが想定される。急速に事業環境や競争環境が変化して競争のライフサイクルが短縮化するハイパーコンペティション（hypercompetition, D'Aveni 2010）の時代と言われ，デジタル技術や新しいビジネスモデルを活用して各業界の産業構造変革が加速していく中，総合商社がこれらの外部事業環境の変化に対応し，組織学習力を活かして，経路依存的ながらも個性のある事業ポートフォリオを構築していくことが予想される。

(5) 残された課題と限界

　最後に，残された課題と限界について指摘する。

　今回使用したTKデータは，日系企業の海外進出を知る上でほぼ唯一の貴重なデータではあるが，必ずしも全ての海外投資先をカバーしている訳ではなく，今回個別の企業を調査してデータの補強を行ったことは述べた通りであるが，自ずとデータの網羅性に限界がある。

　会社規模が大きいほうが収集できる情報量が多くなることから組織学習には有

利であることは考察した通りであるが，一方で組織学習の効率やスピードは会社規模に対して負の効果を持つとも考えられる。モデルへの適合度と他の因子との関係，さらには事業ポートフォリオの乖離も含めて，さらに検証を進めていくことが課題として残されている。

第8節　本章のまとめ

本章では，総合商社が自らを「総合事業運営・事業投資会社」に変化させてきたとの先行研究を踏まえ，事業発展プロセスを考慮して，総合商社の海外進出形態が時間経過に伴って「現地法人」から「経営権のない海外投資」へ，さらには「経営権のある海外投資」に変化する総合商社の新たな海外進出モデルを提示した。それら変化を実証的に分析し，モデルの有効性を検証した。

本章のRQであるRQ5-1～5-3に対する，本章で明らかになった事項は以下の通りである。

RQ5-1：総合商社のビジネスモデルの変遷はどのようなもので，モデル化可能か。

総合商社のビジネスモデル（海外進出）の形態は，時間経過に伴って「現地法人」から「経営権のない海外投資」へ，さらには「経営権のある海外投資」に段階的に変化してきていることが観察され，モデル化は可能である。

RQ5-2：総合商社のビジネスモデルの変遷はモデルに従って段階的に変遷しているか。あるいはランダムに起こっているのか。その違いは企業規模により異なるか。

総合商社のビジネスモデルの変遷は提示モデルに従って段階的に変遷していることが確認された。それら変化はトレーディング業務を中心とする伝統的な商社機能を具備する投資先のみならず，製造業・サービス業など非トレーディング業務の投資先でも同様に見られた。モデルへの適合は対象とした5社により異なるが，モデルへの適合度は企業規模と相関関係にあることが明らかになった。

RQ5-3：段階的に変遷するとした場合，その要因は何か。

海外進出形態の変化は資本市場からの圧力による採算管理やリスクマネジメントの強化により，「事業投資化」「非商社事業への展開（総合事業運営化）」が促進された。これを通じて，KBV（Knowledge-Based View）理論での「外部からの学び」，「内部からの学び」を伴う組織学習により知識創造が行われ，形態変化が連続的に実践されていったと考察される。これらは総合商社の海外進出形態の変化が漸進的・段階的に現れたという実証分析結果と整合している。

‖ **注** ‖
1　p値の評価として四捨五入すれば5％と見ることもできるが，ここでは厳密性を重視している。
2　上位下位の基準は売上高，総資産，利益，時価総額等の様々な指標が考えられるが，ここでは2019年3月期決算における総資産としている。

第6章

総合商社の企業価値創造
—パネルデータ分析によるビジネスモデル進化の検証—

第1節　本章の概要

　前章では，総合商社が伝統的なトレーディング業務から事業投資への転換を遂げ，「経営権のない」投資から「経営権のある」投資へとそのビジネスモデルを段階的に深化させてきた過程を実証的に明らかにした。しかしながら，このビジネスモデルの変革が，資本コストを超える企業価値を実際に創出しているかに関する研究は現時点で見当たらない。

　本章では，総合商社5社における経営権を志向するビジネスモデルの変遷が企業価値創造に与えた影響について検証する。具体的には，前章で提示した総合商社の海外進出モデルを基盤とし，パネルデータを活用した実証分析を行う。この分析を通じて，投資先の経営権の有無の比率と企業価値創造との関係性，さらには商社型事業と非商社型事業の企業価値創造への影響の差異を詳細に検証する。

　これら結果を基に，統計的手法を用いた実証的な結果の解釈を行い，それに基づく効果的なポートフォリオ戦略の構築に向けた洞察を提供する。この章では，総合商社のビジネスモデル変革が企業価値創造に与えた影響を，理論的かつ実証的な観点から総合的に考察し，新たな知見を得ることを目指す。

第2節　他章との関係

　本章における他章との関係性は図6−1に示される構造の通りである。前章で提示した総合商社の海外進出モデルを基盤として，総合商社のビジネスモデル変革である海外進出形態の変化と資本コストを超える企業価値創造の関係性について実証分析を行う。これにより，総合商社のビジネスモデル変革が単なる経営戦

略の転換に留まらず，実際に企業価値を高める効果があったのかについて検証することで，総合商社の経営戦略と企業価値創造の関係を理解する重要な一歩になる。

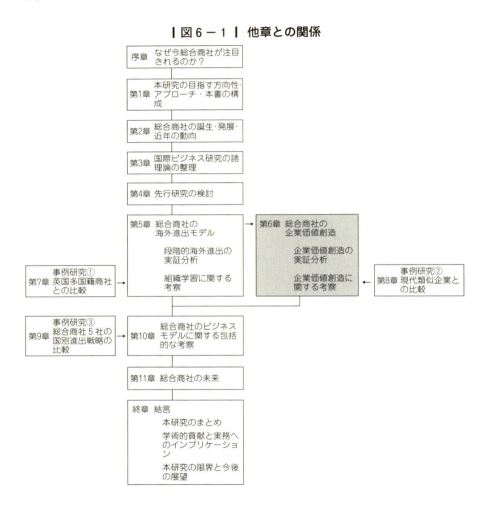

図6－1 他章との関係

第3節　本章のRQ

本章では，総合商社のビジネスモデル変革が企業価値創造に及ぼす影響を探究するため，以下のRQを設定する。

第6章　総合商社の企業価値創造―パネルデータ分析によるビジネスモデル進化の検証―　◆115

RQ6-1：経営権を志向するビジネスモデルの変革は総合商社の企業価値創造にどのような影響を与えたか。

RQ6-2：商社型事業，非商社型事業の業種の違いは企業価値創造に違いを生じさせているか。

RQ6-3：実証分析の結果を踏まえた，総合商社のポートフォリオ戦略構築に対する示唆は何か。

　総合商社は，経済環境や時代の変遷に伴い，その業容とビジネスモデルを大きく変化させてきた（榎本 2012）。近年では，総合商社は「総合事業運営・事業投資会社」（田中（隆）2012）と形容されている。「企業を経営する企業」とも言えるであろう。

　総合商社各社は，中期経営計画などの経営戦略において，事業投資の強化や推進を掲げており，経営権のない投資先の増加だけでなく，経営権のある投資先の増加が顕著である（図6-2）。また，2000年代以降，資源価格の上昇に伴い，総合商社各社は当期利益の水準を引き上げてきた（図6-3）。しかし，資源分野への投資が多い総合商社の収益水準は，マクロ経済環境の変化に大きく影響を受けるため，総合商社各社が進めている経営権を確保する投資先の増加が企業価値創造にどの程度寄与しているのかは不透明なのが実態である。

| 図6-2 | 経営権のある投資会社比率の推移（図5-4再掲）

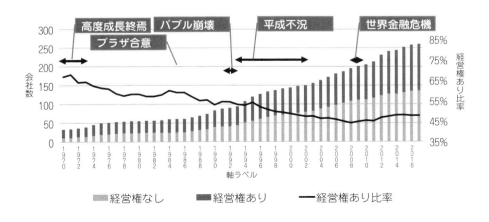

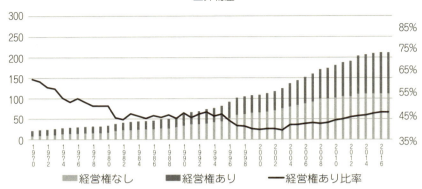

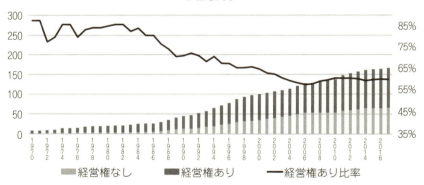

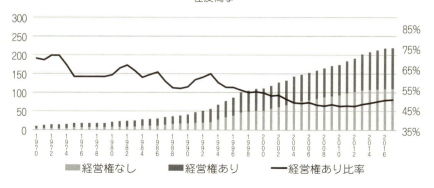

第6章　総合商社の企業価値創造―パネルデータ分析によるビジネスモデル進化の検証―　◆117

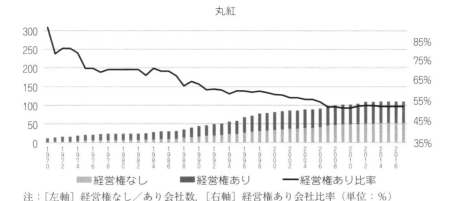

丸紅

注：[左軸] 経営権なし／あり会社数，[右軸] 経営権あり会社比率（単位：％）

　本章では，総合商社5社の企業価値創造に関するパネルデータに基づく実証分析を行い，総合商社が経営権を有する事業投資先の増加が各社の企業価値創造にどのように貢献しているかを明らかにする。また，商社型および非商社型の業種における投資先の「経営権あり」の増加が企業価値創造に与える影響を探究し，総合商社のポートフォリオ戦略構築に対する示唆を提供することを企図する。

｜図6－3｜　総合商社5社の税後利益推移（年度）

当期純利益（億円）

第4節　本章に関連する先行研究および理論

第1項　総合商社のビジネスモデルの構造変化

　総合商社研究は，経営史的観点からのアプローチが多く，総合商社のビジネスモデルの構造変化を定量的に捉えようとする研究は数少ないのが現状である（吉成 2020b）。その中でも総合商社のビジネスモデルの構造変化を定量的な視点から行った代表的なものとして，孟（2008）の研究が挙げられる。孟は，総合商社のコア機能の構造変化に焦点を当て，収益源，資産構成，売上高構成の時系列データを用いて，トレーディング活動と事業投資活動の収益貢献を定量的に分析し，コア機能の転換が進んでいることを明らかにした。

　本研究では，前章の記述の通り，田中（隆）（2012）による総合商社が自らを「総合事業運営・事業投資会社」に変化させてきたとの先行研究を踏まえ，事業発展プロセスを考慮した総合商社の新たな海外進出モデル（図6－4）を提示の上，総合商社の海外進出形態が，「現地法人」から「経営権のない海外投資」へ，さらには「経営権のある海外投資」へと段階的に経営権を志向する方向に変化してきていることを示した。この変化はトレーディング業務を中心とする伝統的な商社機能を有する投資先だけでなく，製造業やサービス業などの非トレーディング業務の投資先においても同様に観察された。この点については，総合商社5社を対象にした実証的な分析により，企業規模が大きいほど提示したモデルに適合して仮説が支持されることを示した（吉成 2020a）。

｜図6－4｜　総合商社の事業発展を考慮した海外進出モデル（図5－3再掲）

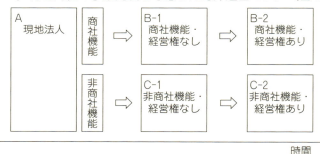

しかしながら，総合商社のビジネスモデル変革が企業価値創造に与える影響に関する統計的手法を用いた実証研究は，これまで見当たらない。本研究は，企業価値創造を計測し，「経営権のある」投資先の増加，特に商社型および非商社型事業における「経営権のある」投資先の増加が企業価値創造にどのように関連しているかを分析することで，新規性と独自性を有すると考えている（吉成2021）。

第2項　企業価値創造とEVA

　企業における価値創造の根幹は，資本コストを上回る収益性の達成によって企業価値を増大させるという原則に基づいている。この価値創造の評価には，営業利益や純利益といった会計指標，ROEやROAといった財務指標，キャッシュフローに基づく評価法，時価総額や株式市場における累積超過リターン（cumulative abnormal return: CAR）などの市場ベースの指標，そしてStern Stewart社によって提案されたEVA®[1]（Economic Value Added）などが用いられる。

　各評価法には一長一短があり，例えば，時価総額は市場や株主からの期待や思惑が織り込まれているのみだけでなく，株式市場全体の価格変動などマクロ要因や投資家の思惑に大きく影響されるため，企業の価値創造の計測に最適とは言い難い。

　これら指標の中で，EVAは企業の価値創造を評価する上で優れた指標として特に注目されている。

　EVAは，企業価値創造を，経営者が投下資本（capital employed）を用いて企業を経営し，投資家の期待値である資本コストを上回る価値を生み出すこと，と定義している。この指標は以下の式で表される。

$$EVA = NOPAT - CE \times WACC$$

ここで，

$NOPAT$：Net Operating Profit after Tax ／税引後営業利益
CE：Capital Employed ／投下資本＝有利子負債＋株主資本
$WACC$：Weighted Averaged Capital Cost ／加重平均資本コスト

であり，株主資本コストはCAPM（capital asset pricing model：資本資産評価モデル）を用いて計算されるものである。

企業価値創造の評価指標としてのEVAの妥当性に関する研究として，Sharma and Kumar（2010）がある。Sharma and Kumarは，文献レビューを行い，純利益，一株当たり利益，ROE，およびROAといった従来の財務指標は，企業価値創造の評価には不十分であると指摘している。特に，これら財務指標は，企業経営者が短期的にはリスクを取ることで一時的に向上させることが可能であるため，そのような操作への耐性の強いEVAがより適切な指標として評価されるべきと主張している。この主張は，インドの企業を対象とした実証的な分析によって裏付けられている（Kumar and Sharma 2011）。

しかし，EVAにも一定の制約や欠点が指摘されている。例えば，ROEと同様に，EVAはレバレッジの増加に対して肯定的に反応する構造を持っているため，他の条件が変わらない中での負債の増加がEVAの上昇をもたらす傾向があるという点（仁科 1999），さらに，EVA以外の項目も企業価値創造に一定の影響を与えているとの指摘（Ismail 2006）も存在する。これらの点を正しく理解した上で，EVAを企業価値創造の評価指標として用いることが重要である。

EVAを指標として企業戦略の評価を行う事例として，佐藤（2019）はEVA^{2}を被説明変数としてM&Aによる企業価値創造に関する実証的な分析を行っている。また，菊地（2010）は日本の製造業を対象にEVAモデルと資源配分について検証し，営業運転資本の効率化がEVAと正の相関があり，研究開発および設備投資は負の相関があることを明らかにしている。

第5節　企業価値創造の検証

第1項　パネルデータの作成

本研究の実証分析のため，パネルデータの構築を行った。

投資先の経営権の有無や商社型・非商社型の投資先の分類については，第5章と同様に東洋経済新報社の海外進出企業総覧データ（TKデータ）の2018年度版を使用し，吉成（2020a）と同じ手法に従って分類を行った。この「海外進出企業総覧」は東洋経済新報社が独自に調査・収集した日本企業の海外進出に関する独自のデータベースであり，国内親会社および海外拠点（投資先企業）に関する詳細データが収録されている。

TKデータに格納されている総合商社5社の海外事業所（法人）データの概要を表6−1に示す。

第6章　総合商社の企業価値創造―パネルデータ分析によるビジネスモデル進化の検証―　◆121

TKデータに格納されている海外事業所のデータのうち，検証に必要な出資比率や進出年が明確に記載されている963社のデータを分析の対象とした。

商社型と非商社型の分類に関しては，表6−2の対応表を基に，トレーディング機能を持つ投資先（卸売や現地販売等商社機能を具備する商社型）とし，それ以外の非トレーディング機能を持つ投資先（製造業との合弁による製造会社や各種サービス会社等非商社機能を具備する非商社型）として分類した。商社型の判定にあたっては，総合商社本体で行うことができるかどうか，すなわち総合商社本体でも行うことができる事業を分社して外部で行っているか否か，という事業の実態に着目して分類している。また，総合商社においては，税務やガバナンスの観点から，現地法人を地域統括会社や中間持株会社の下にぶら下げて間接出資形態を取っているケースが多いが，本研究ではこれらは実質的な直接出資とみなして現地法人にカウントしている。

| 表6−1 | TKデータに格納されている各社の海外事業所（法人）数（表5−3再掲）

	三菱商事	三井物産	伊藤忠商事	住友商事	丸紅	合計
海外事業所	382	304	224	444	255	1,609
出資比率・進出年が判明している件数	258	212	165	218	110	963
判明率	67.5%	69.7%	73.7%	49.1%	43.1%	59.9%

| 表6−2 | TKデータと商社機能有無のマッピング（表5−4再掲）

TKデータ	商社機能	分類例
総合卸売，卸売，現地販売会社，統括会社，持株会社　等	あり	現地法人，自動車販売会社，機械販売会社，資源系特別目的会社（SPC）等
機械，鉄鋼，化学，繊維・衣服，金融，物流　等	なし	製造業との合弁製造拠点，物流サービス会社等

| 表6−3 | 本社から海外投資先への出資条件と経営権有無の判定基準（表5−5再掲）

本社からの海外投資先への出資条件	経営権の有無
出資比率50%以上，または，筆頭株主	あり
出資比率50％未満	なし

なお，TKデータの業種分類に誤りが認められる場合は，個別の会社の業態を

公開資料で確認の上，修正を行った。また，TKデータには創業開始年が記載されているが，総合商社が買収によって後年に経営参画したことが明らかな場合には買収年を進出年と修正しデータの精度を高めている。経営権の有無については，本社から海外投資先への出資条件に基づき，**表6－3**の判定基準を用いて決定している。

その上で，投資先全体として経営権を有する企業の比率を表す経営権有比率，商社型投資先のうち経営権を有する企業の比率を表す商社型経営権有比率，非商社型投資先のうち経営権を有する企業の比率を表す非商社型経営権有比率を算出した。これらの指標は，投資先の経営権の保有状況を示すものである。

財務関連のデータは日経バリューサーチから取得した総合商社5社（三菱商事，三井物産，伊藤忠商事，住友商事，丸紅）の2003年3月期から2018年3月期までの16期間のデータを用いている。日経バリューサーチのデータに欠損が見られる場合は，公開されている各社の財務諸表や外挿法を用いて補完している。

WACCの算出に必要なβ値は，Yahoo!ファイナンスから取得した各社の株価データを基に計算した。具体的には，各週末の株価を代表値としてTOPIXとの関係を最小二乗法による回帰分析で評価し，各週のβ値の平均を取り，そこから各年度のβ値を算出している。その上で，これら財務データとWACCから，企業価値創造（EVA）を計算した。

EVA，NOPAT，CE，およびWACCの定義は，前節第2項に記載されている通りである。パネルデータの記述統計量は**表6－4**に示され，各社のEVAおよびEVAを投下資本で除したEVA率の時系列変動は**図6－5**および**図6－6**の通りである。

| 表6－4 | 記述統計

	単位	Lag	最小値	中央値	平均値	最大値	標準偏差
EBIT	百万円		-55,220	301,212	320,286	864,981	183,995
フリーキャッシュフロー	百万円		-550,219	90,682	80,622	643,412	222,105
受取配当金	百万円		6,373	27,861	44,288	173,568	42,176
DEレシオ			0.4731	0.6631	0.6641	0.9168	0.1063
ROE	%		-7.64	13.24	12.10	23.85	6.11
経営権有比率		1年	0.3920	0.4829	0.5000	0.6262	0.0593
商社型経営権有比率		1年	0.3158	0.5484	0.5448	0.7600	0.1145
非商社型経営権有比率		1年	0.2245	0.3057	0.3022	0.3878	0.0352

第6章 総合商社の企業価値創造―パネルデータ分析によるビジネスモデル進化の検証― ◆123

┃図6-5┃ EVA推移（年度）

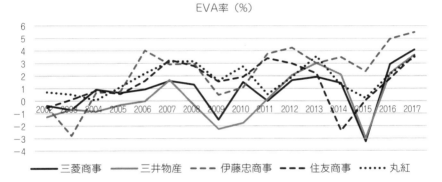

┃図6-6┃ EVA率推移（年度）

第2項 パネルデータ分析

近年，多様なデータが入手できるようになり，コンピュータおよび統計ソフトウェアが発展したことで，計量経済学をはじめとする多くの分野の実証研究で，パネルデータ分析は盛んに使われるようになってきている（北村 2005）。経営学の領域においても，欧米の経営学トップジャーナル3誌[3]でパネルデータを用いた研究の増加が顕著であり，2020年に掲載された170本の論文のうち，パネルデータを用いたものは89本との報告もあり（山野井 2021），一層利用が進んできている。

パネルデータ分析の主要な利点は，個別の異質性をコントロールしつつ，多重共線性を抑制し，単純なクロスセクション分析や時系列分析では捉えきれない効

果を特定し計測する能力にある (Hsiao 2003, Baltagi 2008)。具体的な分析手法としては、定数項や傾きに企業ごとの個別性があるか (個別効果) を捉えるか否か等により、Pooled OLSモデル、固定効果モデル、ランダム効果モデル、Between効果モデルの4つの主要なモデルに分類される。

本研究に用いたパネルデータは、対象企業数が5社と限定されているため個別企業方向の自由度が制約されることから、Pooled OLSモデルと固定効果モデルが考慮すべきモデルとなる。Pooled OLSモデルと固定効果モデルの違いについてのイメージは、図6－7に示されている通りとなる。

個別効果のうち、固定効果 (fixed effect) は、時間を通じて変化せず、一階差分法や平均差分法によって消去される効果を意味し、固定効果を含む多重回帰モデルは、固定効果モデル (fixed effect model) と呼ばれる。

┃図6－7┃ Pooled OLSと固定効果モデル

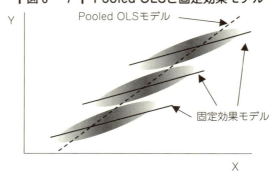

出所：髙木 (2015) を基に筆者改変。

固定効果モデルの推定には、一元配置固定効果推定法 (LSDV：Least Squares Dummy Variables) を用いる。この手法では、Pooled OLSを帰無仮説 (H_0) として設定し、F検定を通じて棄却を試みる。F検定によりPooled OLSモデルが棄却された場合には、一元配置固定効果モデル (H_1) を採択することになる (北村 2005)。

被説明変数としては、前述のEVAに加え、EVAの効率性を評価するために、EVAを投下資本で割ったEVA率も検討の対象とする。

説明変数には、EBIT (金利税引前利益)、フリーキャッシュフロー (FCF)、ROE (株主資本利益率)、受取配当金、DEレシオなどの財務データに加え、経営権有比率 (全体)、商社型経営権有比率、非商社型経営権有比率を採用する。

第6章　総合商社の企業価値創造―パネルデータ分析によるビジネスモデル進化の検証― ◆125

経営権に関連する説明変数については，1年間のラグを採用している。これは，設立年から直ちに収益貢献する投資先はないと考えるのが合理的と判断されること，ラグを取ることで財務データと経営権に関わるデータの間の逆の因果性（reverse causality）が生じる可能性を排除できる，すなわち同時決定バイアス（simultaneous bias）あるいは内生性バイアス（endogeneity bias）を回避できるためである。現実経済で観察されるデータは相互に密接に関係しており，被説明変数と説明変数が相互に影響し合っていることは少なくなく（山本 2015），逆の因果性の排除は推定上の重要な問題である。

多重共線性が生じるリスクについては，VIF（Variance Inflation Factor）を用いて評価し，説明変数の選択の妥当性を検証している。

パネルデータ推定の結果を表6－5，表6－6に示す。

これらの結果に基づき，各被説明変数（EVAおよびEVA率）に対して，どの推定モデルを採用すべきかについてF検定を行った結果を表6－7に示す。EVA（全体経営権有比率）に対しては固定効果モデル（Model 3），EVA（商社型・非商社型経営権有比率）に対してはPooled OLS（Model 2），EVA率（経営権有比率，商社型・非商社型経営権有比率の双方）に対しては固定効果モデル（Model 3および4）が選択された。

｜表6－5｜ パネルデータ推定（EVA）

推計モデル	Pooled OLS		Pooled OLS		固定効果モデル		固定効果モデル	
説明変数	係数	p値	係数	p値	係数	p値	係数	p値
切片	$-4.0529 \times 10\text{^}5$ **		$-3.3992 \times 10\text{^}5$ **					
EBIT	$8.6697 \times 10\text{^}{-1}$ ***		$8.9696 \times 10\text{^}{-1}$ ***		$8.2689 \times 10\text{^}{-1}$ ***		$8.6132 \times 10\text{^}{-1}$ ***	
フリーキャッシュフロー	$1.3688 \times 10\text{^}{-2}$		$1.4950 \times 10\text{^}{-2}$		$4.2715 \times 10\text{^}{-3}$		$7.9266 \times 10\text{^}{-3}$	
受取配当金	-1.3285 ***		$-7.1072 \times 10\text{^}{-1}$ **		$-7.1677 \times 10\text{^}{-1}$ *		$-6.5602 \times 10\text{^}{-1}$	
DEレシオ	$3.4702 \times 10\text{^}5$ **		$3.4230 \times 10\text{^}5$ ***		$2.4057 \times 10\text{^}5$ *		$2.8458 \times 10\text{^}5$ **	
ROE	$-2.2791 \times 10\text{^}3$		$-4.5000 \times 10\text{^}3$ **		$2.3933 \times 10\text{^}3$		$-3.6975 \times 10\text{^}3$ *	
経営権有比率	$1.3458 \times 10\text{^}5$				$7.9739 \times 10\text{^}5$ *			
商社型経営権有比率			$3.6877 \times 10\text{^}5$ ***				$3.0664 \times 10\text{^}5$	
非商社型経営権有比率			$-7.3954 \times 10\text{^}5$ *				$-1.6182 \times 10\text{^}5$	
R^2	0.72565		0.81228		0.82648		0.82265	
Adj. R^2	0.70311		0.79402		0.80133		0.79396	
F	$F(6,73)=32.1813$		$F(7,72)=44.5057$		$F(6,69)=54.7736$		$F(7,68)=45.0595$	
p値	0.00 ***		0.00 ***		0.00 ***		0.00 ***	

注：*** p < 0.001, ** p < 0.01, * p < 0.05

126

| 表6－6 | パネルデータ推定（EVA率）

被説明変数	EVA率							
モデル名	Model 1		Model 2		Model 3		Model 4	
推計モデル	Pooled OLS		Pooled OLS		固定効果モデル		固定効果モデル	
説明変数	係数	p値	係数	p値	係数	p値	係数	p値
切片	-2.9724×10^{-2}		-2.3546×10^{-2}					
EBIT	1.0118×10^{-7} ***		1.0976×10^{-7} ***		9.6875×10^{-8} ***		1.0056×10^{-7} ***	
フリーキャッシュフロー	1.7511×10^{-10}		9.7472×10^{-10}		-2.1513×10^{-9}		-1.7280×10^{-9}	
受取配当金	-2.5584×10^{-7} ***		-1.1895×10^{-7} **		-1.4009×10^{-7} *		1.3429×10^{-7} *	
DEレシオ	2.0476×10^{-7}		2.5475×10^{-2}		-4.8620×10^{-3}		4.2540×10^{-3}	
ROE	5.4046×10^{-4}		5.0590×10^{-5}		3.4226×10^{-4}		2.2360×10^{-4}	
経営権有比率	4.3214×10^{-3}				8.4367×10^{-2}			
商社型経営権有比率			7.2835×10^{-2} ***				5.2229×10^{-2} .	
非商社型経営権有比率			-17.074×10^{-1} ***				-3.5380×10^{-2}	
R^2	0.64667		0.79478		0.79703		0.80224	
Adj. R^2	0.61763		0.77483		0.76762		0.77024	
F	$F(6,73)=22.2674$		$F(7,72)=39.8356$		$F(6,69)=45.1599$		$F(7,68)=39.4062$	
p値	0.00 ***		0.00 ***		0.00 ***		0.00 ***	

注：*** $p < 0.001$，** $p < 0.01$，* $p < 0.05$

| 表6－7 | モデル検定結果

モデル名	帰無仮説（H0）	対立仮説（H1）	検定法	統計量	p値	判定	選択モデル
EVA(Model 1 or Model 3)	Pooled OLS	固定効果モデル	F test	$F(4, 69)$ $= 11.135$	0.000	棄却	Model 3 （固定効果モデル）
EVA(Model 2 or Model 4)	Pooled OLS	固定効果モデル	F test	$F(4, 68)$ $= 1.8546$	0.154	棄却せず	Model 2 （Pooled OLS）
EVA率(Model 1 or Model 3)	Pooled OLS	固定効果モデル	F test	$F(4, 69)$ $= 17.941$	0.000	棄却	Model 3 （固定効果モデル）
EVA率(Model 2 or Model 4)	Pooled OLS	固定効果モデル	F test	$F(4, 68)$ $= 3.6726$	0.009	棄却	Model 4 （固定効果モデル）

　固定効果 μ_i，経営権有比率（全体）を含むEVAの場合，回帰式は以下の通りとなる。

$$EVA_{ij} = \beta_1 EBIT_{ij} + \beta_2 FCF_{ij} + \beta_3 Div_{ij} + \beta_4 DER_{ij} + \beta_5 ROE_{ij} + \beta_6 Mgm_{ij-1} + \mu_i + \varepsilon_{ij}$$

ここで，

Div：受取配当金，DER：DEレシオ，Mgm：経営権有比率，ε：誤差項
i：個体，j：時間（年）

を表す。

固定効果モデルが選択されたEVA（Model 3）における個別効果 μ_i は表6－8の通りである。いずれも符号はマイナスで同じであり，5社全てで統計的に有意（三菱商事，三井物産，住友商事では0.1％水準，伊藤忠商事，丸紅では1％水準）となった。

| 表6－8 | 個別効果

	係数	標準偏差	t値	p値
伊藤忠	-6.4×10^5	2.0×10^5	-3.2449	0.0018132 **
丸紅	-5.3×10^5	1.7×10^5	-3.2091	0.0020214 **
三菱商事	-6.2×10^5	1.5×10^5	-4.2078	7.626×10^{-5} ***
三井物産	-7.2×10^5	1.9×10^5	-3.8142	0.0002942 ***
住友商事	-5.8×10^5	1.6×10^5	-3.5782	0.0006382 ***

注：$p<0.001$ *** $p<0.01$ ** $p<0.05$ *

個別効果の係数の評価として，企業規模の代理変数として総資産と係数を比較すると，企業規模に対して，負の相関関係が認められる（$R^2 = 0.2061$）（図6－8）。この相関関係については後述の第6節で考察する。

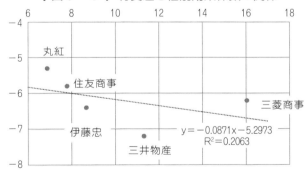

| 図6－8 | 総資産と個別効果係数の関係

注：[横軸] 総資産（兆円），[縦軸] 個別効果係数（$\times 10^5$）

第3項　統計モデルの推定結果の解釈

統計モデルの推定結果を見ていく（表6－9）。

| 表6－9 | 推定結果 | | |

被説明変数	EVA	EVA	EVA率	EVA率
経営権有比率商社型・非商社型区別有無	無し	有り	無し	有り
選択モデル	Model 3 LSDV	Model 2 Pooled OLS	Model 3 LSDV	Model 4 LSDV
EBIT	8.7×10^{-1}***	9.0×10^{-1}***	9.7×10^{-8}***	1.0×10^{-7}***
受取配当金	-7.2×10^{-1}*	-7.1×10^{-1}**	-1.4×10^{-7}*	1.3×10^{-7}*
DEレシオ	2.4×10^{5}***	3.4×10^{5}***	n.s.	n.s.
ROE	n.s.	-4.5×10^{3}**	n.s.	n.s.
経営権有（全体）	8.0×10^{5}*	—	n.s.	—
商社型経営権有	—	3.7×10^{5}***	—	n.s.
非商社型経営権有	—	-7.4×10^{5}*	—	n.s.

注：*** $p < 0.001$　** $p < 0.01$　* $p < 0.05$　数字は係数（小数点第2位で四捨五入）
　　n.s.：Not Significant

　説明変数として商社型および非商社型経営権有が含まれるモデルではPooled OLSモデルが選択され，固定効果の存在は有意とはならなかった。Pooled OLSの結果はパネルデータ分析を行う際のベンチマークとしての役割を果たす（千木良 2008）と同時に，本検討は個社ごとの傾向のみならず総合商社全体の傾向の把握を目的としていることから，Pooled OLSモデルの解釈も行っていく[4]。

　EVAに関する分析では，EBITはEVAのModel 3およびModel 2のいずれにおいても0.1％水準で有意な結果を示した。その係数の符号はプラスである。この結果は，利益の増加がEVAの向上をもたらすというEVAの基本的な定義と整合的である。

　受取配当金に関しては，EVAはModel 3では5％水準で，Model 2では1％水準で有意な結果が得られた。その係数の符号はマイナスであった。通常，投資先の業績が良好であれば（連結利益に加えて）受取配当金が増加し，それが株主である企業の収益にポジティブな影響を与えると考えられる。しかし，収益の増加に伴って利益剰余金が増え，株主資本が増加すると資本コストが増加することから，それに見合った利益の増加がないとEVAを押し下げる可能性がある。EVAに対してネガティブな効果が生じている点については詳細な議論が必要であり，第6節の考察で検討する。

　DEレシオに関しては，EVAのModel 3，Model 2ともに0.1％水準で有意な結果が得られ，その係数の符号はプラスであった。DEレシオの定義は，有利子負

第6章　総合商社の企業価値創造―パネルデータ分析によるビジネスモデル進化の検証―　◆129

債と株主資本の比率であり，DEレシオの上昇は株主資本一定であれば有利子負債の増加を意味する。近年の日本の低金利環境を考慮すると，金利が低いためWACCの低下方向に作用することから，EVAの定義によりEVAは上昇することになり，EVAの定義に整合的である。

ROEに関しては，EVA（Model 2）のみで1％水準で有意な結果が得られたが，その係数の符号はマイナスであった。一般的に，ROEは負債を増やしてレバレッジを掛けることで増加することが知られている。利益が一定であればROEの増加は有利子負債の増加を意味し，WACCの低下をもたらすものの，一方で投下資本（＝株主資本＋有利子負債）を増加させるので，この効果が勝り，ROEの上昇がEVAを押し下げる結果になっているものと解釈される。

経営権有比率（全体）は，EVA（Model 3）において5％水準で統計的に有意であり，その係数の符号はプラスであった。これは，総合商社における経営権有の会社比率の上昇は，EVAに対してプラスの効果をもたらしていることを示している。経営権を有する事業投資先を増加させ，結果として「経営権あり」の比率を上げることでEVAの増加，すなわち資本コストを上回る企業価値創造に寄与していることを示唆している。

商社型および非商社型の経営権有比率に関しては，EVA（Model 2）に対してそれぞれ0.1％および5％水準で統計的に有意であった。その係数の大きさは，商社型は係数が3.7×10^5で符号がプラスであったのに対して，非商社型の係数は-7.4×10^5と絶対値で商社型の2倍あり，その符号はマイナスであった。これは，商社型事業の経営権有比率の増加がEVAの向上に寄与する一方で，非商社型事業の経営権有比率の増加がEVAの低下につながることを示している。

DEレシオ，ROE，経営権有比率の係数を比較した結果，経営権有比率（全体）はDEレシオと同じオーダー（10の5乗）であるが，DEレシオの係数2.4に対して，経営権有比率（全体）は8.0であり影響度が大きい。DEレシオは総合商社が財務指標として重視している指標だが，DEレシオ以上に経営権有比率の変化のほうがEVAへの寄与度が大きいことを示している。

商社型と非商社型の差異に関する分析結果は，DEレシオ，商社型経営権有比率，および非商社型経営権有比率の係数は，いずれも10の5乗のオーダーであり，これはROEの係数の10の3乗のオーダーよりも顕著に大きいことを示している。さらに，DEレシオと商社型経営権有比率は共に有意水準がそれぞれ0.1％水準であり，その係数の大きさはそれぞれ3.4と3.7と，これらの指標がEVAに与える影響は同程度であることが示されている。

一方で，非商社型経営権有比率は5％の有意水準でありながら，その係数は

−7.4と，マイナスかつ絶対値で商社型の２倍以上の影響を示している。これらの結果から，商社型および非商社型経営権有比率は，ROEよりもEVAへの影響が大きいことが明らかであり，商社型の経営権有比率の影響はDEレシオと同程度であり，非商社型の経営権有比率の影響はDEレシオをマイナス方向に大きく上回ることが明らかにされた。

　これらの結果から，商社型および非商社型事業の経営権有比率がROEよりもEVAへの影響が大きいことが明らかになった。特に，非商社型事業の経営権有比率のマイナス効果は，DEレシオを大きく上回ることが示された。この結果の解釈については，第６節で詳しく考察する。

　有意な関係にある説明変数の１単位あたりの増減による係数の解釈を行う（表６−10）と，EVAに対する各指標の具体的な影響が明らかになる。具体的には，EVA（経営権有比率（全体））のモデルでは，EBITが１億円増加するとEVAは0.87億円増加，受取配当金が１億円増加するとEVAは0.72億円減少することが示されている。さらに，DEレシオが0.01（＝１％）上昇するとEVAは24億円増加し，経営権有（全体）の比率が１％上昇するとEVAは80億円増加することが示された。

　EVA（商社型・非商社型経営権有比率）のモデルでは，EBITが１億円増加するとEVAは0.90億円増加，受取配当金が１億円増加するとEVAは0.72億円減少することが示された。また，DEレシオが0.01（１％）上昇するとEVAは34億円増加することが確認された。これは，負債の増加が低金利環境下での資本コストの低下をもたらし，EVAの向上に寄与することを示している。しかし，ROEが１％増加するとEVAは45億円減少するという結果も得られ，ROEの増加が必ずしも企業価値創造に寄与していないという示唆となっている。ROE経営が声高に叫

| 表６−10 | 推定結果の解釈 |

	経営権有比率 （全体）		経営権有比率 （商社型非商社型区別あり）	
	説明変数の増加	EVA増減	説明変数の増加	EVA増減
EBIT	１億円	0.87億円増加 ***	１億円	0.90億円増加 ***
受取配当金	１億円	0.72億円減少 *	１億円	0.72億円減少 **
DEレシオ	１％	24億円増加 *	１％	34億円増加 ***
ROE			１％	45億円減少 **
経営権有（全体）	１％	80億円増加 *		
経営権有（商社型）			１％	37億円増加 ***
経営権有（非商社型）			１％	74億円減少 *

注：*** $p < 0.001$, ** $p < 0.01$, * $p < 0.05$

第6章　総合商社の企業価値創造―パネルデータ分析によるビジネスモデル進化の検証―　◆131

ばれる中，この結果については注目に値する。

　さらに，商社型経営権有比率が1％上昇するとEVAは37億円増加する一方，非商社型経営権有比率が1％上昇するとEVAは74億円減少するという結果が得られた。これは，商社型事業の経営権有比率の増加が企業価値創造に寄与する一方で，非商社型事業の経営権有比率の増加がEVAの減少につながることを示している。

　EVA率に関して，EBITや受取配当金についてはEVAと同様の結果となったが，それ以外の要因に関しては有意な関係性は確認されなかった。「経営権あり」の投資先を増やす経営戦略はEVA率，すなわち，投下資本に対する効率性に直接的な影響を与えていないことを示唆している。

第6節　考察

　本研究におけるパネルデータ分析の結果を総括すると，以下の重要な知見が得られた。

　経営権有比率：経営権有比率の上昇は有意かつ正の係数を示し，企業価値創造に対して正の効果をもたらす。

　商社型経営権有比率：商社型経営権有比率の上昇も同様に有意かつ正の係数を示し，企業価値創造に対して正の効果をもたらす。

　非商社型経営権有比率：非商社型経営権有比率の上昇は有意ながらマイナスの係数を示し，企業価値創造に対して負の効果をもたらす。特にその効果の大きさは商社型経営権有比率よりも顕著である。

　結果をまとめると**表6−11**の通りである。

| 表6-11 | 企業価値創造と経営権の関係

	企業価値創造（EVA）
経営権有比率	正の効果
商社型経営権有比率	正の効果
非商社型経営権有比率	負の効果 （商社型経営権有比率よりも係数絶対値大きい）

　前節第3項で受取配当金の増加が企業価値創造にネガティブな影響を及ぼしていることが確認されたが，この現象の背後には何があるであろうか。同項で述べたように，受取配当金の増加に伴い株主資本が増大するが，それに見合う収益の増大が図られていないとEVAに対してネガティブな影響が生じることになる。図6-9，図6-10は各社の受取配当金の推移，株主資本の推移を示している。概ね右肩上がりを示しており，受取配当金の増加と株主資本の増加は相関していることが確認できる（各社相関係数の平均は0.676）。

　一方で，投下資本を構成要素である有利子負債は，図6-11の通り概ね一定範囲内で推移している。これらの観察から，株主資本の増加のEVAへの影響が大きいことが分かる。

　以上の分析から導き出される結論は，総合商社が経営権を有する投資先の比率を高め，経営支配権を強化してキャッシュ獲得のための受取配当金を増加させ，結果として株主資本を増加させているものの，それに見合った企業価値創造が達成されていない可能性が示唆されるということである。

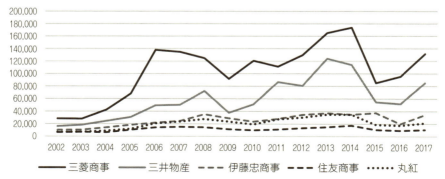

| 図6-9 | 受取配当金推移（年度）

第6章　総合商社の企業価値創造—パネルデータ分析によるビジネスモデル進化の検証— ◆133

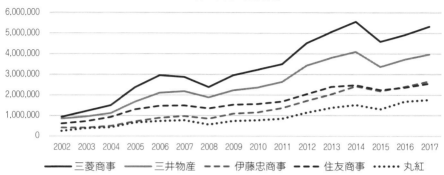

┃図6－10┃ 株主資本推移（年度）

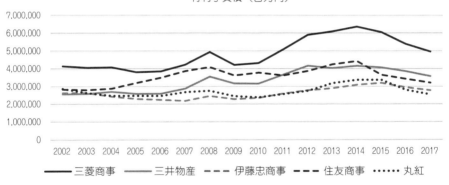

┃図6－11┃ 有利子負債推移（年度）

　さらに，商社型経営権有比率の増加は企業価値創造にプラスの効果をもたらしているが，非商社型経営権有比率の増加は企業価値を毀損しているとの結果になった。これらの結果は，総合商社の経営権を志向する経営戦略における事業領域の選択が，企業価値創造に重要な影響を与えていることを示していると言える。
　一般的に，取引マージンが利益の源泉となる商社型事業は売上高利益率が低く，メーカーやサービス業のような非商社型事業は売上高利益率が相対的に高い傾向にある[5]。理論的には，企業価値創造を高めていくために，非商社型事業において経営権を持ち，利益の増大を図ることは経済合理性がある戦略であると言える。
　しかし，本研究の結果，商社型事業においては経営権有比率の増加が企業価値創造に寄与していることが明らかになった一方，非商社型事業は企業価値を毀損

していることも明らかにした。

　パネルデータ分析の特徴である個別効果の評価からは，企業規模（総資産）とEVAとの間に負の相関関係が認められた（図6-8）。個別効果は回帰式の切片を表すことを踏まえると，企業規模の増大がEVAに対して負の影響を及ぼしていることが示唆された。図6-8での近似曲線は三井物産を底としたU字型の2次曲線になっているとも読み取れ，企業規模が一定規模を越えるとEVAに対して正の効果が生じることを示唆する。データポイントが限られていることから，この解釈には慎重な検討が必要ではあるが，個別効果の存在が統計的に有意であることから，一定の説明力を持つと考えてよい。U字型を仮定した場合，企業規模が一定レベルを越えるとEVAが上昇することを意味する。これが正しければ，経験的知識や組織学習の効果など総合商社のビジネスモデルを支えるケイパビリティによって規模の問題を克服している可能性を示すことになるため，総合商社のビジネスモデルを検討するにあたって示唆に富む結果である。詳細については，第10章で検討を行う。

　孟（2008）は，総合商社は低コストで事業モデルを転換できる一方で，総合商社であっても経路依存性（path dependency）から逃れることはできないと指摘している。これは，過去の経験と組織学習が進んでいる事業では成功の可能性が高まることを意味する。総合商社の長年の経験が生きる商社型事業においては成功確率が高く企業価値創造に貢献している一方で，非商社型事業においては，組織学習の蓄積が不十分であり，効率的かつ効果的な経営ができていない可能性を示唆する。本研究で分析した期間においては，非商社型事業に関して各社が未だ組織学習の途上にあると言えよう。

　本研究の結果は，実務的な視点からも重要な示唆を提供する。

　従来の総合商社の経営戦略は，事業投資の進化と投資先経営の強化を目指してきた。しかし，本章での分析結果を踏まえると，「業種にかかわらず会社全体として経営権有比率を高めることが企業価値創造に有効」であることが確認され，特に「商社型事業への投資においては経営権有比率を高めていくのは企業価値創造に有効」であることが確認された。一方で，商社型事業は利益率が低く企業価値創造への効果が相対的に低いため，利益率の高い「非商社型事業」に経営資源配分をしていくとしても，「非商社型事業の経営権有比率の上昇が企業価値を毀損している」事実を踏まえ，非商社型事業で商社型と同様に経営権有比率を単純に高めていくことが常に正解とは限らないと認識し，非商社型事業において成功確率を高める戦略，例えば業種や分野ごとに戦略を選択的に変える手法を取るべき，といった企業価値創造理論を考慮した新たなポートフォリオ戦略の有効性が

示唆される。

多国籍企業の海外進出モデルについては，国際ビジネス研究において長年にわたって研究が行われてきているが，上記のポートフォリオ戦略は代表的な理論の1つであるJohanson and Vahlne（1977, 2009）のウプサラ・モデル（Uppsala model）と整合的である。ウプサラ・モデルの核となる概念は知識であり，企業は時間をかけて学習して経験を蓄積し，不定期な輸出，定期的な輸出，現地販売子会社の設立，現地生産子会社の設立を段階的に行うとする。知識を客観的知識（objective knowledge）と経験的知識（experiential knowledge）に分けた場合，経験的知識は容易に得られるものではないことから，海外進出にあたって市場に関する経験的知識が不可欠（critical）であり差別化要因となるとする。総合商社が経験的知識を持っている訳ではない非商社型事業においては，時間をかけた段階的な知識習得が必要であり，全方位に対して経験を考慮せずに一律の戦略を採ることは経験的知識の重要性を軽視した戦略と言える。

総合商社各社は株式市場の評価や競争において，税後利益や時価総額，株価といった表面的な指標に焦点を当てがちであるが，当然ながら，これらは必ずしも企業価値創造には直接的に寄与していない。投資家や市場の期待値を越える真の価値創造には，単に表面的な指標を追いかけるのではなく，ポートフォリオの質の改善こそが重要であると言えよう。

総合商社各社は「事業投資」「事業経営」を掲げ，「企業を経営する企業」として，事業経営力強化・ポートフォリオ経営（三井物産 2020）を推進している。しかし，非商社型事業においては，リスクとリターンを見極めながら，業種に対して選択的に戦略を議論する必要があることが本研究での分析結果から明らかになった。

2000年代以降，総合商社の利益水準は大きく上昇したが，株主資本の増大に見合った企業価値創造ができていないことも明らかとなった。今後，総合商社はどの業種において経営権有比率を増やしていくのか，各社の経験や蓄積されたノウハウを自ら明確にし，ビジネスモデル変革を通じた事業拡大を進めていく必要がある。

総合商社は，事業の選択と集中が進んだ電機業界とは異なり，各社が依然として類似の事業ポートフォリオを持ち，あらゆる業種に横並びに進出してきた。しかし，本分析により，従来のような総花的な全方位の事業展開では企業価値を創造できないことが明らかになった。総合商社が引き続き「総合」の看板に掲げつつ，株主や市場の期待に応えていくには，ポートフォリオは各社ごとに個性的になっていかざるを得ないと思われ，総合商社における「総合」の意味は変わって

いくと考えられる。

第7節　分析の限界

　本分析の限界について指摘する。

　本研究で使用したTKデータは，日系企業の海外進出を知る上でほぼ唯一の貴重なデータではあるが，必ずしも全ての海外投資先をカバーしている訳ではない。個別の企業を調査してデータの補強を行ったことは述べた通りであるが，自ずとデータの網羅性に限界が存在する。

　商社型，非商社型の分類については，筆者の実務上の経験を基にTKデータの分類を両型にマッピングしている。しかし，TKデータの分類がビジネスの実態とどの程度一致しているかは明確ではなく，これがデータの誤差を生じさせている可能性がある。

　本分析では，総合商社のFDI（Foreign Direct Investment，海外直接投資）における各国での投資件数を説明変数として使用している。各投資ごとの企業価値創造に関連する情報があれば，より精緻に分析が可能であるが，各商社の情報開示において個別投資の金額（投下資本）や収益の開示がなされていないことから，企業価値創造の要因分析には一定の制約があることは否めない。

第8節　本章のまとめ

　本章では，総合商社がトレーディング事業から事業投資に軸足を移すことでビジネスモデルの変革を行ってきた背景の下，ビジネスモデル変革が資本コストを考慮した企業価値創造にどのような影響を与えたのかについて，総合商社5社の企業価値創造についてパネルデータ分析により実証分析を行った。

　分析対象となったのは総合商社5社の2003年3月期から2018年3月期までの財務データ，および963社の投資先データである。

　本章のRQであるRQ6-1〜6-3に対する，本章で明らかになった結論は以下の通りである。

RQ6-1：経営権を志向するビジネスモデルの変革は総合商社の企業価値創造に
　　　　　どのような影響を与えたか。

　パネルデータ分析の結果から，投資先全体の経営権有比率の上昇は企業価値創

第6章 総合商社の企業価値創造—パネルデータ分析によるビジネスモデル進化の検証— ◆137

造に正の効果を及ぼしていることが確認された。

RQ 6-2：商社型事業，非商社型事業の業種の違いは企業価値創造に違いを生じ
させているか。

　商社型事業の経営権有比率の上昇も企業価値創造に正の効果をもたらしている
が，非商社型事業においては負の効果があることが明らかになった。この結果と
財務データ分析から，総合商社は企業規模（株主資本）の増大に見合った価値創
造ができておらず，各社が積極的に進める非商社型事業への進出は企業価値創造
に寄与していないことが明らかとなった。
　パネルデータ分析の特徴である個別効果の評価からは，企業規模（総資産）と
EVAとの間に負の相関関係が認められた。個別効果は回帰式の切片を表すこと
を踏まえると，企業規模の増大がEVAに対して負の影響を及ぼしていることが
示唆された。近似曲線は三井物産を底としたU字型の2次曲線になっているとも
読み取れ，企業規模が一定規模を越えるとEVAに対して正の効果が生じること
を示唆している。データポイントが限られていることから，この解釈には慎重な
検討が必要ではあるが，個別効果の存在が統計的に有意であることから，一定の
説明力を持つと考えてよい。U字型を仮定した場合，企業規模が一定レベルを越
えるとEVAが上昇することを意味する。これが正しければ，経験的知識や組織
学習の効果など総合商社のビジネスモデルを支えるケイパビリティによって規模
の問題を克服している可能性を示すことになるため，総合商社のビジネスモデル
を検討するにあたって示唆に富む結果となった。

RQ 6-3：実証分析の結果を踏まえた，総合商社のポートフォリオ戦略構築に対
する示唆は何か。

　総合商社は低コストで事業モデルを転換できる一方で，総合商社であっても経
路依存性（path dependency）から逃れることはできないと指摘されている。非
商社型事業においては，組織学習の蓄積が不十分であり，効率的かつ効果的な経
営ができていない可能性を示唆する。非商社型事業に関して各社が未だ組織学習
の途上にあると言える。
　従来の総合商社の経営戦略は，事業投資の進化と投資先経営の強化を目指して
きた。しかし，本章での分析結果を踏まえると，「非商社型事業の経営権有比率
の上昇が企業価値を毀損している」事実を踏まえ，非商社型事業で商社型同様に

単純に経営権有比率を高めていくことが常に正解とは限らないと認識し，非商社型事業において成功確率を高める戦略，例えば業種・分野ごとに戦略を選択的に変える手法を取るべき，といった企業価値創造理論を考慮した新たなポートフォリオ戦略の有効性が示唆される。

　これは代表的な理論の1つであるJohanson and Vahlne（1977, 2009）のウプサラ・モデル（Uppsala model）と整合的である。ウプサラ・モデルの核となる概念は知識であり，企業は時間をかけて学習して経験を蓄積し，不定期な輸出，定期的な輸出，現地販売子会社の設立，現地生産子会社の設立を段階的に行うとする。知識を客観的知識（objective knowledge）と経験的知識（experiential knowledge）に分けた場合，経験的知識は容易に得られるものではないことから，海外進出にあたって市場に関する経験的知識が不可欠（critical）であり差別化要因となるとする。総合商社が経験的知識を持っている訳ではない非商社型事業においては，時間をかけた段階的な知識習得が必要であり，全方位に対して経験を考慮せずに一律の戦略を掲げることは経験的知識の重要性を軽視した戦略と言える。

　今後，総合商社はどの業種において経営権有比率を増やしていくのか，各社の経験や蓄積されたノウハウを自ら明確にし，ビジネスモデル変革を通じた事業拡大を進めていく必要がある。

‖ 注 ‖

1　EVA®はStern Stewart社の登録商標である。

2　正確には佐藤はEVAと同様の概念であるEVC（Economic Value Creation）を用いている。

3　Academy of Management Journal（AMJ），Organization Science（OS），Administrative Science（ASQ）

4　パネルデータ分析においてPooled OLSモデルを評価している例として石川（2007），水落（2012），藤原（2015）など。

5　経済産業省2020年企業活動基本調査確報（2019年度実績）の産業別データにおいて，製造業，非製造業（除卸売業・金融），卸売業（全卸売業）の売上高利益率の加重平均は，それぞれ3.92%，4.83%，2.00%となっており，非商社型事業のほうが商社型事業よりも利益率が高い。

◆139

――――――――――――――――| 第 7 章 |――――

事例研究① 英国多国籍商社との比較

―――――――――――――――――――――――――――

第 1 節 本章の概要

　本章では，総合商社と機能的・歴史的類似性が指摘される英国多国籍商社を事例研究として取り上げ，両者を定性的および定量的に比較分析する。この比較を通じて，英国多国籍商社とは異なる総合商社の事業環境への適応力を示し，ビジネスモデルの変革能力を成し遂げて存続している要因について探求することで，総合商社のビジネスモデルを構成している核心要素に関する洞察を得ることを狙う。

　総合商社は日本固有の業態ではあるものの，時代を遡れば19世紀から20世紀にかけて隆盛を誇った英国多国籍商社の活動内容や業態が日本の総合商社に類似しているとの指摘が国際ビジネス研究における複数の先行研究で行われてきた（Yasumuro 1998, Jones 2000）。

　英国多国籍商社と総合商社は，時代背景や経済環境が大きく異なり，単純な比較では自ずと比較の有効性に限界が存在することは承知しつつも，いずれも貿易業を祖業とする事業投資会社という共通点がある。同一の業態が同時代には日本以外に存在しない事実を踏まえると，総合商社のビジネスモデルについて理解を深めるための比較対象として英国多国籍商社を選択することは先行研究に鑑みても合理性のあるアプローチである（三宅 2014, 坪本 2017）。

　比較分析の方法論としては，まず英国多国籍商社と総合商社を比較している先行研究を整理した上で，英国多国籍商社の歴史と変遷を概観し，特にフリースタンディングカンパニー（Free Standing Company：FSC）と称される独特の運営形態に着目する。その後，貿易形態や母国での事業展開，人材などの側面から，英国多国籍商社と総合商社を定性的に比較し，総合商社のビジネスモデルの構成要素について考察する上での示唆を得る。さらに，英国多国籍商社と総合商社の

投資先の業種比率を比較し，定量的な観点からも英国多国籍商社と総合商社を比較する。

このアプローチにより，英国多国籍商社と総合商社の違いを定性的および定量的に探究し，英国多国籍商社とは異なる総合商社の独自性として，総合商社の事業変革力と持続可能性について考察を行う。

第2節　他章との関係

本章における分析とその結果の他章との関係は，図7−1の通りとなる。英国

┃図7−1┃ 他章との関係

序章	なぜ今総合商社が注目されるのか？
第1章	本研究の目指す方向性・アプローチ・本書の構成
第2章	総合商社の誕生・発展・近年の動向
第3章	国際ビジネス研究の諸理論の整理
第4章	先行研究の検討

第5章　総合商社の海外進出モデル
段階的海外進出の実証分析
組織学習に関する考察

事例研究①
第7章　英国多国籍商社との比較

第6章　総合商社の企業価値創造
企業価値創造の実証分析
企業価値創造に関する考察

事例研究②
第8章　現代類似企業との比較

事例研究③
第9章　総合商社5社の国別進出戦略の比較

第10章　総合商社のビジネスモデルに関する包括的な考察

第11章　総合商社の未来

終章　結言
本研究のまとめ
学術的貢献と実務へのインプリケーション
本研究の限界と今後の展望

多国籍商社との比較分析は，総合商社のビジネスモデルが時間とともにどのように進化し，外部環境の変化に適応してきたかを明らかにする上で，重要な視点を提供する。本章から得られる分析結果と洞察は，総合商社の海外進出モデルおよびビジネスモデルの変革を深く理解するための基盤となる組織学習の概念に対する理解を拡張し，強化する役割を果たす。

第3節　本章のRQ

本章のRQを以下のように設定する。

RQ 7 - 1：総合商社と業態が似ていると指摘される英国多国籍商社と総合商社は何が異なるのか。

RQ 7 - 2：英国多国籍商社が衰退した一方，総合商社は依然として成長を続けている。その要因は何か。

第4節　英国多国籍商社に関する先行研究

英国多国籍商社に関する先行研究を紐解くと，Wilson（1995）が英国企業全般の歴史研究において英国多国籍商社と他業種との関係性をレビューし，その存在意義を明らかにした。

英国多国籍商社の栄枯盛衰についてはJones（2000）の研究が有名である。Jonesは著書の中で英国多国籍商社の比較対象として総合商社をたびたび取り上げている。主な記載を以下に引用する。

　　日本の商社により実行された戦略は戦間期の新たな状況に対応することが可能であったことを示した。日本の商社は1920年代に大きな困難を経験し，鈴木商店という総合商社が1927年に倒産した。他の総合商社は変化する情勢に多くの方法で対応した。1920年代，三井物産は日本の製造会社に投資し，製造会社が自ら物流会社を展開することを妨げた。1930年代の日本の総合商社は，この10年間の日本の輸出拡大に支えられ，取引商品の種類を拡大し，またラテンアメリカ，中東，ソビエト連邦の新たな市場に参入した。日本の商社はこの時代に「グローバル販売網」を展開した。したがって，日本の商社は，地理的に多角化することでリスクを分散するとともに，新たな機会を探し出し，自国経済との密接に関連する事

業を展開する戦略を実践した。これはある程度まで伝統的な貿易仲介者としての役割を守りながら新たな機会を捉えた戦略であった。（Jones 2000, 邦訳p.124）

　日本の商社と異なり，イギリス商社はイギリス経済で圧倒的な地位を占めることはなかった。日本の商社は広範な事業グループの中で戦略上重要な地位を得ることができたが，そのような日本の企業集団に相当するものはイギリスには存在しなかった。しかし，Inchcape社やHarrisons＆Crosfield社のような比較的規模の大きいイギリス商社を，この年代には「総合商社」として見なしても良いだろう。（同　邦訳p.194）

　イギリスと日本のビジネスの仕組みの違いを考慮すれば，イギリス商社が日本の総合商社の規模に発展することができなかったとの理由で，（第）[1] 2次世界大戦後のイギリス商社が「失敗」だったと主張することは軽率であろう。イギリス商社にはイギリス製造業グループの貿易会社として成長する可能性もなければ，日本のようにイギリス政府が産業政策の手段としてイギリス商社を支援することもなかった。（同　邦訳p.450-451）

　日本での研究においては，猿渡（2014）がHarrisons＆Crosfield社を多国籍企業として取り上げ，複数のゴム栽培会社によって形成されたクラスター・レベル（企業集団）の議論を行い，米国多国籍企業のプロトタイプの階層組織（ヒエラルキー）との差異，および，市場と階層組織の中間組織としての特徴を解き明かした。
　さらにフリースタンディングカンパニー（FSC）については，小池（2011）がHarrisons＆Crosfield社を対象に経営システムと収益メカニズムの実証分析を行い，英国の海外直接投資（Foreign Direct Investment：FDI）および多国籍企業の特徴を究明している。
　また，三宅（2006, 2014）が中間組織の観点から英国多国籍商社やFSCと総合商社の比較を試みている。三宅によれば，FSCは複数の企業や個人の関係に基づくネットワーク型FDIの実施主体であり，対象事業分野も広範に及んだ点が特徴であるが，FSCの多くは総合商社と異なり短命であることから，両者の間には何らかの大きな相違があったと分析し，FSCは，FSC自体があくまでもFSCを取り巻くクラスター内の企業や個人のためのFDI実施主体に過ぎず，FSC自らネットワークの形成主体とはなり得なかった一方，総合商社の場合は自らがネットワークのハブになるべく戦略的目的を持ってFDIを実施してきたと考えられると指摘し，両者の違いは組織設計の違いと指摘した。

坂本（2010）はJonesを参照しながら，英国多国籍商社と総合商社を比較して両者の類似性と相違性から総合商社の特質を明らかにしようとした。その他にも，大東和（1996）によるFSCが多国籍企業か否かの検証や，安室・四宮（1999）によるFSCとの比較による総合商社のFDIの分析などの研究の蓄積がある。

第5節　英国多国籍商社

第1項　英国多国籍商社の歴史

16世紀から18世紀にかけて，東インド会社やハドソン・ベイ会社など，政府から特権的な独占販売権を与えられた商社が欧州内外で貿易を展開していた。これらの特権的商社と並んで，多種多様な商社や銀行の原型となる事業主体が存在していた。

これら特権的な商社は次第に独占権を失い，19世紀半ばに至ると姿を消した。英国多国籍商社は，特に英国の植民地との交易を背景に1870年ごろまでに誕生し，特権的商社の消滅過程の中で多国籍商社が生き残った。

1914年には，英国は世界のFDIの45％を占め，世界最大の投資国となった（Houston and Dunning 1976）。英国多国籍商社は，この時代の英国の経済成長の原動力として重要な役割を果たしていた。

英国多国籍商社は，その発祥の地や「拠点」となる「グラスゴー」「リバプール」「ロンドン」などの主要都市に集中していた。グラスゴーの商社はスコットランド人を採用して独特の文化を維持して特にアジア地域に進出する一方，イングランドの銀行は南アメリカへの進出を志向するなど，拠点を置く都市により主な活動エリアに地域差があった。

英国多国籍商社は，中南米，南・東南アジアなど各国で，製粉工場や茶・コーヒー農場，チーク材製材所などに投資し，プランテーション経営にも関わっていた。このような事業への投資の例から，総合商社の多様な機能の1つとして指摘される事業投資との類似性がある。

第一次世界大戦で英国経済が大きな打撃を受けた結果，第一次世界大戦と第二次世界大戦の戦間期に大英帝国の版図拡大が止まり，英国は資本輸出国としての地位を失いつつあったが，弱体化していきつつも，分厚い資本的蓄積により第二次世界大戦後までその地位を維持した。

しかし，第二次世界大戦後に環境が大きく変化した。1960年前後には英国経済が中小企業の経済からヨーロッパ型の大企業中心の経済に変貌したため，英国多国籍商社の買収・合併，淘汰・再編が進んだ。英国多国籍商社は約100年の間存続してきたものの，最終的には1980年代におおむね姿を消した。

英国多国籍商社の特徴としてJones（2000）は「ファミリー」と「植民地・進出国での人脈」を挙げている。Chandler（1977）は米国型資本主義モデルを「競争的経営者資本主義（competitive managerial capitalism）」と定義したのに対して，同族を重視する英国型資本主義モデルを「個人資本主義（personal capitalism）」として対比している（喬 2012）。

また，Jonesは，リソース・ベースド・ビュー（RBV）の理論的枠組みを用いて，英国多国籍商社の競争力の源泉が「経営資源」に依存していると指摘している。これらの「経営資源」は，多様な形で「コンピタンス（competences）」もしくは「ケイパビリティ（capabilities）」として解釈されるが，これらの資源や能力は，長期間にわたる蓄積と企業の行動様式や文化への組み込みによって特徴付けられる。

Jonesはさらに，Prahalad and Hamel（1990）のコア・コンピタンス理論に基づき，企業の「中核となる事業の強み」は「組織全体の強さである」との定義を引用し，多様な生産に関する知識や熟練をどのように組み合わせ，どのように統合するかが重要であるとし，企業の経営資源は，単なる個々の経営資源に留まらず，組織全体の相互作用と連携によって形成されると指摘している。商社という事業形態にRBVを適用したという点において，その議論は注目に値する。

Jonesはまた，英国多国籍商社が展開する多様なビジネス構造に焦点を当て，これらの企業が多角化によって直面する課題と，それをどのような組織形態で解決したかについて詳細な分析を行った。その分析において，1つの企業が多くの国々で多くの異なる製品を生産するために発展した米国型の事業部制（M型組織）とは対照的に，英国多国籍商社は全ての業務を社内で行う「内部化」を避け，組織内で全ての業務を行うのではなく，長期にわたって複雑な企業を維持するために強い統治機能を持たない「企業グループ」を形成していたと指摘した。さらに，このような企業グループの存在価値として，資本市場が不完全かつ未成熟な状況下における金融仲介機能の重要性を強調した。

ここで，具体的にどのような英国多国籍商社が存在したか確認するために，表7−1に代表的な英国多国籍商社を示す。

第7章 事例研究① 英国多国籍商社との比較 ◆145

| 表7-1 | 代表的な英国多国籍商社

企業グループ	使用資本 Capital Employed 1978 M Pounds	Jonesによる分類	設立	進出国	業種
Lonrho	497	-	1851	チリ, ペルー, 米国, カナダ	硝酸塩肥料, 穀物製粉, 石油, 農業, 水産, 新聞, パルプ, 住宅ローン, 石油輸送, セメント
UAC	450	単一組織型	-	-	-
Jardine Matheson	293	ネットワーク型	1848	中国, 日本	銀行, 保険, 茶, 卵, 埠頭, 倉庫, 海運, 不動産, 梱包, 繊維, エンジニアリング, ビール醸造, 鉱物資源
Swire Group	266	ネットワーク型	1970	中国, 日本	海運, 製糖, 造船
Inchcape	253	緩いネットワーク型	1847	南アジア, ビルマ, 香港, マレーシア, カナダ, シンガポール, ブルネイ, タイ, 豪州, 日本, 南米, アフリカ	海運, 機械, 自動車, 石油, 繊維, 電子部品, 鉱物, 保険, 茶, 木材, 飲料, 食品
Guthrie Corporation	224	-	-	-	-
Harrisons & Crosfield	171	ネットワーク型	1845	東南アジア, 南アジア, 米国, カナダ, 豪州, NZ	ゴム輸出, プランテーション経営, エンジニアリング, 茶輸出, 化学品
Booker & McConnell	93	単一組織型	-	-	-
James Finlay	72	ネットワーク型	1765	南アジア	プランテーション経営, 繊維, ジュート, マンガン, 倉庫, 精米, 茶, 製糖, コーヒー・ココア, チョコレート製造
Steel Brothers Holdings	47	-	-	-	-
Yule Catto	16	-	-	-	-
Antony Gibbs	15	-	-	-	-
Blyth, Green, Jourdain	12	-	-	-	-
Boustead	11	-	-	-	-
Ocean Wilsons	11	単一組織型	-	-	-

出所:Jones（2000）を元に作成。

　Jonesは，これら英国多国籍商社を対象に，1870年代から1970年代にかけて多角化した「企業グループ」を多角化の形態に応じて「単一組織型」「ネットワーク型」「緩いネットワーク型」の3種類に分類している（表7-2）。

| 表 7 - 2 | 英国多国籍商社企業グループの類型

	組織形態	例
A	単一組織型	UAC, Booker Brothers, McConnell, Dodwells, Wilson Sons
B	ネットワーク型	Swire's, Jardine Matheson, James Finlay, Harrisons&Crosfield, Balfour Williamson
C	緩いネットワーク型	Grahams, Inchcape Family

各類型の概要は以下の通りである。

A. 単一組織型：「企業グループの事業が完全所有の子会社で行われている。ただし，現代的な視点での完全統合とは異なる」
B. ネットワーク型：「中核となる商社とその完全支配の複数の支店および，その商社が部分的に株式を所有する多くの関連会社などから構成される状況。資本関係だけでなく，借入金，経営，取締役派遣制度，取引関係などでも結ばれていた」
C. 緩いネットワーク型：「ネットワーク型の変形で，同族による株式所有以外に『中核』となる企業が存在しない」

　このように各商社は異なった形態で企業グループを構成していたものの，貿易業，海運代理業，保険代理業，製造業などの代理店業務は通常，商社内部で実施されていたという点は共通していた。Jonesは，これら業務が膨大な知識基盤を必要とし，現在および潜在的な顧客からの信頼と評価を維持する必要があったと強調している。このような中核的な業務機能が商社のコア・コンピタンスとして特に重要である，との指摘と言えよう。
　一方で，Jonesは「ネットワーク型」企業グループとは，プランテーション，鉱業，加工業，そしていくつかのケースでは海運会社の（部分）所有に至って多角化したグループであると述べている。商社は主として貿易と代理業務からの手数料により利益を確保しており，貿易の事業機会や情報獲得の機会を追求する過程で買い手と売り手が商社を介さずに直接取引することを阻止しようとした行動の結果であり，本質的には商社が鉱業やプランテーションを完全に所有する必要はなかった，と指摘している。この観察は，情報の非対称性を利用して商機を獲得するという商社の基本的な行動原則を鮮明に示したものであろう。
　この組織形態の優位性として，Jonesは非中核事業の所有権を分散させること

で親会社である商社のリスクを低減し，同時に新規事業への外部資金導入を容易にするというメリットを挙げている。商社は，手数料をはじめとする新たな収益源を創出するための起業家的投資に外部資本を効果的に活用していた。この考え方は，現代の総合商社の事業展開戦略とも一致している。すなわち，メーカーを呼び込んでビジネス機会を創出するにあたって，メーカーからも外部資金を得て合弁形態を選択することで商取引の安定性を確保するモデルであり，一般的には随伴取引と称される形態である。

　Jonesは，英国多国籍商社は経営代理業務が主な目的であり，「株式を所有することで配当金を受け取ったが，これは手数料収入ほど重要なものではなかった。関連会社の株式を保有する主な理由は，全ての重要な経営代理業務を確保することであった」と指摘している。この観点は，総合商社の初期の事業投資目的と一致していると言える。具体的には，初期の出資目的は出資と引き換えに商権を確保するという随伴取引であったが，企業統治や会計制度の変化に伴い，その目的が投資から得られるリターン（配当や連結利益）へと段階的にシフトしてきたのである。

　猿渡（2014）によれば，英国多国籍商社（Agency House）が担う管理機能はいくつかの主要なカテゴリーに整理される。歴史的に最も古く，商社の核心的な業務である商業代理は，購入代理と販売代理の2つの側面から成り立っている。購入代理とは，傘下企業が必要とする資材の調達を商社が行うことであり，販売代理とは，製品の販売活動を商社が担当することを指す。一方で，経営代理とは，傘下企業における生産管理全般が英国商社によって行われることを意味する。さらに，秘書（Secretary）とは，英国において傘下企業の対株主関係の各種事務を担当する役割である（図7－2）。

▎図7－2▎ 英国多国籍商社による管理諸機能の代理

経営代理（Managing Agency）

商業代理（Commercial Agency）

秘書（Secretary）

出所：猿渡（2014）

第2項　フリースタンディングカンパニー（free standing company）

　Free Standing Company（FSC）の命名者はWilkins（1988）である。FSCとは，国内での事業活動を目的としない，1870–1914年当時の典型的な英国型FDIの実施主体で，最盛期には数千社存在したとされる（Jones 2000）。その多くが海外ビジネスを指揮するために英国に登記されていたが，英国に本社を持つ既存企業の国内事業から生まれたものではなく，この点でも，国内事業の発展形として海外に事業を拡張する米国型資本主義モデルとは異なっていた。

　FSCの形態面の特徴は以下とされている。

　・共同出資で有限責任の組織形態をとる
　・英国内の組織として，役員・株主等を持ち，定款にて業務を規定している
　・本国での活動は，通常は総務（company secretary）と役員会のみである

　事業面での特徴は以下とされる。
　・本国の親会社とは法的にも経営管理的にも独立しており，直接的に海外事業を実施している
　・海外事業を管理する組織的枠組みを提供し，英国の投資家から海外事業に必要な資本獲得を目的として設立されている

　その海外事業は，通常，特定国の特定事業であることなど本国に寄って立つ事業がないという意味において「フリースタンディングカンパニー」と呼ばれ，英国多国籍商社はFSCを活用してFDIを実行していた。

　WilkinsはFSCを通じた海外投資は経営支配が及んでいるためFDIであると主張した一方，Casson（1997）は経営支配をしていないケースがあり一概にFSCとは言えないと主張し，FSCがFDIか否かという論争が存在する。

　Cassonは，FSCの特異性として，コントロールにより具体化される「情報の輸出」の有無と，無形サービスの供給に具体化される「技術の輸出」の有無により4類型を提示した（表7–3）。

| 表７－３ | CassonによるFSCの４類型

	技術の輸出　有	技術の輸出　無
情報の輸出 有	多国籍直接投資者	直接投資者
情報の輸出 無	準多国籍企業	－

出所：Casson（1997）

　三宅（2014）によれば，FSCは，企業活動の永続性を前提とした「going concern」の考え方が基盤にない組織であるため経営管理機能は不十分であり，結果として海外事業は短命に終わるのが必然であったと指摘されている。この観察に基づき，FSCは自発的なネットワークを形成する主体ではなく，あくまでクラスター内の企業や個人の意思によって中心的な位置（ハブ）に据えられただけの法的・形式的な存在であるとされる。その成立過程からも，持続性は当初から期待されていなかった可能性があると三宅は指摘している。

　これに加えて，現代の商社が参画する特定の事業のために設立される特別目的会社（Special Purpose Company：SPC）や法人格を持たないコンソーシアムとFSCには類似性があるとも指摘している。

第６節　英国多国籍商社と総合商社の定性比較

　前節までの検討を踏まえ，英国多国籍商社と総合商社との間に見られる類似点と相違点について整理した結果は以下の通りとなる。

（類似点）
・英国多国籍商社と総合商社は共に事業を所有するという点において，事業活動の類似性が認められる（Jones 2000）。
・猿渡（2014），Jones（2000）が明示しているように，英国多国籍商社が事業を所有する主要な目的は，経営代理業務や商業代理業務を独占的に確保することであった。総合商社においても，初期の事業投資の主要な動機は出資と引き換えに商権を獲得する随伴取引の実現であり，この点で両者の目的は類似している。
　ただし，総合商社に関しては，企業統治や会計制度の変化など時代の変遷に伴い，徐々に投資から得られるリターン自体に目的がシフトしてきている点には留

意が必要である。

（相違点）

英国多国籍商社と総合商社について，貿易形態，自国での事業展開，事業規模，リスク・テイキング，人材，企業グループ，上場状況（公開企業か非公開企業か），上場後の安定株主の有無，自国政府の政策支援，活動国と自国間の情報および文化的な格差，そして活動国の地域分布に至る各項目で比較分析を行った（表7－4）。

これらの比較から，両者は貿易に立脚した多国籍企業であり，事業を所有するという点で外形的には類似点も多くあるものの，相違点も多く存在することが確認された。

| 表7－4 | 英国多国籍商社と総合商社の定性的比較

	英国多国籍商社	総合商社
貿易形態	三国間が中心	日本との輸出入が中心
自国での事業展開	ほぼなし 英国経済との関係希薄	割合高い 日本経済に立脚
事業規模	小さい	大きい
リスク・テイキング	リスク回避志向	リスクテイク志向
人材	歴史的に大卒が少ない	早い段階から大卒を採用
企業グループ	なし	あり
上場状況	非公開のファミリー企業 後に一部は公開企業へ	早い段階から公開企業
上場後の安定株主の有無	なし	あり（企業グループによる株 式持合い）
自国政府の政策支援	なし	貿易振興の支援
活動国の地域分布	各社により大きく異なる	ほぼ同じ

Jonesは，英国多国籍商社と総合商社のビジネスの仕組みの違いから英国多国籍商社が総合商社のようにならなかった理由を以下のように指摘している（一部再掲）。

イギリスと日本のビジネスの仕組みの違いを考慮すれば，イギリス商社が日本の総合商社の規模に発展することができなかったとの理由で，（第）2次世界大戦

後のイギリス商社が「失敗」だったと主張することは軽率であろう。イギリス商社にはイギリス製造業グループの貿易会社として成長する可能性もなければ，日本のようにイギリス政府が産業政策の手段としてイギリス商社を支援することもなかった。イギリス商社は，米国やスイス企業が1945年以降とくに急成長を達成した商品貿易や営業活動分野で，事業拡大の可能性があったように思われる。しかし，この方向へ発展する可能性があったイギリス商社は，あまりに規模が小さく，またリスク回避的志向が強かった。あるいはイギリス商社は，イギリス資本市場の変化の犠牲となるケースも多くあった。（Jones 2000, 邦訳p.450-451）

　一方で吉原（1987）は，取扱商品，取引地域，機能の総合性，大規模性から日本の総合商社と英国の多国籍商社の間に類似性が認められるとしつつも，近代的企業であるか否か，母国経済に根を下ろした存在であるか否かに関して両者間には基本的相違があり，企業の内部的性格と外部的機能の点での相違から，両者は似て非なるものと考えるべきと指摘しており，英国多国籍商社と総合商社を同一視することに異議を唱えている。

　英国多国籍商社は，英国の植民地支配を背景に三国間貿易を主な収益源としており，英国本国との経済的関係が希薄という性質を持つ一方，総合商社は「日本経済の先兵（vanguard）」として日本経済に立脚して活動している点に相違点が確認された。また，人材面において歴史的に大卒が少なかった英国多国籍商社と，早い段階から大卒を採用して近代的な経営を推進した総合商社では，経営システムという内部も大きく異なっていたと言えるであろう。

　三宅（2006）は，短命に終わったFSCと異なり，総合商社が企業特殊優位性の獲得・向上プロセスとして機能したのかについて，統治機構としての違いに着目し，以下4つの違いを挙げている。

① 会社形態の違い

　　総合商社は日本型の法人実在的な企業であり，組織そのものの存続と成長が目的化しているが，匿名組合に似た経営組織であるFSCは，そもそも事業参加者の関与に応じた利益実現を目的とした組織設計であり，多くの場合going concernを前提とせず，管理機能の革新に関する継続性もないのが通例であった。

② 本国内での事業の有無

　　総合商社は，国内事業や海外との貿易取引を通じた企業特殊優位性をFDIの実施段階で一定程度所有しており，FDIはその事業戦略の延長線上または拡張領域にあったのに対して，FSCの場合は，海外の特定事業の実施を目的に設立される組織であり，設立時において基本的に既存事業（本国内事業）

との関連を持たないことから，海外事業からの情報フィードバックの対象先
自体が存在しないのが通例であった。

③　情報の活用へのインセンティブの有無

　going concernを前提とする総合商社には，便益の非競合性という意味で
公共的性格を持つ情報や知識を経営資源として有効に活用しようとする何ら
かの内部インセンティブが必然的に存在する一方，英国多国籍商社にはその
インセンティブは存在しない。

④　人材の関与

　総合商社の場合，海外事業を現地の人材に任せるのではなく，FDIのため
に本社より人材を派遣し，現地派遣された人材が事業遂行と自らの成果実現
のために組織特殊優位性の源泉となる人的投資を積極的に行い，その結果を
本国にフィードバックすることが行われているが，英国多国籍商社は現地人
材に経営を任せる形を採る。

　これらの比較から，総合商社のビジネスモデルを特徴付けている要素として，
going concernを前提とした法人実在性，それゆえの情報および知識を経営資源
として有効に活用しようとする内部インセンティブ，さらに事業戦略遂行のため
に組織特殊優位性の源泉となる人材への投資とその活用の存在が浮かび上がり，
総合商社のビジネスモデルを考える上では，FDIをはじめとする海外進出がFSC
のようにそれ自体が目的なのか，あるいは戦略的な意味合いを持った競争優位性
獲得のための反復的な企業活動なのか，という視点を生み出すことになる。これ
ら先行研究からの示唆を踏まえて，総合商社のビジネスモデルとその課題につい
て，第11節の考察で議論を深めることにする。

第7節　英国多国籍商社と総合商社の定量比較

　英国多国籍商社と総合商社について定量的な比較を行うために，海外投資の業
種比率について比較を行う。

第1項　英国多国籍商社の海外投資

　Wilkins and Schröter（1998）が引用しているSchmitz（1994, 1997）の1862年
から1914年のFSCの海外投資件数の報告（表7−5）を用いて，英国多国籍商社
の海外投資の業種比率を推定する。このデータはスコットランドに登録されてい
るフリースタンディングカンパニーの投資件数であるが，Jonesによればスコッ

第7章　事例研究①　英国多国籍商社との比較　◆153

トランドに起源を持つ英国多国籍商社は多く，英国多国籍商社全体の代替値として採用できる。

| 表7－5 | 英国多国籍商社の業種別海外投資件数

業種	％	うち％	件数	うち件数
Mining	44		376	
Gold		19		163
Copper		3		29
Agriculture, ranching	22		184	
Rubber plantations		5		46
Tea plantations		4		30
Liverstock, ranching		2		21
Manufacturing	4		34	
Jute spinning		1		7
Transportation, communication	2		18	
Services, utilities	5		42	
General trading, agencies		4		31
Investment, real estate	17		148	
Investment trusts		10		87
Mortgage companies		3		29
Land, real estate		4		31
Miscellaneous	1		10	
General, unspecified	5		41	
Total	100		853	

出所：Wilkins and Schröter（1998）が引用するSchmitz（1994）のデータを筆者にて改変。

第2項　総合商社の海外投資

　第5章，第6章と同じデータを用いて，総合商社の海外投資を表7－5と同じ項目で分類・集計し直した結果が表7－6である。

| 表7－6 | 総合商社と英国多国籍商社（FSC）の業種別海外投資の定量比較

業種	三菱商事	三井物産	伊藤忠商事	住友商事	丸紅	合計	総合商社構成比	FSC合計	FSC構成比
Mining	20	34	7	9	8	78	8.1%	376	44.1%
Agriculture	26	8	13	5	6	58	6.0%	184	21.6%
Manufacturering	68	71	28	76	30	273	28.3%	34	4.0%
Transportation/Communication	9	8	10	6	3	36	3.7%	18	2.1%
Services/Utilities/General Trading	77	46	65	64	36	288	29.9%	42	4.9%
Investment	13	12	14	18	7	64	6.6%	148	17.4%
Miscellaneous	10	19	10	20	5	64	6.6%	10	1.2%
General	35	14	18	20	15	102	10.6%	41	4.8%
合計	258	212	165	218	110	963		853	

英国多国籍商社の投資件数は863社，総合商社の海外事業は963社であり，ほぼ同じ規模のデータセットである。

第3項　定量比較

前節の定性比較で示した通り，英国多国籍商社と総合商社の類似性は指摘されるところであるが，科学技術の発展や時代背景の違いを考慮に入れた上で，両者は商社として基本的な機能，すなわち需給ギャップの裁定（アービトラージ）に基づく貿易活動を事業の核としており，FDIを通じてその貿易活動を拡大させている。それゆえ，業種の違いを比較することで，事業の性格や事業環境の違いを明らかにすることが可能となる。

英国多国籍商社の事業構成を見ると，大英帝国の植民地を背景とした資源ビジネスや農業が大きなウェイトを占めている（Mining 44.1%，Agriculture 21.6%）ことが確認される。これは，大英帝国とその経済主体である英国多国籍商社が，資源が豊富な植民地での事業に重点を置いていたことを反映している。

一方で，総合商社の事業構成を見ると，母国の企業集団を背景に，製造業やトレーディングビジネスが大きなウェイトを占めていることが明らかである（Manufacturer 28.3%，Service/Utilities/General Trading 29.9%）。これは，総合商社が日本経済の多様なセクターと密接な関連を持ち，国内外での事業展開を通じて多角的なビジネスモデルを構築していることを示している。

これらの比較から，商社として本質的な機能は類似しながらも，その時代背景や事業環境，企業グループの特徴や経営戦略の違いが，異なる事業構成に繋がっていると考えられる。英国多国籍商社と総合商社の事業構成の違いは，それぞれの商社が直面している市場環境や戦略的優先事項の違いを反映していると言えるであろう。

第8節　英国多国籍商社の消滅と総合商社の存続の要因

英国多国籍商社は，1980年代の金融自由化の波によって株式市場からの支持を失い，最終的にはほぼ消滅した。

一方で，総合商社にも1990年代には格付機関の影響力が増し，金融市場からの厳しい圧力を受け，経営存続が危ぶまれた時期があった。バブル崩壊後，総合商社は深刻な業績不振に直面し，不良資産の整理と有利子負債削減に追われた。一部の総合商社は破綻や救済合併を経験したが，収益性の向上とリスク管理の強化

を目的として，1990年代から2000年代にかけて，事業評価への資本コストの導入や社内リスクマネジメント体制の強化を行い，事業投資を中心とするビジネスモデルへの転換に成功した。この成功は，「商社―夏の時代」を迎える基盤となった。

　このようなビジネスモデルの変革が可能であった要因は何か。変化に対応できた要因は複数の要素が考えられるが，その中でも特に重要な要因の1つは，組織学習を促進する高度な人材層の存在であると言える。この点は，吉原（1987）が指摘した英国多国籍商社との人材の質に関する差異とも一致する。

第9節　英国多国籍商社の人材資源

　前節での分析に基づき，英国多国籍商社と総合商社の差異を形成する要素として，特に人材資源に焦点を当てる。

　Jones（2000, 2009）によると，第二次世界大戦以前の英国多国籍商社の採用方針は以下のようなものであった。

　　Jardine Matheson社のマネージャーは1933年に次のように述べている。「当社の『友人や親戚』もしくは退職した経営者によって推薦された人材は，わが社の主要な人材の供給源であった」。

　　Finlay社では，家柄や社会的地位，親族の職業について広い範囲で質問を受けた。採用の一般的なプロフィールは，上流階級出身で，私立学校で教育を受けた若者であって，できれば学校でスポーツ実績のある人物であった。（中略）経営者の資格として「人格」や社交性を重視するイギリスの一般的な好みと一致していた。

　　概して英国多国籍商社は第二次世界大戦後しばらくの間，大卒者の雇用を疑問視し続けた。

　　Jardine Skinner社の上級経営者は1912年にOxford大学からの採用打診を受け，「大卒者のような人材は当社には適さない」と言明している。

　　Jardine Matheson社が採用方針を転換し，大学卒の採用を進めるようになったのは1930年代と思われる。

　　しかし，英国多国籍商社への大卒者の進出は，日本企業のように継続することも，普及することもなかった。最初に大卒者の採用を行ったHarrisons＆Crosfield社は

156

やがて会計やエンジニアリングなど特別な知識や技術力を持つ人々の採用へと転換した。

　総じてイギリス商社は1960年代になるまで経営幹部になる人物を大卒者に限定することはなかった。(Jones 2000, 邦訳p.261-264)

　また，代表的な英国多国籍商社であるInchcape社では，第二次世界大戦以前は，大卒社員はゼロかそれに近かったとされる（吉原 1987）。
　これらの事例から，英国多国籍商社には大卒者を採用する人事方針がなかったことが明らかであった。

| 表7－7 | 就職先人気ランキングの推移（1987年～2015年）

		1987	1990	1995	2000	2005	2010	2015	平均（4回以上対象）	標準偏差
交通	JR東海		2	12	18	13	27	18	15.0	7.6
	JR西日本		29							
	JR東日本		14	14	27	17	16	13	16.8	4.7
	全日空	15	5		12			27	14.8	7.9
	日本航空		10			18				
	JTB	29	21	13	20	24			21.4	5.2
	近畿日本ツーリスト			26						
情報通信	NTT	2	24	2						
	NTTコミュニケーションズ					30				
	NTTドコモ				4	22				
情報サービス	アンダーセンコンサルティング				11					
	プライスウォーターハウスクーパース				29					
	NTTデータ				12	19				
	野村総合研究所					25	28			
	大和総研					29				
	ベネッセコーポレーション						17			
	大日本印刷					28				
メディア	NHK				13					
	フジテレビジョン				21	11				
	日本テレビ放送網				23					
	朝日新聞				25					
	電通	12	25	25	9	8	26	17	17.4	7.3
	博報堂	26		28	17	15		26	22.4	5.3
食品	味の素	23								
	明治製菓					25				
	ロッテ						30	28		
飲料	アサヒビール			23						
	サントリー				15	26	24	16	20.3	4.8
	キリンビール			20						
総合商社	伊藤忠商事	5	8	3	30	21	6	2	10.7	9.8
	住友商事	22	19	9	16	9	13	4	13.1	5.8
	三井物産	3	6	1	6	2	3	1	3.1	2.0
	三菱商事	4	11	4	5	1	1	3	4.1	3.1
	丸紅		20	10			7	7	11.0	5.3
	双日		15	18			18	22	18.3	2.5
	豊田通商						8			

第10節　総合商社の人材における競争優位性

　田中（隆）（2012）は，総合商社の顕著な特徴の１つとして，高度な人材が経営トップから末端に至るまで各層に存在することを指摘している。人的資本は４大経営資源の一角を成し，企業の競争優位性創出の根源である。過去の総合商社研究では「人材フル稼働仮説」（森川 1971）が商社研究の議論の中心になったことがあったように，人材が総合商社の競争力の源泉であるという観点は，総合商社を特徴付ける重要な論点である。

　総合商社の先駆けである三井物産は，創業から間もない1880年代から大卒者の定期採用を行い，1914年の段階で731人の大卒社員を雇用していた。他の総合商

業種	企業	1987	1990	1995	2000	2005	2010	2015	平均（4回以上対象）	標準偏差
製造業	トヨタ自動車				14	16				
	ホンダ					27				
	松下電器産業		27		10	5	19		15.3	8.4
	ソニー	18	28		1					
	日本電気	19								
	富士通				28					
	日立製作所					14				
不動産	三井不動産	7	18					12		
	三菱地所			23	30			15		
インフラ	東京電力				27	22				
損保	東京海上日動火災保険	6	1	5	2	6	5	5	4.3	1.8
	損害保険ジャパン日本興亜	8	17	17	19	10		20	15.2	4.5
	住友火災海上		26							
	大正海上火災	20	30							
	三井海上火災			21			21	23		
生保	日本生命保険	1	13	24	24	23	12	19	16.6	7.9
	第一生命保険	9					11			
銀行	三和銀行	24	22	8						
	みずほフィナンシャルグループ	14	12	7		7	14	10	10.7	2.9
	富士銀行	10	4	11						
	日本興業銀行	21	7	19						
	三菱東京ＵＦＪ銀行	11	3	6	3	4	2	6	5.0	2.8
	東京銀行	30								
	三井住友銀行		9	22	7	3	4	11	9.3	6.3
	さくら銀行				15					
	りそなグループ						20	14		
	日本銀行					8	22	30		
	農林中央金庫						29	29		
	日本長期信用銀行			29						
	三井住友信託銀行	27					15	25		
	三井信託銀行	25								
	三菱ＵＦＪ信託銀行	17	16	16			10	9	13.6	3.4
証券	野村證券				26	20	9	24	19.8	6.6
	大和証券グループ						8	21		
	日興コーディアル証券					23				

出所：ダイヤモンド社（1986, 1990, 1995, 2000, 2005, 2010, 2015）

社も三井物産を模範として，その数は三井物産より少なかったが多数の大卒者を採用しており，相当数の大卒社員を雇用した。これらの多くの人材はスピンオフしたり他社への転職をせず，長期にわたって同一の商社に在籍した。その結果，保有する専門知識やノウハウのレベルは高く，組織に対する忠誠心も強かった（吉原 1987）とされる。

　人的資本の競争優位性を定量的に測定することは，情報のアクセスや方法論の両面で容易ではないが，外部的にアクセス可能で定量的に観測可能な代替手段として，大学生を対象としたダイヤモンド社の就職人気ランキングを集計した。入手し得たデータを集計したのが**表7－7**，出現回数を業界別に集計したのが**表7－8**である（1987年，1990年，1995年，2000年，2005年，2010年，2015年の計7年）。

| 表7－8 | 就職先人気ランキング上位30社業界別出現回数集計

業界	会社数	出現回数			
		7回	6回	5回	4回
総合商社	7	4	4	4	6
メディア	6	1	1	2	2
損保	5	1	2	2	2
生保	2	1	1	1	1
銀行	15	1	3	4	4
交通	7	0	2	3	4
情報通信	3	0	0	0	0
情報サービス	7	0	0	0	0
食品	3	0	0	0	0
飲料	3	0	0	0	0
製造業	7	0	0	0	1
不動産	2	0	0	0	0
インフラ	1	0	0	0	0
証券	3	0	0	0	0
合計	71	8	13	16	20
総合商社比率		50%	31%	25%	30%

1987年から2015年の全期間（7カ年）にわたり，就職人気ランキングにおいて上位30位以内に入っているのは8社で，そのうち総合商社は4社であり，総合商社が占める割合は50％に達している。

このランキングは，「就職先としての人気」を反映しており，実際に入社した人材の質を直接的に説明するものではない。しかし，30年間にわたって一貫して上位30社にランクインしていることから，就職競争の中で優れた人材が総合商社を選択し，企業内にその人材が蓄積されているという解釈は妥当であると言える。また，30年という年月は，終身雇用制の下では，新入社員が経営幹部になるには十分な時間である。

このような継続的な優秀な人材の確保は，田中（隆）（2012）が指摘するように，経営トップから末端に至るまでの高度な人材配置に寄与しているのは明らかである。総合商社の競争優位性は，このような人材の質とその組織内での活用に大きく依存しているのである。

第11節　考察

本章での検討を通じて，英国多国籍商社と総合商社が貿易を中心とした事業展開や事業の保有といった表面的な類似点は認められた。吉原（1987）の研究とも一致する形で，取扱商品，取引地域，機能の総合性，大規模性などにおいて日本の総合商社と英国の多国籍商社の間に類似点が見られる一方で，近代的企業形態の有無や母国経済への根の下ろし方といった面で，両者は根本的に異なる性質を持つことも明らかになった。

英国多国籍商社は，事業機会を各社固有の人脈に支えられていたことにより，特に進出国の経済環境や母国の株式市場からの圧力が変化したことで，企業規模や企業体力，人材層を含めたケイパビリティの制約から徐々に影響力を失い，商圏を失っていった。

一方，総合商社は，高度な人材層の存在によって可能となる組織学習が，総合商社が危機を乗り越えて存続できた主要な要因であるとともに，日本政府の貿易振興策や財閥・企業グループ内での窓口・コーディネーター的役割，財閥・企業グループ企業間での株式相互持合いによる安定株主の存在など，多層的な安全装置・セーフティネットが存続に寄与した。

これらの事実から，総合商社が今後も持続的にビジネスモデルを変革して存続していくには，組織学習を促進する高度な人材の継続的な確保が不可欠であると示唆される。

川辺（1991）は総合商社の特徴付けを以下のように行っている。

(1) 取引商品が多種類にわたること
(2) 国内および海外に多数の支店・出張所を持ち，その取引分野が国内商業・輸出貿易および三国間にわたること
(3) 取引高が巨大であること
(4) 一方で機械・技術・原材料を産業に提供し，他方では製品のための市場を開発するという活動を通じて，産業に対するオーガナイザーの役割を果たすこと
(5) 一手販売権の獲得などのための資金の供与によって，多くの子会社・関係会社を持ち，持株会社的性格を備えること
(6) 近代的経営管理システムを有すること

　これらの特徴は，外形的かつ静的な総合商社の特徴であり，それ自体が事業活動の結果であると言える。しかし，第6節，第7節および第8節で比較した通り，表面的には総合商社は英国多国籍商社と類似性が認められつつも，英国多国籍商社は消滅し総合商社は存続したという存続性において大きな差が生じた事実を考慮すると，これら外形的な事業活動の結果ではなく，その事業活動を行う意思と目的を持つ人材に注目すべきであろう。

　ビジネスモデルを変革する必要条件として，組織学習の能力が重要であることが明らかである。これは高度な人材層に大きく依存しており，特に，外部環境のダイナミックな変化に直面する企業においては，変化対応力こそが競争力と企業の存続に重要になる。総合商社における「事業環境変化に対する対応力」は，組織学習を通じて培われるものであり，これが総合商社の競争力の源泉であるという視点は，総合商社のビジネスモデルの理解において重要な意味を持つ。

　この「事業環境変化に対する対応力」は，現代の経営学理論におけるダイナミック・ケイパビリティ理論の概念と密接に関連している。ダイナミック・ケイパビリティとそれを支える組織学習能力が，総合商社を本質的に特徴付ける要素であると言えるであろう。

　最後に英国多国籍商社と総合商社の比較の限界について指摘する。英国多国籍商社と総合商社は多くの類似点も持ちながらも，存在した時代，事業環境，社会的背景が大きく異なり，比較には自ずと限界がある。このような相違点も考慮に入れつつも，両者の比較から得られる洞察は，それぞれのビジネスモデルと持続性についての理解を深める上で有用であると考える。

第12節　本章のまとめ

　本章では，事例研究として英国多国籍商社と総合商社との間に見られる類似性と相違点を，定性的および定量的な観点から詳細に比較検討した。この比較分析を通じて，総合商社が事業環境の変化に柔軟に対応し，持続可能なビジネスモデルを構成している要因について新たな洞察を得るに至った。

　総合商社は日本特有のビジネス形態とされるが，時代的には19世紀から20世紀にかけて隆盛を誇った英国多国籍商社の活動内容や業態が日本の総合商社に類似することが複数の先行研究で指摘されている。

　英国多国籍商社と総合商社の比較では，時代背景や経済環境に大きな違いを考慮しつつも，両者が貿易業を祖業とする事業投資会社である点に着目した。同一の業態が日本以外に存在しない事実に鑑みて，総合商社のビジネスモデルについて理解を深めるための比較対象として英国多国籍商社を選択することには先行研究に鑑みても合理性がある。

　比較分析では，英国多国籍商社と総合商社を比較する先行研究を整理した上で，英国多国籍商社の歴史と変遷を概観し，フリースタンディングカンパニー（Free Standing Company：FSC）と称される独特の運営形態に焦点を当てた。さらに，貿易形態や自国での事業展開，人材などの項目について総合商社との定性的な比較を行い，総合商社のビジネスモデルを構成する要素についての示唆を得た。また，英国多国籍商社と総合商社の投資先の業種比率を比較し，定量面からも英国多国籍商社と総合商社を比較した。

　比較分析から，総合商社のビジネスモデルを特徴付ける要素として，going concernを前提とした法人実在性，それゆえの情報・知識を経営資源として有効に活用しようとする内部インセンティブ，さらに事業戦略遂行のために組織特殊優位性の源泉となる人材への投資とその活用の存在が浮かび上がった。総合商社のビジネスモデルを考える上では，FDIをはじめとする海外進出が，FSCのようにそれ事業自体が目的なのか，あるいは戦略的な意味合いを持った競争優位性獲得のための反復的な活動なのか，という視点を生み出すことを指摘した。

　本章のアプローチにより，英国多国籍商社と総合商社の違いを定性・定量両面から探究し，英国多国籍商社とは異なる総合商社の独自性として事業変革力および持続可能性について考察を行った。総合商社のビジネスモデルの変革力と持続性は，その組織が直面する環境のダイナミックな変化に対応する能力に根ざしており，これは組織学習と高度な人材層によって支えられていることが明らかに

なった。また，総合商社が今後も持続的にビジネスモデルを進化させて存続していくためには，組織学習を促進する高度な人材の継続的な確保が不可欠であるという重要な示唆を得た。

　以上から，本章のRQであるRQ7-1および7-2に対して，本章で明らかになった事項は以下の通りである。

RQ7-1：総合商社と業態が似ていると指摘される英国多国籍商社と総合商社は何が異なるのか。

　英国多国籍商社と総合商社の事業形態は外形的に類似性が認められたものの，特に高度な人材の蓄積という点で大きな差異が確認された。

RQ7-2：英国多国籍商社が衰退した一方，総合商社は依然として成長を続けている。その要因は何か。

　事業環境変化への対応力がその要因と考えられる。事業環境変化に対する対応力は，現代の経営学理論で言えば「ダイナミック・ケイパビリティ」そのものであり，このダイナミック・ケイパビリティと，それを支える組織学習能力が総合商社を本質的に特徴付ける要素であると言える。

‖注‖
1　おそらく日本語翻訳時の脱字であり，筆者が補ったもの。

第8章

事例研究②　現代類似企業との比較

第1節　本章の概要

　総合商社は事業投資への比重を高め，投資会社化している（田中（隆）2012）との指摘を踏まえ，本章では事例研究として総合商社と現代の類似企業，具体的には投資会社，プライベートエクイティファンド（PE），産業コングロマリットとの比較分析を行う。この比較分析は，ポートフォリオ面（投資領域）とパフォーマンス面の両方に焦点を当て，これらの企業群間の共通点と相違点を明らかにすることを目的としている。

　ポートフォリオ面では，総合商社がどのように投資会社や産業コングロマリットと共通する特徴を持ち，またどのように異なる特性を示しているのかを検証する。そして，これらの企業群がどのような投資領域に焦点を当てているかを分析する。

　パフォーマンス面では，総合商社と比較対象となる企業群の財務パフォーマンスを，特にROE（株主資本利益率）およびPBR（株価純資産倍率）を用いて比較する。これにより，総合商社が投資会社化する過程でどのような財務パフォーマンスを示しているのか，またそのパフォーマンスが類似企業群と比較してどのように位置付けられるのかを明らかにする。

　この章の分析を通じて，総合商社のビジネスモデルとその競争環境における位置付けについての理解を得ることを目指す。

第2節　他章との関係

　本章の内容と他章との関係性は，図8－1に示されている通りである。本章で

行われる現代類似企業とのポートフォリオ面とパフォーマンス面での比較分析とその結果から得られる考察は、事業投資会社としての総合商社のビジネスモデルの強みと課題を浮き彫りにし、総合商社の企業価値創造プロセスおよびその戦略的意義に関する全体的な理解を深めるための役割を果たす。

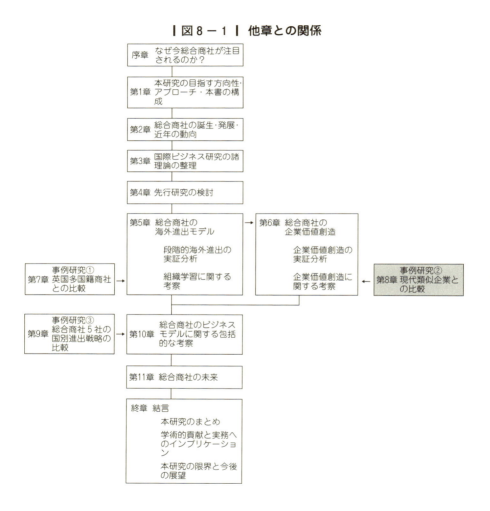

｜図 8 − 1 ｜ 他章との関係

第 3 節　本章のRQ

本章のRQを以下のように設定する。

第8章　事例研究②　現代類似企業との比較　◆165

RQ 8 - 1：総合商社のポートフォリオは，投資会社や産業コングロマリットとの
　　　　　比較において共通点や相違点があるか。

RQ 8 - 2：総合商社のパフォーマンスは，投資会社や産業コングロマリットとの
　　　　　比較において優劣はあるか。

　これらの問いに対する答えを得るために，ポートフォリオ面では総合商社と他
の投資会社の投資先セクターや投資領域の比率を比較し，その特徴を明らかにす
る。
　また，パフォーマンス面では，各群（総合商社，投資会社，産業コングロマ
リット）のROEおよびPBRの平均値を比較し，それぞれの特徴と傾向を分析する。

第4節　ポートフォリオ比較

第1項　比較対象企業の選定

　本節では，総合商社と投資会社および産業コングロマリットのポートフォリオ
を比較することで，両者の事業構成・投資領域における共通点と相違点を定性的
に明らかにする。
　比較対象として，グローバルに投資事業を展開している著名な投資会社（ファ
ンド，プライベートエクイティ（PE））および産業コングロマリットと，総合商
社3社を選定した（表8－1）。

| 表8－1 | ポートフォリオ分析対象企業

投資会社・産業コングロマリット	総合商社
ブラックロック	三菱商事
カーライル・グループ	三井物産
バークシャー・ハサウェイ	伊藤忠商事

　分析にあたっては，データ参照先として以下の資料を参照した。

　＜データ参照先＞
・各企業　アニュアルレポート（各社で参照可能年度が異なるため同一時期でな

166

い）など

・各企業ホームページ

・Yahoo!ファイナンス，（含Yahoo! Finance）など

　なお，Web上のデータは2023年12月26日時点のものである。

(1)　ブラックロック（BlackRock Inc.）

　世界最大の資産運用会社として知られるブラックロック（BlackRock）の事業概要を表8－2に示す。同社は，1988年にPEファンドであるブラックストーン（The Blackstone Group）の債権運用部門Blackstone Financial Managementとして設立されたが，1995年にメロン財閥のPNC Financial Services Groupに売却され，その後Larry Fincら共同経営者がPNCから資産を受け継ぐ形で独立を果たした。

　ポートフォリオの比較のために，同社が提供する代表的な投資商品である米国高配当株ETF（iシェアーズ・コア，米国高配当株 ETF）のポートフォリオを参照する（表8－3）。資産運用会社ゆえに多種多様なファンドを運用しているが，ここでは同社の代表的な投資商品をもって同社の資産ポートフォリオとみなす。

｜表8－2｜ ブラックロック事業概要

設立	1988年
株主資本	$37.7 Bil（2022年12月期）
時価総額	$119.37 Bil（2023年12月）
従業員	約11,400名
主要株主	Vanguard Group Inc.　　　　　　　　　8.65% Blackrock Inc.　　　　　　　　　　　　6.53% State Street Corporation　　　　　　　3.85% Temasek Holdings (Private) Limited　3.43% Bank of America　　　　　　　　　　　3.39% （2022年12月期）
業種	資産運用
本社	ニューヨーク
上場市場	NYSE
企業概要	ブラックロックは米国大手の投資運用会社。主に株式，債券，マルチアセット投資と資産運用の管理サービスを提供する。オープンエンドとクローズドエンドのミューチュアルファンドや，iシェアーズのブランド名で上場投資信託を扱い，各種の資産運用を行う。米国内外の顧客に対しグローバルな市場リスク管理やアドバイザリー・サービスも提供する。

出所：Yahoo!ファイナンス

第8章　事例研究②　現代類似企業との比較　◆167

　セグメント別の保有比率は，ヘルスケアが最も割合が高く（24%），次いでエネルギー（20%），生活必需品（19%）が続く。

| 表8－3 | ブラックロックETFのポートフォリオ

業種	資産構成比率[1]
ヘルスケア	24%
エネルギー	20%
生活必需品	19%
情報技術	9%
公益企業	7%
通信	6%
金融	6%
資本財・サービス	4%
一般消費財・サービス	3%
素材	2%

出所：ブラックロック社ホームページ

(2)　カーライル・グループ（The Carlyle Group）

　カーライル・グループは，PEファンド業界において著名な存在であり，2014年には資金募集金額で世界第1位，2015年には世界第5位を記録するなど，その規模と影響力は業界内で高く評価されている。同社の事業概要およびポートフォリオは表8－4，表8－5の通りである。
　セグメント別の保有比率は，IT企業を主とするTech&Business Servicesが最も割合が高く（22%），Consumer&Retail（18%）が続く。

｜表 8 － 4｜ カーライル・グループ事業概要

設立	1987年
株主資本	$6.2 Bil（2022年12月期）
時価総額	$14.76 Bil（2023年12月）
従業員	約1,700名
主要株主	Vanguard Group Inc　　　　　　　　6.42% Blackrock Inc.　　　　　　　　　　6.03% Capital World Investors　　　　　　5.55% Morgan Stanley　　　　　　　　　　5.01% Alkeon Capital Management LLC　3.18% （2022年12月期）
業種	資産運用
本社	ワシントンD.C.
上場市場	NASDAQ
企業概要	カーライル・グループは，米国のオルタナティブ（代替）投資会社。4つの事業区分により，コーポレート・プライベートエクイティ，リアルアセット，グローバル・マーケット・ストラテジー，ソリューション に分かれる。北米，南米，欧州，中東，北アフリカ，サブサハラ（サハラ以南）アフリカ，日本，アジア，オーストラリアに34拠点を置く。

出所：Yahoo!ファイナンス，NASDAQ

｜表 8 － 5｜ カーライル・グループのポートフォリオ

業種	資産構成比率
Tech&Business Services	22%
Consumer&Retail	18%
Industrial	13%
Healthcare	12%
Telecom&Media	9%
Transpiration	7%
Aerospace&Defence	6%
Other	6%
Energy&Power	4%
Financial Services	2%

出所：Forbes

第8章　事例研究②　現代類似企業との比較　◆169

(3)　バークシャー・ハサウェイ

　バークシャー・ハサウェイ（Berkshire Hathaway Inc.）は，ウォーレン・バフェット（Warren Buffett）氏が率いる，世界的に著名な投資企業でありコングロマリットである。バフェット氏は，「投資の神様」とも称され，その投資戦略が広く研究されていることは周知の通りである。同社の事業概要および投資ポートフォリオは**表8－6**，**表8－7**の通りである。

　セグメント別の保有比率は，ITの割合が最も高い（45％）のが特徴的で，金融（Financials）（32％）が続く。

｜表8－6｜ バークシャー・ハサウェイ事業概要

設立	1889年
株主資本	$472.36 Bil（2022年12月期）
時価総額	$775.28 Bil（2023年12月）
従業員	約331,000名
主要株主	FMR, LLC　　　　　　　　　　　　　　5.85% First Manhattan Company　　　　　2.96% Norges Bank Investment Management　1.03% Gardner Russo & Quinn, LLC　　　　0.43% HighTower Advisors, LLC　　　　　　0.35% （2022年12月期）
業種	投資持株会社
本社	オマハ，ネブラスカ州
上場市場	NYSE
企業概要	バークシャー・ハサウェイは投資持株会社。中核事業である保険・再保険事業はゲイコ，ジェネラル・リー，バークシャー・ハサウェイ再保険グループなどで構成し，自動車保険，損害保険，生命保険と医療保険の再保険を米国内外で提供する。また傘下子会社を通じて鉄道輸送，電気部品，建材の製造，食料品卸売業，インテリア小売業など多角経営を行う。

出所：Yahoo!ファイナンス

| 表8－7 | バークシャー・ハサウェイのポートフォリオ

業種	資産構成比率
IT	45%
Financials	32%
Consumer Staples	12%
Communication Services	5 %
Healthcare	3 %
Consumer Discretionary	2 %
Energy	1 %

出所：Forbes

⑷　三菱商事

　三菱商事の事業概要，セグメント別の資産構成比は**表8－8**，**表8－9**の通りである。

| 表8－8 | 三菱商事事業概要

設立	1950年	
株主資本	3.6兆円（2023年 3 月期）	
時価総額	9.5兆円（2023年12月）	
従業員	約68,300名	
主要株主	日本マスタートラスト信託銀行株式会社（信託口）	15.03%
	EUROCLEAR BANK S.A./N.V.	7.51%
	株式会社日本カストディ銀行（信託口）	5.86%
	明治安田生命保険相互会社	4.06%
	東京海上日動火災保険株式会社	3.01%
	日本マスタートラスト信託銀行株式会社（退職給付信託口・議決権受託行使型）	
		2.24%
	（2023年 3 月期）	
業種	総合商社（卸売業）	
本社	東京都千代田区	
上場市場	東証プライム	
企業概要	総合商社大手。三菱グループ中核。原料炭等の資源を筆頭に機械，食品，化学品等の事業基盤は厚い	

出所：Yahoo!ファイナンス，三菱商事ホームページ，同社統合報告書，同社有価証券報告書

第8章　事例研究②　現代類似企業との比較　◆171

　ポートフォリオの比率は，金属資源の割合が最も高く（19%），電力ソリューション（17%），コンシューマー産業（15%）が続く。

| 表8－9 | 三菱商事のポートフォリオ

事業部門	資産構成比率[2]
金属資源	19%
電力ソリューション	17%
コンシューマー産業	15%
食品産業	11%
天然ガス	11%
複合都市開発	9%
産業インフラ	6%
総合素材	4%
自動車・モビリティ	4%
石油・化学ソリューション	3%

出所：三菱商事統合報告書

⑸　三井物産

　三井物産の事業概要，セグメント別の資産構成比は**表8－10，表8－11**の通りである。

　ポートフォリオの比率は，エネルギー，金属資源，機械・インフラが共に各20%と均衡性を示している。

｜表8－10｜　三井物産事業概要

設立	1947年	
株主資本	2.4兆円（2023年3月期）	
時価総額	7.9兆円（2023年12月）	
従業員	約43,700名	
主要株主	日本マスタートラスト信託銀行株式会社（信託口）	16.25%
	EUROCLEAR BANK S.A./N.V.	7.57%
	株式会社日本カストディ銀行（信託口）	6.24%
	日本生命保険相互会社	2.29%
	JP MORGAN CHASE BANK 385632	2.17%
	（2023年3月期）	
業種	総合商社（卸売業）	
本社	東京都千代田区	
上場市場	東証プライム	
企業概要	三井グループ中核の総合商社。鉄鉱石，原油の生産権益量は商社の中で断トツ。インフラ等にも強み	

出所：Yahoo!ファイナンス，三井物産ホームページ，同社有価証券報告書

｜表8－11｜　三井物産のポートフォリオ

事業部門	資産構成比率[3]
エネルギー	20%
金属資源	20%
機械・インフラ	20%
生活産業	15%
次世代・機能推進	9%
化学品	8%
鉄鋼製品	4%

出所：三井物産統合報告書

(6)　伊藤忠商事

　伊藤忠商事の事業概要，セグメント別の資産構成比は表8－12，表8－13の通りである。

　ポートフォリオの比率は，ファミリーマートを保有する第8の割合が最も高い（30%）のが特徴的で，次いで食料（14%），機械（13%）が続く。

第 8 章　事例研究②　現代類似企業との比較　◆173

| 表 8 −12 |　伊藤忠商事事業概要

設立	1949年
株主資本	4.8兆円（2023年 3 月期）
時価総額	9.1兆円（2023年12月）
従業員	約104,840名
主要株主	日本マスタートラスト信託銀行株式会社（信託口）　　　16.25% EUROCLEAR BANK S.A./N.Y.　　　7.52% 株式会社日本カストディ銀行（信託口）　　　5.88% CP WORLDWIDE INVESTMENT COMPANY LIMITED　　　4.36% 日本生命保険相互会社　　　2.34% （2023年 3 月期）
業種	総合商社（卸売業）
本社	大阪府大阪市
上場市場	東証プライム
企業概要	総合商社大手。非財閥系の雄。繊維や中国ビジネス強い。傘下にファミリーマート等の有力企業

出所：Yahoo!ファイナンス，伊藤忠商事ホームページ，同社有価証券報告書

| 表 8 −13 |　伊藤忠商事のポートフォリオ

事業部門	資産構成比率[4]
第 8	30%
食料	14%
機械	13%
金属	11%
住生活	10%
情報・金融	9 %
エネルギー・化学品	9 %
繊維	4 %

出所：伊藤忠商事統合報告書

第 2 項　ポートフォリオ比較

　前述の 6 企業のポートフォリオ構成を比較検討する。各社のセグメントの定義や分類方法には差異があるため，厳密な比較は困難ではあるが，セグメントをあ

る程度大くくりして一定の基準に基づいて相対的な比較を試みる。

　セグメントは「消費財・ヘルスケア」「金融」「製造業・インフラ」「IT」「通信・メディア」「エネルギー」「素材」に設定した。

　このセグメントに対する各社のセグメントのマッピングは**表8−14**の通りとした。元のセグメントが2つの領域にまたがる場合（例：三井物産の「次世代・機能推進」セグメント，伊藤忠商事の「情報・金融」セグメント），それらを便宜的にマッピング先に均等分（1／2ずつ）を割り当てる方法を採用した。

｜表8−14｜　各セグメントのマッピング

	ブラックロック	カーライル	バークシャー	三菱商事	三井物産	伊藤忠商事
消費財・ヘルスケア	ヘルスケア/生活必需品/一般消費財・サービス	Consumer&Retail/Healthcare	Consumer Staples/Consumer Discretionary/Healthcare	コンシューマー産業/食品産業	生活産業	食料/繊維/住生活/第8
金融	金融	Financial Services	Financials	複合都市開発	次世代・機能推進の1／2	情報・金融の1／2.
製造業・インフラ	公益企業/資本財・サービス	Industrial/Transportation/Aerospace&Defence	N.A.	産業インフラ/自動車・モビリティ/電力ソリューション	機械・インフラ	機械
IT	情報技術	Tech&Business Services	IT	N.A.	次世代・機能推進の1／2	情報・金融の1／2
通信・メディア	通信	Telecom&Media	Communication Services	N.A.	N.A.	N.A.
エネルギー	エネルギー	Energy&Power	Energy	天然ガス/石油・化学	エネルギー/化学品	エネルギー・化学品
素材	素材	N.A.	N.A.	金属資源/総合素材	金属資源・鉄鋼製品	金属

N.A.：該当なし

　表8−15が分類集計後の各社のポートフォリオ比較結果である。

｜表8−15｜　各社のポートフォリオ比較

ブラックロック	％
消費財・ヘルスケア	46
エネルギー	20
製造業・インフラ	11
IT	9
金融	6
通信・メディア	6
素材	2

カーライル	％
消費財・ヘルスケア	30
製造業・インフラ	26
IT	22
通信・メディア	9
エネルギー	4
金融	2

バークシャー	％
IT	45
金融	32
消費財・ヘルスケア	17
通信・メディア	5
エネルギー	1

三菱商事	%
製造業・インフラ	27
消費財・ヘルスケア	26
素材	23
エネルギー	14
金融	9

三井物産	%
素材	24
製造業・インフラ	20
エネルギー	20
消費財・ヘルスケア	15
金融	5
IT	5

伊藤忠商事	%
消費財・ヘルスケア	58
製造業・インフラ	13
素材	11
エネルギー	9
金融	5
IT	5

　この比較分析から，投資会社と総合商社に共通する投資分野，総合商社内で共通する投資分野，投資会社内で共通する分野があることが分かる。

<u>投資会社・産業コングロマリットと総合商社双方に共通するセグメント</u>
● 　消費財・ヘルスケアへの投資比率が高い（15〜58%）

<u>総合商社に共通するセグメント</u>
● 　製造業・インフラ，素材への投資比率が高い（11〜27%）
● 　エネルギーへの投資比率が高い
● 　ITへの投資比率が低い，または無い
● 　通信・メディアへの投資が無い

<u>投資会社・産業コングロマリットに共通するセグメント</u>
● 　ITの投資比率順位が総合商社よりも高い
● 　通信・メディアへの投資がある

その他個別企業としての特徴的な点として，以下が挙げられる。
● 　バークシャー・ハサウェイはITと金融への集中度が顕著
● 　伊藤忠商事は消費財・ヘルスケアへの集中度が顕著

第3項　ポートフォリオ比較分析結果の考察

　投資会社・産業コングロマリットの投資ポートフォリオは，リターンの最適化および最大化を目的とした成果の集積として解釈される。これらのポートフォリオはリターンを追究した結果として理想的なポートフォリオ構成と評価してよいであろう。
　対照的に，総合商社のポートフォリオは，製造業・インフラ，素材，エネル

ギーといったセクターの比率や順位が高い一方で，IT，通信・メディアといった先進的な成長領域における資産配分が相対的に低いことが明らかになった。この特徴は，総合商社が歴史的に担ってきた製造業の海外進出の支援やエネルギー輸入といった役割や重工業を中心とした日本経済の特質との結びつきによってビジネスモデルの変革を進めてきたがゆえに，経路依存的な形でポートフォリオに反映された結果と考察される。

　一方，総合商社はITや通信・メディアといった高成長ポテンシャルを有する産業において，十分な事業展開を果たしていない。この状況は，これら成長産業の取り込みが不完全であると評価せざるを得ない。

　総合商社は，事業投資は事業売却を前提としていないと主張しており，このアプローチは投資会社やファンドとは異なると説明している。しかしながら，このアプローチは投資会社やファンドが有するポートフォリオの組み換えにおける柔軟性や機動性を制限する可能性があり，その結果として投資事業の利点を最大限享受できていないとも解釈される。

　さらに，総合商社は1990年代半ば以降，事業投資の目的として，商権の確保よりも事業投資先からの直接の投資収益を重要視するようになった（孟 2008）と指摘されている。しかし，産業の成長動向を考慮したポートフォリオの根本的な組み替えには至っておらず，経路依存性の制約を克服する段階には達していないと観察される。この状況は，総合商社のビジネスモデルの変革において，まだ課題が残されていることを示していると言ってよいであろう。

第5節　パフォーマンス比較

　前節の分析により，総合商社と投資会社間の投資ポートフォリオ構成における顕著な差異が明らかになった。

　本節では，総合商社，多角的に事業展開する産業コングロマリット，および投資会社の３業態におけるパフォーマンス指標（ROEおよびPBR）を定量的に比較分析する。この分析は，総合商社の投資ポートフォリオが企業価値の最大化に資する形で最適化されているか否かを検証することを目的としている。

　ROE（自己資本利益率）は企業の収益性を示し，PBR（株価純資産倍率）は市場における企業価値の評価を反映する。これらの指標を用いた分析により，投資会社や産業コングロマリットと比較した総合商社のパフォーマンスの相対的位置を明らかにすることができる。この検証により，「事業投資会社」としての総合商社の「投資」の効率性と市場評価を明らかにし，総合商社のビジネスモデル

第8章　事例研究②　現代類似企業との比較　◆177

における投資の意味に関する理解を得る。

第1項　比較対象企業

　本節では，総合商社と，産業コングロマリット，投資会社（プライベートエクイティファンド：PE）のパフォーマンスを比較（定量分析）する。

　比較の対象として，総合商社5社，産業コングロマリットから3社，PEファンドから3社を選択した（表8−16）。

表8−16 パフォーマンス分析対象企業

総合商社	産業コングロマリット	PEファンド
三菱商事	ダナハー	カーライル・グループ
三井物産	バークシャー・ハサウェイ	KKR
伊藤忠商事	ソフトバンクグループ	ブラックストーン
住友商事		
丸紅		

　分析にあたっては，データ参照先として以下の資料を参照した。

　＜データ参照先＞
・各企業　アニュアルレポート（各社で参照可能年度が異なるため同一時期でない）など
・各企業ホームページ
・Yahoo!ファイナンス（含Yahoo! Finance）など
　なお，Web上のデータは2023年12月26日時点のものである。

(1)　ダナハー・コーポレーション（Danaher Corporation）

　ダナハー・コーポレーション（Danaher Corporation）の事業概要，セグメント別の資産構成比を表8−17，表8−18にそれぞれ示す。

　経営理論において，リソース・ベースド・ビュー（RBV）と並び称される理論体系として，産業構造論およびそこから導き出されたマイケル・ポーターによるSCPパラダイムがある（Porter 1981）。ダナハー・コーポレーションは，産業構造論の考え方に忠実に投資行動を行う企業として広く認知されている。同社は，「市場が最優先，どの企業とするかは二の次（"The market comes first, the company second"）」という方針を明確に掲げており，取締役会においては参入

すべき市場について徹底的な議論が行われる（Anand, Collis and Hood 2015）。

　この戦略的議論の核心は，産業の競争状況，特に利益率が重要とする考え方である。この観点から，どの産業に参入すべきか，またはどの業界の企業を買収するべきかといった重要な戦略的決定がまず行われる。このアプローチは，ダナハー・コーポレーションが産業構造論に基づき効率的なポートフォリオ構築を追求している証左であると評価される。

　同社の本社には僅か75名のスタッフしか在籍していないが，買収後には専門の経営チームを派遣し，"Kaizen"をはじめとするトヨタ生産システム（TPS）を

| 表8-17 | ダナハー事業概要

設立	1969年
株主資本	$50.08 Bil（2022年12月期）
時価総額	$170.22 Bil（2023年12月）
従業員	約69,000名
主要株主	Vanguard Group Inc. 7.57% BlackRock Inc. 6.66% State Street Corporation 3.65% Wellington Management Group, LLP 3.37% FMR, LLC 2.92% （2022年12月期）
業種	投資会社
本社	ワシントンD.C.
上場市場	NYSE
企業概要	ダナハーは計測装置と医療機器を扱う米国のメーカー。世界50カ国以上で事業を展開する。電子機器，通信ネットワーク機器，各種電子テストや計測装置を製造。また水質や大気質の検査，環境用の測定装置，救急診断，病理診断，ライフサイエンス研究用の関連製品，歯科用機器を提供。OEM業者向けにバーコードやスキャナーなどの製品識別なども扱う。

出所：Yahoo!ファイナンス，CNN，ダナハー社決算報告書

| 表8-18 | ダナハーのポートフォリオ

セグメント	資産構成比率
Life Sciences	48%
Diagnostics	33%
Environmental&Applied Solutions	19%

出所：ダナハー社アニュアルレポート

基盤とした"Danaher Business System（DBS）"を買収企業に徹底的に導入する。この戦略は，経営効率の向上と企業価値の増大を組織的に達成する目的で策定されている。

　注目すべきは，同社が総合商社の投資ポートフォリオと比較して，より精緻な産業設定と参入戦略を展開している点である。総合商社が通常1～2の投資ポートフォリオで部門を分類するのに対して，同社は5つの事業領域に分けて詳細な参入戦略を策定している。このような戦略的なアプローチは，同社が産業の微細なニーズと競争状況に対応するための柔軟性と機動力を有していることを示していると評価される。

(2)　バークシャー・ハサウェイ

　前節での説明を参照願いたい。

(3)　ソフトバンクグループ

　ソフトバンクグループの事業概要およびセグメント別の資産構成比を**表8－19，表8－20**にそれぞれ示す。

　同社は，元々パソコン用パッケージソフトの流通事業を核としていたが，IT革命の波に乗り，出版事業，展示会事業，インターネット事業，ブロードバンド事業，携帯通信事業といった多様な事業領域に次第に進出してきた。近年では中国アリババや英国アームへの資本参加をはじめ，10兆円規模の投資ファンド「Vision Fund」を設立。その結果，同社は現在，投資会社としての性格を強く持ち，その企業名もソフトバンクグループに変更されている。

　このような経緯は，ソフトバンクグループがテクノロジーと市場環境の変化に柔軟に対応し，多角的な事業展開を通じて企業価値を高めてきた証拠であると評価される。

180

｜表 8 −19｜ ソフトバンクグループ事業概要

設立	1981年	
株主資本	4.0兆円（2023年 3 月期）	
時価総額	8.9兆円（2023年12月）	
従業員	約58,000名（連結）	
主要株主	孫正義	29.16%
	日本マスタートラスト信託銀行株式会社（信託口）	18.33%
	株式会社日本カストディ銀行（信託口）	18.33%
	JP MORGAN CHASE 380763	1.99%
	STATE STREET WEST CLIENT - TREATY 505234	1.43%
	（2023年 3 月期）	
業種	情報・通信	
本社	東京	
上場市場	東証プライム	
企業概要	孫正義氏創業。傘下に10兆円ファンド，携帯子会社，持分法に中国アリババ。上場株投資運用も。	

出所：Yahoo!ファイナンス，ソフトバンクグループホームページ，同社有価証券報告書

｜表 8 −20｜ ソフトバンクグループのポートフォリオ

セグメント	資産（NAV[5]）構成比率
持株会社投資事業（アリババ，T-Mobile，上場株投資）	57%
ソフトバンク・ビジョン・ファンド事業	25%
ソフトバンク事業（通信）	8 %
アーム事業（半導体）	9 %
ラテンアメリカ・ファンド事業，その他（決済，球団など）	1 %

出所：ソフトバンクグループアニュアルレポート2021

⑷　カーライル・グループ

　前節での説明を参照願いたい。

⑸　KKRアンド・カンパニー（KKR & Co.）

　KKRの事業概要，セグメント別資産構成比率を表 8 −21，表 8 −22にそれぞれ示す。

第8章　事例研究②　現代類似企業との比較　◆181

| 表8-21 | KKR事業概要

設立	2006年
株主資本	$17.73 Bil（2022年12月期）
時価総額	$72.76 Bil（2023年12月）
従業員	1,184名
主要株主	Capital Institutional Investors　　4.75% Vanguard Group Inc　　4.51% Black Rock Inc.　　4.28% Harris Associates L.P.　　3.04% Principal Financial Group, Inc.　　2.74% （2022年12月期）
業種	金融（Financials）
本社	ニューヨーク
上場市場	NYSE
企業概要	KKRアンド・カンパニーは，米国の投資会社。ファンド投資家に投資運用サービスを提供し，投資先の企業や第三者には資本市場に関わるサービスを提供する。未公開株式投資ファンドや共同投資車両の管理，資金援助を行うほか，不動産への投資を行う。また，クレジット・ヘッジファンド事業およびキャピタルマーケット事業を展開する。

出所：Yahoo!ファイナンス，KKRホームページ

| 表8-22 | KKRのポートフォリオ

セグメント	資産構成比率
Private Equity	68%
Real Estate	9%
Energy	5%
Alternate Credit	4%
Real Estate	9%

出所：KKRホームページ

(6)　ブラックストーン（The Blackstone Group）

　世界有数のPEであるブラックストーンの事業概要，セグメント別資産構成比率を表8-23，表8-24にそれぞれ示す。

| 表 8 −23 | ブラックストーン事業概要

設立	2007年	
株主資本	$7.66 Bil（2022年12月期）	
時価総額	$156.20 Bil（2023年12月）	
従業員	約2,615名	
主要株主	Vanguard Group Inc	8.74%
	BlackRock Inc.	6.46%
	Capital World Investors	4.56%
	State Street Corporation	3.85%
	Morgan Stanley	3.35%
	（2022年12月期）	
業種	投資会社	
本社	ニューヨーク	
上場市場	NYSE	
企業概要	ブラックストーン・グループは米国の投資ファンド運用会社。グローバルな代替資産運用および金融顧問サービスを提供する。代替資産運用事業ではプライベートエクイティファンド，不動産ファンド，ヘッジファンド，セカンダリーファンドなどを扱う。また，金融・戦略的顧問，企業再編・再構築顧問，キャピタルマーケットなどのサービスも手掛ける。	

出所：Yahoo!ファイナンス，CNN

| 表 8 −24 | ブラックストーンのポートフォリオ

セグメント	資産構成比率
Real Estate	32%
Private Equity	30%
Hedge Fund	9 %
Credit&Insurance	29%

出所：ブラックストーン社決算発表

第2項　パフォーマンス比較（ROEおよびPBR）

　総合商社（A群），産業コングロマリット（B群），PEファンド（C群）間（**表 8 −25**）で，ROEおよびPBRを比較分析する。

　各社の5年間（日本企業は2018年3月期から2022年3月期，米国企業は2017年12月期から2021年12月期）の平均ROEおよび各期間末のPBRを採用し，これら

第8章　事例研究②　現代類似企業との比較　◆183

の指標に基づいて各群内での平均値で比較する。

| 表 8 −25 | パフォーマンス比較対象企業

総合商社（A群）	三菱商事，三井物産，伊藤忠商事，住友商事，丸紅
産業コングロマリット（B群）	ダナハー，バークシャー・ハサウェイ，ソフトバンクグループ
PEファンド（C群）	カーライル・グループ，KKR，ブラックストーン

各群のROEおよびPBRを比較した結果を**表8−26**に，ROEおよびPBRの分布図は**図8−2**に示す。

| 表 8 −26 | 各群のROE・PBR

	ROE 5年平均	PBR 2022年3月時点
三菱商事	9.9	0.98
三井物産	11.3	1.01
伊藤忠商事	17.0	1.45
住友商事	8.2	0.83
丸紅	9.5	1.16
総合商社平均（A群）	11.2	1.09
ダナハー	10.5	4.77
バークシャー・ハサウェイ	11.1	1.65
ソフトバンクグループ	15.3	0.79
産業コングロマリット平均（B群）	12.3	2.40
カーライル・グループ	21.6	2.66
KKR	33.0	12.88
ブラックストーン	20.4	4.00
PEファンド平均（C群）	25.0	6.51

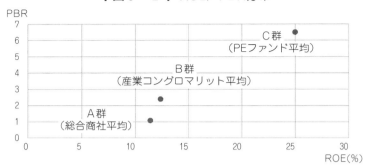

|図8－2|　ROE／PBR分布

　A群（総合商社），B群（産業コングロマリット），C群（PEファンド）の比較分析により，総合商社のROEは産業コングロマリットおよびPEのいずれに対しても劣後し，収益性が低いことが明らかになった。

　また，投資家からの収益期待値（将来収益への期待値）であるPBRにおいても，総合商社は産業コングロマリットおよびPEファンドのいずれにも劣後している。総合商社のPBRがほぼ1であることは，市場が企業価値を解散価値とほぼ等価と評価していることを意味する。この状況は，多角化による価値創出，すなわち「コングロマリット・プレミアム」が総合商社において実現されていないことを示唆しており，むしろ「コングロマリット・ディスカウント」の状態にあると解釈できる。

　PBRは，PER（株価収益倍率）およびROEとの間で，「PBR＝PER（株価収益倍率）×ROE」の関係が成り立つ。この関係から，PERは図8－2において原点から各点への傾きに相当する。原点からA群（総合商社）への傾きは，B群およびC群に比べて小さいことが観察される。これは，総合商社の株価評価が相対的に低いことを示している。この結果は，総合商社のビジネスモデル，その将来の成長性，および企業価値創出能力に対する市場の評価が厳しいことを示唆している。

第6節　考察

　本章での検証を通じて，総合商社の投資ポートフォリオが製造業・インフラ，素材，エネルギーといった領域に重点を置いている一方で，ITや通信・メディアといった先端領域への投資比率が低いことが明らかになった。このポートフォリオ構成は，パフォーマンス指標であるROE（自己資本利益率）およびPBR（株

価純資産倍率）は産業コングロマリットおよびPEファンド双方に総合商社が劣後している要因となっている。

　この劣後性は，総合商社の投資ポートフォリオが企業価値の最大化に向けて最適化されていないこと，および投資家からの将来収益に対する期待に応えられていないことを示唆している。すなわち，「コングロマリット・ディスカウント」の状態にあると言える。

　総合商社のポートフォリオ構成は，PEファンドと根本的に異なっている訳ではないが，成長性が高く，将来収益の期待が高いと考えられるIT領域への投資が不足していること，および各ポートフォリオへの資源配分が最適化されていないことが，投資家の評価の低さの理由として考えられる。

　この状況の背後には，総合商社が製造業の海外進出やエネルギー輸入といった補完的な役割を担ってきた歴史があり，そのビジネスモデルが重工業主体の日本経済と相まって，経路依存的なポートフォリオ構成に繋がったと考えられる。また，総合商社は，事業投資において事業売却を前提としていないため，PEファンドが持つようなポートフォリオの柔軟な組み換えや機動性が制約されていることもポートフォリオの硬直性を助長している。

　1990年代半ば以降，総合商社は事業投資の目的として商権の確保よりも事業投資先からの直接の投資収益を重要視するようになった（孟 2008）が，産業別の成長を見据えたポートフォリオの抜本的な組み換えには至っておらず，経路依存性の制約を克服する段階には達していないと判断される。

　これらの状況は，総合商社の分権経営体制が影響している可能性が高い。部門の発言力や独立性が高く，新規分野への戦略的な投資が既存分野への投資に比べて劣後する傾向があり，これが企業価値に対する投資家の評価を低くさせている要因の1つと言える。このような経営体制は，ポートフォリオ構成を大幅に変更する経営判断を妨げ，その結果として企業価値の最大化が達成されていないと考えられる。

第7節　本章のまとめ

　本章では，総合商社の事業投資への比重の高まりと総合商社が投資会社化しているとの指摘を踏まえ，総合商社と投資会社・ファンド，産業コングロマリットとの間での投資ポートフォリオとパフォーマンスの比較分析を行った。

　本章のRQであるRQ8-1およびRQ8-2に対する結果は以下の通りである。

RQ 8 - 1：総合商社のポートフォリオは，投資会社や産業コングロマリットとの比較において共通点や相違点があるか。

　総合商社（三菱商事，三井物産，伊藤忠商事）と投資会社・産業コングロマリット（ブラックロック，カーライル・グループ，バークシャー・ハサウェイ）のポートフォリオを比較した結果，投資領域に一定の共通性は確認されたが，IT領域を重視する投資会社と，これを保有しない総合商社で顕著な差異が確認された。

RQ 8 - 2：総合商社のパフォーマンスは，産業コングロマリットや投資会社との比較において優劣はあるか。

　総合商社（三菱商事，三井物産，伊藤忠商事，住友商事，丸紅）と産業コングロマリット（ダナハー・コーポレーション，バークシャー・ハサウェイ，ソフトバンクグループ），投資会社（カーライル・グループ，KKRアンド・カンパニー，ブラックストーン）間でパフォーマンス（ROEおよびPBR）の比較分析を実施した結果，総合商社のパフォーマンスは他の群に比べて明確に劣後していることが確認された。

　この劣後性は，総合商社の投資ポートフォリオが企業価値最大化に向けて最適化されていないこと，そして投資家からの将来収益に対する期待に応えられていないことを示している。これは，いわゆる「コングロマリット・ディスカウント」の状態にあると解釈できる。

　総合商社は，事業投資を強化しているものの，投資会社や取り上げた産業コングロマリットが持つポートフォリオの柔軟な組み換えや機動性に制約があり，その結果，産業別の成長を見据えたポートフォリオの抜本的な組み換えに至っていないことが明らかになった。この状況は総合商社のビジネスモデルが歴史的な経路依存性に縛られているとも評価できる。

　これらの制約と劣後性の背後には，総合商社の分権経営体制が影響していると考えられる。この体制下では，部門の発言力が強く，新規分野への戦略的な投資が既存分野への投資に比べて劣後する傾向があり，これが企業価値に対する投資家の評価を低くしている要因と言える。このような経営体制は，各ポートフォリオへの資源配分を大きく変更する戦略的な投資判断を妨げ，その結果として企業価値の最大化が達成されていないと評価される。

‖ 注 ‖

1　小数点第 1 位で四捨五入。
2　資産＝持分法で会計処理される投資＋有形固定資産・投資不動産＋無形資産・のれん
3　資産＝非流動資産
4　資産＝非流動資産
5　Net Asset Value ＝保有株式価値−純負債　（同社アニュアルレポート）

第9章

事例研究③　総合商社5社の国別進出戦略の比較

第1節　本章の概要

　本章は，総合商社間における国別進出戦略の多様性を事例分析を通じて比較検討することを目的とする。

　表面上，総合商社同士は，似通った事業ポートフォリオと進出先国を持つように見える。しかし，1999年から2004年にかけての事業再構築期を経過した結果，各社は均質な「金太郎飴」的な事業ポートフォリオから脱却し，各社が独自の特色を持って差別化を図っている（榎本 2012）。

　本章では，総合商社の国別進出戦略の差異を明らかにするため，進出先国の優先順位を定量的に比較分析する。具体的には，各社が展開している国における事業体数をカウントし，それを基に各社の国別優先度（各社における国別順位）を算出する。この優先順位を用いて，各社が相対的に重視している国（以下「重視国」と称する），重視していない国（「非重視国」），および5社中1社のみが進出している国（「得意国」）を特定する。

　この分析に基づき，特に注目に値する重視国や得意国を選定し，その国における進出経緯や事業内容についての詳細な事例分析を行う。この比較分析を通じて，各総合商社の独自の戦略や強みを定量的および定性的に把握する。これにより，総合商社の事業発展形態や志向の変遷を読み取ることができ，総合商社の海外進出モデルおよびその変革に対する新たな洞察の獲得が期待される。

　このような総合的なアプローチにより，総合商社の国別進出戦略に関する包括的な理解を深めることを目指す。

第2節　他章との関係

　本章の分析は，他章と密接に関係しており，その関係性は図9-1の通りである。ここで明らかになる総合商社の国別進出戦略の多様性とその背後にある戦略的意図の理解は，総合商社のビジネスモデル全体の理解を深める上で不可欠である。特に，国と業種との関係性に関する考察について本章から得られる洞察は重要である。

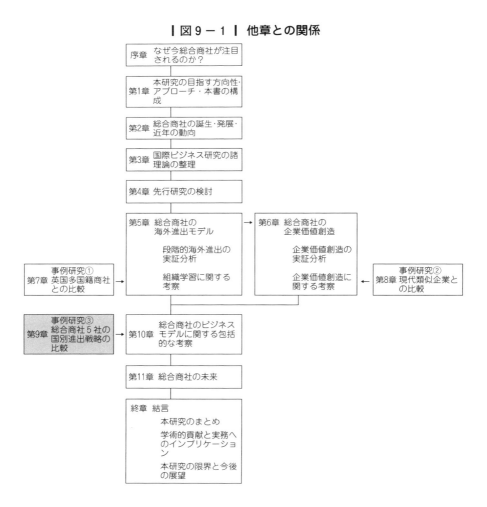

┃図9-1┃　他章との関係

各総合商社が選択した特定の国への進出戦略は，その企業が事業展開する上での優先順位や市場への理解を反映している。これらの選択は，ビジネスモデルの構造や企業戦略の方向性を示唆し，また，それらが時間を経てどのように進化してきたかを理解する上での重要な鍵となる。

本章の分析によって明らかにされる国別進出戦略の特性は，総合商社各社がどのような地域や市場に重点を置いているか，また，これらの戦略的選択が総合商社のビジネスモデルといかに結びついているかを表す。これにより，ビジネスモデルを理解する上で国と業種がどのように連動しているか，またそれが各社の成功や成長にどのように寄与しているかの理解が深まる。

以上のように，本章の分析は，総合商社のビジネスモデルにおける国と業種の関係に対する包括的な理解を深めるための示唆を提供する。

第3節　本章のRQ

本章の研究目的に沿って，総合商社間の国別進出戦略の多様性を理解するための具体的なRQを以下のように設定する。

RQ9-1：総合商社は各社が似たような事業を展開しているが，進出する国に違いはあるのか。

RQ9-2：進出国の違いがある場合は，どのような特徴があるか。

RQ9-3：その特徴から総合商社各社の事業戦略や事業発展形態が読み取れるか。

第4節　比較分析の研究手法

本節では，総合商社における国別進出戦略の多面性を定量的に評価するための研究手法を詳述する。本分析では，第5章および第6章で使用されたものと同一のデータセットを用いて，各総合商社の進出国に対する優先度（国ごとの進出社数の各社内の順位）を評価する。具体的には，各総合商社が進出している国に対する相対的な重視度（「重視国」），非重視度（「非重視国」），および他の総合商社が進出していない国（「得意国」）を定量的に比較する（表9-1）。

| 表 9 － 1 | 重視国・非重視国・得意国の定義

種類	定義
重視国	他社との相対比較で重視している国
非重視国	他社との相対比較で重視していない国
得意国	他社が進出していない，独自の進出国

　分析手法としては，まず各国における業種別（現地法人，商社型，非商社型）の進出会社数を集計する。この集計結果を基に，各総合商社における進出国の優先順位を算出する。次に，この優先順位を他社と比較し，それが相対的に上位か下位かを確定する。この手法により，上述の「重視国」，「非重視国」，「得意国」を定量的に特定することが可能となる。

　この比較分析により，各総合商社の進出戦略の特性や強みを明らかにするだけでなく，総合商社間での国別進出戦略の多様性を定量的および定性的に評価することが可能となる。このような評価は，総合商社の事業展開のダイナミズムやその戦略的志向を理解する上で有用な洞察を提供すると期待される。

第1項　重視国・非重視国・得意国・進出戦略タイプの分類法

　各総合商社がどの国を重視国，非重視国，得意国とし，どの進出戦略タイプであるかを定量的に評価するための手法は以下の通りである。

1．国別業種別件数の算出と対象国の選定：
　　　各総合商社において，国別に分けてA（現地法人），B（商社型事業），C（非商社型事業）の件数を集計する。集計結果を合計値が多い順に並べ，進出社数を閾値として設定して閾値以上の国を分析対象とする。なお，本研究では，現地法人以外にも一定の進出があった上で明確な戦略性を担保する観点から進出社数の合計値が3以上の国を対象とした。

2．統計的基準の設定；
　　　各総合商社の国別順位を母集団として，平均値と標準偏差（1σ）を算出する。

3．「重視国」の判定：
　　5社中4社以上が進出している国において，－1σよりも小さい順位（他社と比較して対象国が上位に位置する）の場合，その会社が対象国を「重視国」としていると判定する。

4．「非重視国」の判定：
　　5社中4社以上が進出している国において，＋1σよりも大きい順位（他社と比較して対象国が下位に位置する）の場合，その会社が対象国を「非重視国」としていると判定する。

5．「得意国」の判定：
　　5社中1社または2社のみが進出している国において，その国をその会社の「得意国」と判定する。

6．進出戦略タイプの分類：
　　非重視国が相対的に多い場合，進出戦略タイプを「選択的進出型」と分類する。逆に，軽視国が少ない場合は「全方位進出型」と分類する。

　進出会社数と相対順位の関係を視覚的に表現すると図9－2の通りとなる。これにより，総合商社の国別進出戦略の多様性をより深く理解することが可能となる。

｜図9－2｜ 進出社数と相対的順位による分類

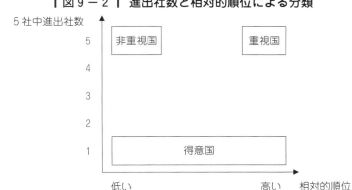

194

第2項　国別比較結果

　前項の分類法に従って分類した結果，各総合商社の国別進出の国別順位および，重視国・非重視国・得意国の分類結果は**表９−２**の通りとなった。

｜表９−２｜　国別の順位および重視国・非重視国・得意国の分類

	各社内順位					四捨五入			
	三菱商事	三井物産	伊藤忠	住友商事	丸紅	平均順位	1σ	平均-1σ	平均+1σ
中国	1	1	1	1	1	1.0	0.0	1	1
アメリカ	2	4	2	2	2	2.4	0.8	2	3
タイ	3	2	4	2	4	3.0	0.9	2	4
イギリス	4	8	4	8	5	5.8	1.8	4	8
オランダ	5	3	-	11	8	6.8	3.0	4	10
インドネシア	6	9	2	6	6	5.8	2.2	4	8
シンガポール	7	6	6	11	10	8.0	2.1	6	10
マレーシア	8	10	11	11	-	10.0	1.2	9	11
ベトナム	9	17	9	4	-	9.8	4.7	5	14
オーストラリア	9	5	7	9	3	6.6	2.3	4	9
ブラジル	11	6	-	10	10	9.3	1.9	7	11
メキシコ	11	10	-	5	-	8.7	2.6	6	11
フィリピン	11	13	-	16	6	11.5	3.6	8	15
インド	14	14	11	7	8	10.8	2.9	8	14
香港	14	-	8	16	-	12.7	3.4	9	16
チリ	14	17	-	11	10	13.0	2.7	10	16
ロシア	17	-	-	21	-	19.0	2.0	17	21
台湾	17	-	-	21	-	19.0	2.0	17	21
韓国	17	-	-	21	-	19.0	2.0	17	21
ドイツ	17	-	-	-	-				
ミャンマー	21	-	-	-	-				
カナダ	22	17	9	21	10	15.8	5.4	10	21
アラブ首長国連邦	-	10	-	-	-				
ベルギー	-	15	-	-	-				
スペイン	-	15	-	16	-				
南アフリカ	-	-	11	16	-				
ハンガリー	-	-	11	-	-				
トルコ	-	-	-	11	-				
ケイマン諸島（英）	-	-	-	16	-				

凡例：
重視国
非重視国
得意国

(1)　国別分析結果（各社間で大きな差がない国）

　総合商社５社全てが進出（前述の通り進出の定義は現地法人以外にも一定の進出がある状況を想定し３社以上の投資があることとした）している国，および５社中４社が進出している国は，**表９−３**の通りである。

第9章　事例研究③　総合商社5社の国別進出戦略の比較　◆195

｜表9－3｜　国別分析結果（各社間で大きな差がない国）

	APAC	米州	EMEA
5社全てが進出している国	中国	米国	英国
	タイ	カナダ	
	インドネシア		
	シンガポール		
	オーストラリア		
	インド		
5社中4社が進出している国	マレーシア	チリ	オランダ
	ベトナム	ブラジル	

この結果から読み取れることは以下の通りである。
● 中国は5社全てにおいて最優先の国として位置付けられている。
● 米国が4社で2番目に優先されている。
● タイおよび英国は，全ての総合商社でいずれも上位に位置している。

(2)　国別分析結果（各社間で差異がある国）

各社間で差異がある国は表9－4の通りであった。

｜表9－4｜　国別分析結果（各社間で差異がある国）

	APAC	米州	EMEA
5社中1社のみが進出している国	ミャンマー	ケイマン諸島	ドイツ
			ベルギー
			ハンガリー
			アラブ首長国連邦
			トルコ
5社中2社のみが進出している国			スペイン
			南アフリカ

この結果から読み取れることは以下の通りである。
● APAC（アジア太平洋地域）ではミャンマー，米州（南北アメリカ）ではケイマン諸島という特徴のある国が浮かび上がった。
● EMEA（ヨーロッパ，中東，アフリカ）地域の国が多い。各社の戦略および強みの差異が表れていると考えられる。

(3) 会社別比較結果

各総合商社における重視国，非重視国，得意国，そして進出戦略タイプの比較結果を，表9－5にて示す。

進出戦略タイプは，非重視国の数に基づいて判定し，非重視国が1～3カ国に留まる場合は万遍なく全方位に進出しているとして「全方位進出型」，非重視国が4カ国以上ある場合は選択的進出を行っているとして「選択的進出型」と定義した。

| 表9－5 | 重視国・非重視国・得意国の会社別比較結果

種別	三菱商事	三井物産	伊藤忠	住友商事	丸紅
重視国	マレーシア	ブラジル	シンガポール 香港	ベトナム メキシコ インド	オーストラリア
非重視国	カナダ	米国 インドネシア ベトナム 香港 ロシア 韓国 台湾	オランダ ブラジル メキシコ フィリピン チリ ロシア 台湾 韓国	オランダ シンガポール フィリピン	マレーシア ベトナム ブラジル 香港 ロシア 台湾 韓国
得意国	ドイツ ミャンマー	アラブ首長国連邦 ベルギー	ハンガリー	トルコ ケイマン諸島	＜無＞
タイプ	全方位進出型	選択的進出型	選択的進出型	全方位進出型	選択的進出型

この結果から，総合商社間での進出戦略の多様性が明らかになる。例えば，三菱商事はマレーシアに重きを置き，三井物産はブラジルを重視するなど，異なる地域への重点投資が確認される。また，非重視国の数に基づいて分類される進出戦略タイプによって，各社の戦略の特徴が浮き彫りになる。全方位進出型の総合商社はより広範な地域において活動するのに対し，選択的進出型の総合商社は特定の地域に注力し，他の地域を重視しない傾向が見受けられる。このような違いは，各社の戦略的な優先順位やビジネスモデルに深く根ざしたものであり，それぞれの総合商社が市場の機会とリスクに対してどのように対応しているかを示している。

第9章　事例研究③　総合商社5社の国別進出戦略の比較　◆197

⑷　各社の状況評価

①　三菱商事

　三菱商事における国別戦略分析の結果，マレーシアが同社にとって重視国であることが浮き彫りとなり，ドイツおよびミャンマーが得意国として特定された。対照的に，カナダは唯一の非重視国として識別され，三菱商事の進出戦略タイプは「全方位進出型」に分類された。

　重視国および得意国における具体的な進出業種の詳細は，表9－6の通りである。

| 表9－6 | 三菱商事の重視国・得意国と進出業種

種別	国	進出業種
重視国	マレーシア	B-1：現地販売・保守（機械），現地販売（自動車），SPC（自動車） B-2：商社　2社，統括・持株会社 C-1：メーカー（食品）3社 C-2：メーカー（機械）
得意国	ドイツ	B-1：統括・持株会社 B-2：現地販売（自動車） C-2：電力　2社
	ミャンマー	B-2：現地販売・保守（機械），現地販売（自動車） C-2：インフラ（サービス），金融（リース）

　重視国および得意国には，いずれの国にも自動車関連事業を有しており，自動車関連を軸として事業展開をしていることが読み取れる。

②　三井物産

　三井物産の国別戦略の分析から，ブラジルが重視国，アラブ首長国連邦およびベルギーが得意国として特定された。一方，米国，インドネシア，ベトナム，香港，ロシア，韓国，台湾が非重視国として識別され，三井物産の進出戦略タイプは選択的進出型に分類された。

　重視国および得意国における具体的な進出業種の詳細は，表9－7の通りである。

| 表9－7 | 三井物産の重視国・得意国と進出業種

種別	国	進出業種
重視国	ブラジル	B-1：SPC（資源） B-2：商社，電力 C-1：メーカー（金属），物流 C-2：電力　2社，金融（リース），物流，資源
得意国	アラブ首長 国連邦	B-1：SPC（電力） B-2：SPC（電力）　4社 C-2：物流
	ベルギー	B-2：統括・持株会社 C-2：メーカー（化学），資源

　重視国および得意国には，資源や電力，物流といった業種の共通性があり，これらの業種を軸とした事業展開となっていることが読み取れる。

③　伊藤忠商事

　伊藤忠商事の国別進出戦略の分析により，シンガポールと香港が重視国，ハンガリーが得意国として特定された。一方で，非重視国として識別されたのは，オランダ，ブラジル，メキシコ，フィリピン，チリ，ロシア，台湾，韓国で合計数は8カ国と5社中最多であり，進出戦略タイプは選択的進出型と分類された。

　重視国および得意国における具体的な進出業種の詳細は**表9－8**の通りである。

| 表9－8 | 伊藤忠商事の重視国・得意国と進出業種

種別	国	進出業種
重視国	シンガポール	B-2：商社　3社 C-1：メーカー（化学），メーカー（機械），情報サービス C-2：電力　2社，金融（リース），物流，資源
	香港	B-2：商社，統括・持株会社 C-2：金融，情報サービス
得意国	ハンガリー	B-2：現地販売（自動車） C-1：メーカー（機械） C-2：物流

　非重視国が多いことから，伊藤忠商事は選択的進出型の戦略を採用し，特定の市場やセクターへの投資を重点的に行っていることが明らかである。また，業種

に関して共通性が見られないため，伊藤忠商事の進出決定は，特定の業種を軸とした展開ではなく，各国の特定の事業機会に基づいて業種を選択していることが分かる。このアプローチは，市場の機会や地域特性を考慮した柔軟な事業展開を志向していることを意味しており，戦略的意思決定において局所的な機会評価を重要していると見られる。このように，伊藤忠商事は特定の業種に依存することなく，各国の独自性や潜在的なビジネスチャンスに基づいて進出戦略を決定していることが観察される。

④　住友商事

　住友商事の国別進出戦略の分析により，ベトナム，メキシコ，インドの３カ国が重視国として，トルコおよびケイマン諸島が非重視国として特定された。

　住友商事は，三菱商事に続いて非重視国が少なく，進出戦略タイプは全方位進出型と分類された。

　重視国および得意国における具体的な進出業種の詳細は**表９－９**の通りである。

| 表９－９ | 住友商事の重視国・得意国と進出業種

種別	国	進出業種
重視国	ベトナム	B-1：商社 B-2：現地販売・保守（機械），統括・持株会社　２社，SPC C-1：メーカー（金属）　２社 C-2：農林水産，サービス（エンジ*），金融，金融（保険）
	メキシコ	B-2：現地販売・保守（機械），SPC，商社　２社，SPC（電力），統括・持株会社 C-1：メーカー（金属）　３社，メーカー（機械），資源
	インド	B-1：SPC（資源） C-1：サービス（エンジ*），メーカー（化学），情報サービス C-2：不動産，金融，メーカー（金属），電力
得意国	トルコ	C-1：メーカー（金属）　３社 C-2：不動産
	ケイマン諸島	C-1：メーカー（食品），メーカー（化学）　２社，サービス（エンジ*）

＊エンジ：エンジニアリング

　住友商事の重視国および得意国での進出業種は多岐にわたり，それ自体が特徴でもあるが，その中でもメーカー（金属），不動産，サービス（エンジ）が比較

的多い点が特徴的である。

　榎本（2012）の研究によれば，住友商事は収益性が高い資源・エネルギー分野に偏ることなく，非資源分野も含めた事業分散を経営方針としており，同様に地域別ウェイトについても，特定の地域を突出して伸長させることなく（**表9-10**），一定の比率を維持して地域リスクの分散を図っている。これは，住友商事が全方位進出型の分類になったことと整合している。

| 表9-10 | 住友商事の地域別基礎収益[1]動向（年度）

年度	連結 （億円）	国内 %	アジア %	中国 %	米州 %	欧州 %	大洋州 %	その他 %
2003	668	51	24	4	8	5	1	7
2004	1,100	38	27	4	16	5	5	5
2005	1,583	38	20	4	21	6	6	5
2006	2,029	38	18	3	25	5	5	6
2007	1,971	37	21	4	18	11	3	6
2008	2,430	30	17	4	18	13	9	9
2009	1,514	32	31	3	18	7	3	6
2010	2,164	31	21	4	20	7	11	6
2011	2,515	34	15	3	27	6	7	8

出所：榎本（2012）

⑤　丸紅

　丸紅の国別進出戦略の分析により，オーストラリアが重視国として識別されたが，得意国は該当がなかった。

　一方，マレーシア，ベトナム，ブラジル，香港，ロシア，台湾，韓国の7カ国が非重視国として識別され，進出戦略タイプは選択的進出型と分類された。

　重視国における具体的な進出業種の詳細は**表9-11**の通りである。

| 表9-11 | 丸紅の重視国・得意国と進出業種

種別	国	進出業種
重視国	オーストラリア	B-1：現地販売・保守（機械）　2社，SPC（資源） B-2：SPC（資源）　2社 C-1：メーカー（食品） C-2：資源，金融（販売金融）
得意国	＜無＞	

オーストラリアでの進出業種は多岐にわたっており，オーストラリアが丸紅にとって戦略的拠点であることを示している。しかし，得意国の欠如は，丸紅が特定の市場における独自の強みや特化した戦略を持たないことを意味する可能性がある。また，得意国の数が限られることは，丸紅がその国々において競争優位を確立するための独自の強みを開発できていない，または市場への進出意欲が限定的であることを示唆している可能性がある。

このように，丸紅の国別進出戦略は，オーストラリアに重点を置く一方で，他の市場においてはより選択的かつ慎重なアプローチを採用していると考察される。この戦略は，丸紅がグローバルなビジネス展開を行いつつも，特定の市場やセクターに特化した投資を行っていることを示している。

(5)　重視国および得意国における会社別の業種別戦略の比較分析

各総合商社の重視国および得意国における業種別戦略の比較分析を行う（表9－12）。

分析結果から，各社の重視国および得意国における業種ポートフォリオには明確な多様性が見られ，一般的な総合商社に関する「金太郎飴」的な一様な業種展開の印象とは異なる様相を示しており，本分析によりそのような印象は正しくなく，事実を反映していないことが明らかである。

このことは，総合商社が重視国や得意国で展開する業種において，各社独自の特色と戦略的方向性を持っていることを示唆している。これは，総合商社が各国での事業展開において，戦略的選択と資源配分を行っている結果と解釈できる。

これらの業種別戦略の多様性は，総合商社が特定の市場でどのようなビジネス

| 表9－12 | 各社の重視国・得意国での業種

三菱商事	三井物産	伊藤忠	住友商事	丸紅
電力 現地販売・保守 （機械） 現地販売（自動車） メーカー（食品）	物流 電力 資源	商社 情報サービス メーカー（機械）	金融 現地販売・保守 （機械） サービス（エンジ） 資源 商社 電力 不動産 メーカー（化学） メーカー（金属）	資源 現地販売・保守 （機械）

モデルや価値提供を目指しているのか，また，どのような競争優位を築いているのかに関する洞察を提供してくれる。この点において，総合商社の業種別戦略の特徴は，各社の独自性の表出であり，その海外進出を理解する上で重要な示唆を提供している。

総合商社の重視国および得意国での業種別戦略は各商社が得意とする業種や独自性の発露であると言え，総合商社の海外進出戦略を理解する上で，この比較分析は極めて有益な資料となっている。

第3項　業種別戦略比較分析から得られる総合商社のビジネスモデルへの示唆

本項では，総合商社の重視国および得意国における業種別戦略の比較分析から，総合商社のビジネスモデルに対する洞察を深めたい。初めに指摘すべきは，これらの進出業種に存在する戦略的共通性であり，これは進出国や業種における事業展開経験が新たな市場や業種の展開に影響を与え，相互作用をもたらしていると考えられるという点である。

この相互作用は，各社が特定の進出業種や国（特に重視国や得意国）で独自の戦略的方向性を形成する要因となり，それが進出国や業種へと偏重を生じさせる。この偏重は，各総合商社が進出国や業種において確立する経営権の度合いにも影響を及ぼす。この点は，第5章の定量分析によっても裏付けられている。

また，総合商社は経営権の確保に重きを置くビジネスモデルへの転換が進行中であることが確認された（第5章）。この転換は，総合商社が進出業種や国において「選択と集中」の戦略を推進する結果につながっている。

これらの相互関係をモデル化すると，図9-3のような形で表現可能であろう。

総括的に見ると，これらの傾向から，総合商社が「選択と集中」戦略を取り入れることで，各社の事業ポートフォリオは大きく異なる事業構造へと進化する可

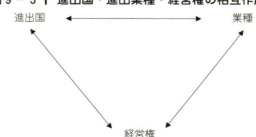

|図9-3|　進出国・進出業種・経営権の相互作用関係

能性が示唆される。この進化は，総合商社が持つ海外進出モデルの多様性と複雑性を一層増大させる要因となると予想される。

第5節　リサーチ戦略としてケース・スタディの適用

　Yin（1994）によると，社会科学研究における主要なリサーチ戦略は5つあり，それぞれ異なる状況下での適用性を有する。これらは，1）実験，2）サーベイ，3）資料分析，4）歴史，5）ケース・スタディである（表9－13）。これらの戦略は，リサーチの問題形態，行動事象に対する制御の必要性，および現在事象への焦点によって異なる適用性を持つ。

| 表9－13 | 異なったリサーチ戦略の関連状況

リサーチ戦略	リサーチ問題の形態	行動事象に対する制御の必要性	現在事象への焦点
1）実験	どのように，なぜ	あり	あり
2）サーベイ	誰が，何が，どこで，どれほど	なし	あり
3）資料分析	誰が，何が，どこで，どれほど	なし	あり／なし
4）歴史	どのように，なぜ	なし	なし
5）ケース・スタディ	どのように，なぜ	なし	あり

出所：Yin（1994）

　本研究では，総合商社の海外進出戦略に関する詳細な検討を行うために，Yinが指摘するところの説明的（explanatory）な性質を持って，「どのように」および「なぜ」という問いに対処する必要がある。この文脈では，実験的手法は不適切であり，自ずと歴史的アプローチとケース・スタディが取り得る選択肢となる。特に，ケース・スタディは経時的追跡が可能（Yin）である点が特徴的である。

　歴史的アプローチは，何が起こったのかを報告できる関係者が1人も生存していない場合，過去の事象についての第1次文献，第2次文献，文化的・物理的人工物が主な証拠源となる（Yin）。一方でケース・スタディは，歴史的アプローチと多くの共通する技法を用いつつも，直接観察（direct observation）と系統的面接（systemetic interview）などを通じて多様な証拠を扱う点に違いがある。

　この特徴を考慮して，総合商社の各社における国別進出戦略の詳細な検討をす

る際に，ケース・スタディをリサーチ戦略として採用することが合理的である。

　具体的には，以下を分析フレームワークとして，重視国および得意国に対する戦略を検討する。

① 投資件数と投資先業種出資比率による全体像の把握
② 投融資残高等の定量的指標による分析
③ 歴史的経緯，広報戦略やその他の定性的側面の考察
④ 投資先個別の進出経緯やストーリーに基づく詳細な分析

　このような多面的かつ総合的な事例の評価を通じて，総合商社の国別進出戦略の理解をさらに深めることが目的となる。

第6節　重視国の事例①　三井物産／ブラジル

　本節では，重視国の事例研究として，三井物産によるブラジル進出を分析する。三井物産がブラジル市場をどのように捉え，どの業種に重点を置いているのかを探究し，戦略的意図や成果を考察する。

第1項　ブラジルの事業環境の概要

　ブラジルは，南米大陸に位置し，その経済規模と市場のポテンシャルにより，多くの多国籍企業にとって魅力的な投資先である。ブラジル事業環境の基本的な理解を深めるため，以下にその基礎データを提示する（表9－14）。このデータは，国の経済構造，産業分布，市場動向などを反映しており，三井物産の進出戦略を分析する際の背景情報となる。

| 表9－14 | ブラジルの基礎データ

国名	ブラジル連邦共和国 (Federative Republic of Brazil)
面積	851.2万平方キロメートル（日本の約22倍）
人口	約2億947万人（2018年，世銀）
首都	ブラジリア
民族	欧州系（約48％），アフリカ系（約8％），東洋系（約1.1％），混血（約43％），先住民（約0.4％）（ブラジル地理統計院，2010年）

第9章　事例研究③　総合商社5社の国別進出戦略の比較　◆205

言語	ポルトガル語
宗教	カトリック約65％，プロテスタント約22％，無宗教8％（ブラジル地理統計院，2010年）
略史	1500年　ポルトガル人カブラルによるブラジル発見 1822年　ポルトガルより独立 1889年　共和制樹立 1964年　カステロ・ブランコ軍事政権樹立 1985年　民政移管
政体	連邦共和制（大統領制）
主要産業	製造業，鉱業（鉄鉱石他），農牧業（砂糖，オレンジ，コーヒー，大豆他）
名目GDP	1兆8,850億米ドル（2018年，世銀）
一人当たりGDP	9,080米ドル（2018年，世銀）
経済成長率	1.1％（2018年），1.1％（2019年）
物価上昇率	-0.31％（2020年4月，ブラジル地理統計院）
失業率	11.9％（2020年1～3月の3か月平均，ブラジル地理統計院）
主要貿易品目	輸出： 一次産品　49.7％（大豆，鉄鉱石，原油等），工業製品　36.1％（乗用車，航空機，商用車等），半製品　12.7％（粗糖，木材パルプ，鉄鋼半製品等） 輸入： 原材料及び中間材　57.9％（工業原料，資本財付属品，輸送用機器付属品等），消費財　14.1％（医薬品，食料品，家庭用機械器具等），石油及び燃料　12.2％，資本財　15.8％（工業用機械，輸送機器等） （2018年，ブラジル経済省）
主要貿易相手国	輸出： 中国（26.8％），米国（12.0％），アルゼンチン（6.2％），オランダ（5.4％），チリ（2.7％），ドイツ（2.2％）スペイン（2.1％），メキシコ（1.9％），日本（1.8％） 輸入： 中国（26.8％），米国（12.0％），アルゼンチン（6.1％），ドイツ（5.8％），韓国（3.0％），メキシコ（2.7％），イタリア（2.5％），日本（2.4％），フランス（2.2％） （2018年，ブラジル経済省）
通貨	レアル
為替レート	1米ドル＝約5.53レアル（2020年5月25日現在）（1レアル＝約20円）
日本の援助実績	有償資金協力（2017年度まで，E/Nベース）4,163.59億円 無償資金協力（2017年度まで，E/Nベース）43.2億円 技術協力（2017年度まで，実績ベース）　1,176.45億円
対日貿易額	二国間貿易（2019年，ブラジル経済省） 品目： 　対日輸出　鉄鉱石，肉類，農産物，非鉄金属，化学製品等 　対日輸入　自動車部品，二輪車部品，工具，事務機器等 貿易額： 日本への輸出　54.3億ドル（2019年，ブラジル経済省） 日本からの輸入　40.9億ドル（2019年，ブラジル経済省）

出所：外務省ホームページ

第2項　ブラジルの政情・経済環境

　1995年〜2002年のカルドーゾ政権において，ハイパー・インフレの収束に成功し，経済の安定化を実現した。

　2003年1月に貧困の解消と経済成長の回復を掲げ，ルーラ大統領の労働者党（PT）政権が発足。

　2011年に発足したルセーフ政権は，ルーラ前大統領の政策継続を基調としつつ政治改革に焦点を当てたが，2015年後半から不正会計処理を事由としたルセーフ大統領弾劾の動きが活発化し，2016年8月末には弾劾により大統領職を罷免された。

　2016年8月に発足したテメル政権は，主に財政健全化，労働制度改革，政治改革・選挙制度見直しに取り組んだ。2019年1月，反社会主義・反共産主義を標榜し，汚職追放を訴えてボルソナーロ政権が発足（外務省ホームページ）。ボルソナーロは「熱帯のトランプ」とも呼ばれ，外交的には米国トランプ大統領と親密な関係を維持した。

　ボルソナーロは，市場原理主義を代表するミルトン・フリードマンなどを輩出したシカゴ学派経済学者であるパウロ・ゲデス博士に経済顧問を委嘱し，ロナルド・レーガンを参考にした経済的自由主義を標榜した。

　ブラジル経済は世界第9位かつ南米最大の経済規模を誇り，2018年と2019年の経済成長率は共にプラス1.1％を維持（ブラジル地理統計院）。新型コロナウイルス感染拡大の苦境を経て，2021年には経済活動の再開，資源価格の上昇によってブラジル経済は回復しており，2021年は前年比プラス5.2％の経済成長が見込まれた。しかし，最大の貿易相手国である中国経済の減速，資源価格や輸出産業次第でネガティブな影響が懸念される。加えて，歴史的な渇水による電力不足，インフレ，通貨レアル安等の行方についても，今後のブラジル経済を見通す上で重要な要素となる（日本経済団体連合会 2021）。

　過去に巨額の対外債務に苦しんだブラジルであるが，2007年以降は対外債権が対外債務を上回って純債権国となり，対外経済状況は改善している。

　一方で，インフレ率は2015年累積で10.67％（ブラジル地理統計院）と目標圏中央値（6.5％）を上回って推移し，インフレ抑制のために利上げがなされたが2016年以降はインフレ率の低下を受け，政策金利の引き下げが行われている。

第3項　三井物産のブラジル投資の概観

　三井物産のブラジル進出に関する投資活動は，1959年に始まり，現在に至るまで多様な業種への展開を見せている。最初の進出から現在に至るまで，三井物産はブラジル市場において12社への投資を行っている（表9−15）。

｜表9−15｜　三井物産のブラジル投資先

会社名	業種	事業内容	創業	出資比率	類型	従業員数（日本からの派遣社員数）
三井アリメントス	商社	コーヒー生豆の輸出，コーヒーの焙煎及び国内販売	1959	三井物産　98.5%	B-2	750（-）
ブラジル三井物産	現地法人		1960	三井物産　100%	A	85（-）
Mitsui Gas e Energia do Brasil Ltda.	電力・ガス	ブラジルガス供給事業への投資	1990	三井物産　100%	C-2	56（-）
Valepar S.A.	SPC（資源）	ブラジル資源会社Valeへの投資	1997	現地資本 81.8%　三井物産 18.2%	C-1	0　0
Gestamp Brasil Industrial De	メーカー（金属）	自動車向けプレス部品事業	1997	Gestamp 70%　三井物産　30%	C-1	1512（-）
Ecogen Brasil Solucoes Enegeticas	電力・ガス	複合エネルギー供給事業	2002	三井物産　93%　東京ガスエンジニアリングソリューションズ　7%	C-2	247（-）
Mitsui Rail Capital Participacoes Ltda.	金融（リース）	ブラジル貨車リース事業への投資	2004	三井物産　100%	C-2	-（-）
Veloce Logistica S.A.	物流	自動車部品流通事業	2008	三井物産　100%	C-2	377（-）
Yorozu Automotive do Brasil Ltda.	メーカー（機械）	自動車用サスペンション部品等の製造・販売	2014	ヨロズ　70%　三井物産　30%	C-1	231（7）
VLI S.A.	物流	ブラジル一般貨物輸送業	2010	Vale 37.6%　Brookfield 26.5%　FI FGTS 15.9%　三井物産 20%	C-1	6531（-）
Mizha Energia Participacoes S.A.	SPC（電力）	ブラジル水力発電事業への投資	2013	三井物産　100%	C-2	0　0
Mitsui E&P Brasil Ltda.	資源	原油・天然ガスの開発	2015	三井物産　60%　三井石油開発 40%	C-2	-（-）

　三井物産のブラジルにおける投資ポートフォリオは，多様な業種と事業モデルにまたがっている点に特徴があり，戦略的志向が明確に観察される。
　具体的には，三井物産は非商社型（C-1およびC-2）の投資に重点を置いており（12件中10件），そのうち経営権を確保しているC-2のカテゴリーが過半数を占めている（6件）。さらに，三井物産が資源，エネルギー，およびインフラ関連企業に特に集中して投資していることも明白である。例として，資源企業Valeへの投資（Valepar S.A.）や，エネルギー供給事業（Mitsui Gas e Energia do Brasil Ltda.，Ecogen Brasil Solucoes Enegeticas）への関与が挙げられる。このような特定業種への集中は，三井物産がブラジル市場において戦略的に重視して

いるセクターの存在を明確に示している。

　この投資戦略は，ブラジルにおいて三井物産が持続可能な成長とリスクヘッジを両立させるためのものであると考えられる。特に，資源やエネルギーといった基幹産業への投資は，経済の変動に対するレジリエンスを高めつつ，長期的な収益性を追求する戦略であると言えよう。

　総合的に見ると，三井物産のブラジルでの投資戦略は，多角化と特定セクターへの集中をバランスよく組み合わせた独自のアプローチを追求した戦略である。この戦略は，ブラジル市場の多様なビジネス環境とリスクに対応するための柔軟性と，特定の高収益ポテンシャルを有する業種に対する集中的な資本配分により実現されていると評価できる。

第4項　三井物産のブラジル投資の投融資・保証残高

　三井物産のブラジルに対する投融資・保証残高は，同社のブラジルへのコミットメントレベルと，市場としてどれほど重要視しているかのバロメーターとなる。表9－16は，2018年3月期から2023年3月期の6年間における三井物産のブラジル市場への投融資・保証残高である。

　6年間にわたり，三井物産のブラジルに対する投融資・保証残高は一貫して高水準を維持しており，2022年3月期および2023年3月期には約1.4兆円に達している。これは，同社にとり，米国やオーストラリアに匹敵する第3位ないし第4位の位置付けであり，極めて大きなエクスポージャーになっている。

　このエクスポージャーの大きさは，企業規模が近い三菱商事との比較でも明白である。三菱商事のブラジルへの投融資・保証残高は2023年3月期で約3,125億円と三井物産のおよそ4分の1に留まっており，三井物産のブラジルに対する戦略的重要視の戦略は際立っていることが読み取れる。

｜表9－16｜　三井物産のブラジルに対する投融資・保証残高

（カッコ内は同社内での投融資・保証残高の順位）

2018年 3月期	2019年 3月期	2020年 3月期	2021年 3月期	2022年 3月期	2023年 3月期
10,612億円 （n.a.）	10,505億円 （n.a.）	9,138億円 （n.a.）	10,997億円 （4位）	14,111億円 （3位）	13,788億円 （4位）

n.a.：データ無
出所：三井物産統合報告書，同社決算資料，「主な国別エクスポージャー」

第9章　事例研究③　総合商社5社の国別進出戦略の比較　◆209

| 表9－17 | 三菱商事のブラジルに対する投融資・保証残高

2018年 3月期	2019年 3月期	2020年 3月期	2021年 3月期	2022年 3月期	2023年 3月期
1,764億円	1,690億円	1,771億円	1,733億円	2,570億円	3,125億円

出所：三菱商事統合報告書，同社決算IR資料（データ集）

　このような大規模な投融資・保証残高は，三井物産のブラジル市場における事業の多角化と深化を図る戦略的意図の表れであり，長期的な視点に基づいた戦略的投資を行っていることを示している。また，同社がブラジル市場において取り組む事業の多様性とそれら事業の拡大・深化へのコミットメントも反映している。

第5項　三井物産の広報活動におけるブラジルの扱い

　三井物産が行う広報活動を観察することで，ブラジル市場に対する同社の取組姿勢を評価する。2015年以降の同社のプレスリリースを調査した結果，今回の検証で用いたデータではカバーされていない2015年以降もブラジルへの積極的な投資姿勢が明らかになった。特に，資源事業への投資を強化していることが分かる。

| 表9－18 | 三井物産の2015年以降のブラジル関連プレスリリース

年月	リリース
2015年12月	ブラジル北部沖合深海探鉱鉱区権益取得
2016年11月	ブラジル・ペトロブラス向けサブシー支援船事業に参画
2018年1月	ブラジル沖合プレソルト層セピア鉱区向け超大水深対応FPSO傭船事業を三井海洋開発，三井物産，商船三井，丸紅及び三井E&Sの5社で推進
2018年5月	ブラジル沖合プレソルト層メロ鉱区向け超大水深対応FPSO傭船事業を三井海洋開発，三井物産，商船三井，丸紅及び三井E&Sの5社で推進
2019年2月	ブラジル農薬製造販社Ouro Fino社への出資参画
2019年11月	ブラジル沖合プレソルト層ブジオス鉱区向け大水深対応FPSO傭船事業を三井海洋開発，三井物産，商船三井及び丸紅の4社で推進
2020年1月	ブラジル沖合マルリン鉱区向け大水深対応FPSO傭船事業を三井海洋開発，三井物産，商船三井及び丸紅の4社で推進

　また，2016年から2021年にかけての同社の企業広告において，ブラジルがどのように扱われているかも分析した。新型コロナウイルスによるパンデミックが発

生した2020年を除き，一貫してブラジルが企業広告のテーマとして取り上げられている。このことから，企業メッセージとしてブラジル重視の姿勢を繰り返しアピールしている点が顕著である。

| 表 9 – 19 | 三井物産の企業広告で取り上げられた国の変遷

2016	2017	2018	2019	2020	2021
メキシコ ブラジル アフリカ① アフリカ②	ブラジル	ブラジル	ブラジル	＜無＞	ブラジル

出所：三井物産ホームページ

企業広告例

出所：三井物産ホームページ

第6項　三井物産のブラジルへの人事配置

　三井物産のブラジル市場に対する重視の戦略は，その人事配置にも反映されている。特に，ブラジル三井物産の社長には常務執行役員が任命されている点が，同国への強いコミットメントを示している。各地域の三井物産の現地法人社長に

は以下のような配置がされている。

　専務執行役員：アジア・大洋州三井物産社長，米国三井物産社長
　常務執行役員：豪州三井物産社長，三井物産モスクワ社長，欧州三井物産社長，タイ国三井物産社長，ブラジル三井物産社長，三井物産（中国）董事長

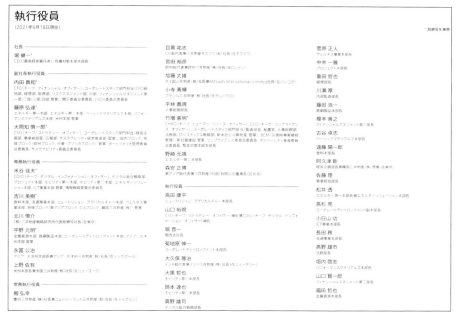

出所：三井物産統合報告書2021

　過去のブラジル三井物産社長の職位は表9－20の通りである。2018年以降，一段とブラジルを重視した人材配置としていることが見て取れる。
　常務クラスの役員配置によって，ブラジル市場における事業戦略の策定と実行において組織全体の支援の確保が容易になることが想定される。このように，三井物産におけるブラジルへの投資は，単なる財務的コミットメントを超え，組織全体としての戦略的取り組みとして位置付けられていることが分かる。

| 表 9 −20 | 歴代ブラジル三井物産社長の職位

年度	職位
2014年	執行役員
2015年	執行役員
2016年	執行役員
2017年	執行役員
2018年	常務執行役員
2019年	常務執行役員
2020年	常務執行役員
2021年	常務執行役員

出所：三井物産ホームページ

第7項　三井物産のブラジルにおける事業事例

　本項では，三井物産がブラジルにおいて展開する主要事業であるMitsui Gas e Energia do Brasil Ltda.（MGEB）とValeの事例を掘り下げる。両社への参画背景と経緯，事業の特性，そして戦略的目的について，日本貿易会の公開資料（日本貿易会 2010）を基に分析する。

⑴　Mitsui Gas e Energia do Brasil Ltda.

　三井物産がブラジルで展開する多様な事業活動の中でも，特に注目すべき事業の1つは，地域密着型のガス配給事業，Mitsui Gas e Energia do Brasil Ltda.（以下，MGEB）である。このセクションでは，MGEBへの三井物産の参画経緯とその戦略的意義について，日本貿易会（2010）を基に詳細に検討する。

＜参画の背景と経緯＞
　MGEBへの三井物産の参画は，2006年に経営破綻したエンロン社（Enron）が保有していたガスパート社（Gaspart）と，その傘下の7つの地域ガス配給会社（Local Distribution Company，以下LDC）への出資持分の買収によって始まった。各LDCにおいては，各州政府が議決権の51%を保有し，1953年創業の半官半民のペトロブラス社（Petrobras）とMGEBがそれぞれ24.5%の株式を有する形態となっている。ペトロブラス社は，当時のヴァルガス大統領の指示に基づき，国営企業として設立され，1997年まで国内の石油生産を独占していた。

第9章 事例研究③ 総合商社5社の国別進出戦略の比較 ◆213

＜事業の特性と目的＞

　MGEBが供給する天然ガスの主要な用途は，工業，発電，および天然ガス自動車向けであり，近年では民生用途への供給も拡大している。三井物産がこの事業に参入した主な目的は以下の3点である。

　1．急増する天然ガスのブラジル国内需要に対する事業展開
　2．ブラジルにおける戦略的パートナーであるペトロブラス社との事業関係の深化
　3．天然ガス配給事業を起点として，ガス・バリューチェーンにおける新たな事業創出と拡張

＜ペトロブラス社との戦略的パートナーシップの進化＞

　三井物産は，1996年からペトロブラス社との関係強化に注力し，特に金融ソリューション型ビジネスに焦点を当てていた。このビジネス領域での成功を基盤に，MGEBへの参画をきっかけとしてペトロブラス社との関係をより対等な事業パートナーシップへと進化させた。

　その後，ペトロブラス社は資源価格下落やルセーフ政権を巻き込んだ汚職疑惑で経営が混乱，業績が低迷した。この状況下でブラジル政府は，財政再建の一環としてペトロブラス社参加のガスペトロ社の株式を売却することを決定する。この売却には中国企業を含む競合も応札したが，最終的に既にガス事業における豊富な実績を持つ三井物産が落札に成功した。

＜地域展開の拡大＞

　三井物産は，ガスパート社傘下の7つのLDCに加え，2014年にはセアラ州のガス供給会社の一部株式を取得し，ブラジル国内8州でガス供給を実現するに至っている。さらに，ガスペトロ社への出資により，ブラジル全州の3分の2に相当する19州にサービス範囲を拡大した（日経新聞 2015年10月24日）。

　この地域展開に関する事例分析から，三井物産のブラジルにおけるガス配給事業が，持続可能な事業成長と地域社会への深い貢献を追求していることがよく分かる。特定の国における事業機会の探究と経験に基づく知見の蓄積，そしてペトロブラス社という現地の戦略的パートナーとの積極的な協働によって実現されている。この分野における三井物産の活動は，ブラジル市場における同社の広範な戦略的取り組みの中核として，特に重要な役割を果たしていることが確認される。

この事例は，地域に密着した事業運営とグローバルな事業戦略がどのように融合し得るかを示す貴重な事例となっている。

(2) Vale

Valeは，世界最大級の資源会社であり，ブラジルを代表する企業の１つである。同社は1942年に国営鉄鉱石生産会社として設立され，1997年に民営化された。現在では，鉄鉱石の海上貿易におけるシェアが21％に達しているのと同時に，ニッケルの生産では世界首位に位置し，銅，金，マンガン，ボーキサイト，リン鉱石，カリウムなど多様な鉱物を生産する資源会社である。

＜戦略的アライアンスの形成＞

三井物産は，1970年代からブラジルの鉄鉱石事業に参画しており，2001年にVale社と共同でCamie社に共同出資し，両社の関係を強化させた。この提携を契機に多様な事業領域での協業を目的とした戦略的アライアンス協定が両社間で締結され，ビジネスの多目的・複合的な関係構築に進展している。特に，2003年にはVale社の持株会社であるValepar社の15％株式の取得に発展し，役員派遣などを通じてVale社の経営にも積極的に参画している。

＜多角的ビジネス展開＞

三井物産とVale社間の協力は，鉄鉱石事業に限らず，モザンビークの炭鉱および鉄道・港湾インフラ事業，ニューカレドニアのニッケルプロジェクト，ペルーのリン鉱石プロジェクト，ブラジル国内の一般貨物輸送事業など多岐にわたっている。さらに，鉱山用鉄鋼レール，鉄鉱石運搬用貨車，鉱山機械，鉱山用超大型タイヤなどの物流関連製品の供給での実績も積み重ねている。

＜総合力の発揮＞

Vale社との関係は金属資源領域に留まらず，鉄道レールの供給や鉱山機械，鉱山用大型タイヤの納入，ブラジル国内のコンテナ沿岸輸送事業など広範な関係を築いており（三井物産2012年アニュアルレポート），三井物産自身も総合力の発揮の事例として積極的に広報，宣伝している。Vale社との関係はその後も発展しており，2021年時点では三井物産の13営業本部中，9営業本部がVale社とビジネス上の接点を有するに至っている。

本分析を通じて，三井物産とVale社間の戦略的アライアンスが単なる出資関係

総合力を活かした取り組み

事例 Vale社（ブラジル）とのアライアンス

当社は、総合力の発揮による収益基盤強化を中期経営計画の重点施策の一つとして掲げており、営業部署の枠を越えた横断的な取り組みを通じ、より高い付加価値を迅速に提供することを目指しています。

当社と総合資源会社であるVale社は、経営・ビジネス（事業・物流・ファイナンス）・人材（研修）と、多岐にわたる重層的な取り組みをしています。これまでの歴史的な経緯にも触れながら、同社との取り組みを一事例として紹介します。

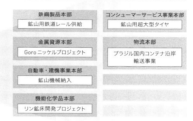

Vale社との戦略的アライアンス協定と、三井物産の「総合力の発揮」

当社は、世界最大の鉄鉱石サプライヤーでもあるVale社の支配株主の一社として経営に関与しつつ、ビジネスパートナーとして共同事業の展開や資機材の供給、Vale社が生産する商品の販売に携わっています。両社の関係は、2001年にブラジルの鉱物資源会社Caemi社を共同経営したことから本格的に始まりました。これを機に、さまざまな分野における協業の推進を目指した戦略的アライアンス協定が締結され、営業部署の枠を越えた横断的な取り組みにより、多目的・複合的にビジネスを創出する「総合力の発揮」に向けた体制が構築されました。

これまでに、アルミ事業*、Goroニッケルプロジェクト、ブラジル国内コンテナ沿岸輸送事業などの共同事業案件のほか、物流案件では鉱山用鉄道レール、鉄鉱石運搬用貨車、鉱山機械、鉱山用超大型タイヤなどの取り組み実績を積み重ね、現在では15ある営業本部中、11営業本部がVale社とビジネス上の接点を持つに至りました。

*Vale社は2011年2月にアルミ事業を売却しました。

ペルー　リン鉱床開発プロジェクトへの参画

事業の多角化や海外展開を進めるVale社のさらなる発展に貢献すべく、当社はその機能をフルに発揮した取り組みを続けています。

2010年3月には、当社は米国肥料最大手のMosaic社とともに、Vale社が開発を進めるペルーのリン鉱床開発プロジェクトへの参画に合意し、フル操業に向け取り組んでいます。事業への参画にあたり、肥料事業の知見をもつ機能化学品本部と、資源投資で多くの経験を持つ金属資源本部が横断的に協働する「総合力」が発揮されたほか、当社が長年の経験により獲得した肥料関連の商品・業界知識を基に販売サポートを行うことで、事業価値向上に貢献していきます。

ペルーのリン鉱床開発プロジェクト

パートナーシップの強化に向けた人的交流

長期にわたる信頼関係をより強固にしていく取り組みが、人材面でも行われています。両社間でパートナーシップを構築するためには人と人の交流が重要であるとの考えから、2003年に交換研修プログラムが開始されました。これまでの参加者は、2012年6月末までにVale社から104名、当社から99名を数えます。8〜11週間にわたる研修を通じ、両社の事業内容だけでなく日本・ブラジルの文化・商習慣を相互に理解する絶好の場になっています。

出所：三井物産2012年アニュアルレポート

🇧🇷 ブラジル

広大な国土と豊富な食糧・天然資源を有し、大きな潜在力を有する大国「ブラジル」。金融危機からもいち早く脱し、国内産業が伸長、中間所得層・国内消費市場が急速に拡大しており、さらなる発展のステージに入っています。政府も持続的成長を確固たるものとすべく、国内産業育成強化や社会インフラ整備に積極的に取り組んでいます。さらに、サッカーワールドカップ（2014年）や五輪（2016年）開催に向け、都市交通をはじめとする公共インフラ整備も見込まれるなど経済発展に弾みがついています。当社は1970年代から鉄鉱石のMBR社（Minerações Brasileiras Reunidas S.A.）に資本参加するなど、長年にわたる取り組みを経て、現在ではVale社やPetrobras社などの優良パートナーとの共同事業をはじめ、農業事業、鉄道関連事業など当社総合力を活かした多角的な取り組みを展開しています。

人口：1億9,148万人（2009年末）
名目GDP：US$20,903億
実質GDP成長率：7.5%
格付け*：Baa2 (positive)
出典：International Monetary Fund 2010年データ（一部推定）
*外貨建て長期債 Moody's（2011年6月末現在）

主な関係会社

(2011年3月末現在) 会社名	事業内容 主管営業本部	損益比率 11/3期当期損益分類率*1
Valepar	Valeへの投資 金属資源	15.0% 569億円
Multigrain	農産物の生産・集荷・加工・販売・貿易 食料・リテール	45.1%*2 (41億円)
MITSUI GÁS E ENERGIA DO BRASIL	ガス配給事業への投資 プロジェクト	100.0% 63億円
Mitsui Rail Capital Participações	貨車リース プロジェクト	100.0% —
Mitsui Alimentos	コーヒー生豆輸出・焙煎・国内販売 食料・リテール	100.0% —

*1. 一部の会社は、パートナーとの守秘義務契約などの理由により、損益の公表を控えています。
*2. 2011年5月の株式追加取得により、損益比率を100.0%に引き上げました。

Vale社のカラジャス鉄鉱山

Multigrain社の農場

Vale
鉄鉱石資源開発への挑戦から、総合力を活かしたアライアンスの推進へ

当社とVale社とのパートナーシップは、鉄鉱石事業から始まりました。当社は、日本の製鉄会社の安定的な原料供給に向けた取り組みの一環として、1970年代以降ブラジルの鉄鉱石会社へ資本参画するなど、ブラジルと深く関わってきました。その後、1997年のCaemi社（ブラジル）株式の40%取得や、2001年のCVRD社（現Vale社）とのCaemi社の共同経営・戦略提携を経て、当社は2003年9月にVale社の持株会社であるValepar株式の15%を取得。同社の経営評議会への役員差し入れなどを通じて、世界最大の鉄鉱石サプライヤーであるVale社の経営に参画するに至りました。Vale社とは、「総合力」を最大限に発揮した多面的なビジネスを展開、2010年にはVale社がペルーに保有するリン鉱床開発プロジェクトの25%権益を取得するなど、ますますパートナーシップが深まっています。同社とのさらなる協業の深化に向けた挑戦は続きます。

Multigrain（農業生産・穀物物流事業）
穀物の生産・集荷から輸出まで

当社が2007年から資本参画するMultigrain社（スイス）は、ブラジルで大豆を中心とする農業生産および穀物物流事業を手掛けています。同社は全米最大級の農協であるCHS社と、ブラジル穀物会社を傘下に持つPMG Trading社（スイス）と当社の共同経営の下、穀物の生産、集荷、加工から輸出、販売までを一貫して管理する体制を構築し、当社はCHS社とともに筆頭株主としてその経営に積極的に関わってきました。2011年5月にMultigrain社を完全子会社化し、今後はオペレーターとしてブラジルの農業生産・穀物物流事業を拡充し、ブラジルからアジアをはじめとする市場に向けた穀物の安定供給の強化を図ります。

事業戦略の方向性

当社はブラジルの持つポテンシャルを、政府の政策に沿って具現化し、同国の経済発展に寄与すべく事業を推進していきます。具体的には、資源・エネルギー、インフラ、食料、国内市場向け事業などを重点領域と位置付けています。同国優良パートナーとの協業深化により、天然鉱物資源の権益拡充や石油・ガス上流資源の確保、バイオエネルギー事業への取り組みなどを進めるとともに、食料分野では、Multigrain社などの既存の穀物事業の強化とともに、新規事業への参画を目指します。また、これら資源・エネルギーおよび食料のロジスティクスインフラの整備・拡充に取り組み、事業参画も模索していきます。さらには、当社のグローバルなネットワークを活用し、今後も大きな成長が見込まれるブラジル国内市場における事業の拡大と併せて、ブラジルパートナーとの海外事業にも新たに取り組んでいきます。

出所：三井物産2011年アニュアルレポート

を超え，多角的なビジネス展開へと発展していることを明らかにした。三井物産はこのアライアンスを通じて総合力を最大限に活用し，戦略的かつ複合的に事業を構築している。このアライアンスは，三井物産のブラジル市場に対する適応能力とそれらを統合的に発展させる戦略を示す象徴的事例であると評価できる。

第8項　三井物産のブラジル投資のまとめ

　三井物産のブラジルへのFDIによる進出は，1959年の開始に遡る歴史を持ち，現在の投資融資保証残高は約1.4兆円に達している。この数値はカントリーリスクの高さを物語るものであり，他商社との比較においても顕著である。

　三井物産は，ペトロブラスとValeというブラジルを代表する大手資源会社との戦略的パートナーシップを基盤に，多様な事業部での取引を形成することに成功した。これらのパートナーシップは，商品，ビジネスモデル，政府や地域社会との複合的な関係性を通じて，事業創出の好循環を促進している。その結果，投資先においては非商社型が多くなっていると観察された。

　ブラジルは，2000年代以降に著しい経済成長をしたBRICs（ブラジル，ロシア，インド，中国）の一角と言われながら，「中所得国の罠（middle income trap）[2]」に陥る可能性が指摘される国である。2050年には世界第5位のGDPを予測される一方で，汚職や経済の未熟さといった課題も依然として存在する。

　三井物産のブラジルでの事業展開は，「総合力の発揮」の典型例であり，ペトロブラスやValeといった信頼できる現地パートナーとの戦略的提携が大きな成功要因になっている。

　三井物産の事例は，総合商社の総合力に関する多くの洞察を提供する。特に，ブラジルのような，資源が豊富であると同時に人口が多く市場規模が大きいという特性が総合力の発揮に有利に機能していると言える。一方，同じ資源国であっても，経済の成熟度合いが異なるカナダやオーストラリアでは同様の総合力を発揮するのは困難であると推測される。

　三井物産のブラジル進出は，経済規模，市場の需要，日本への資源輸出の可能性，そして経済の未成熟さにより，総合力が発揮できた1つの成功モデルである。しかし，この成功には国債格付が低いブラジルのような国ではカントリーリスクとのバランスが重要であり，その適切な管理が今後の大きな課題となってくるとも考えられる。この総合的な戦略とリスク管理のバランスが，三井物産のブラジル投資での持続的な成功の鍵になってくると言えよう。

第7節 重視国の事例② 住友商事／ベトナム

本節では，重視国の事例研究の2例目として，住友商事によるベトナム進出を分析する。

第1項 ベトナムの事業環境の概要

ベトナムはASEAN（東南アジア諸国連合）の一角を成し，近年顕著な経済成長を遂げた国の1つである。人口も多く，その経済規模と市場ポテンシャルにより，経済開放以降，多数の多国籍企業が参入している。ベトナムの事業環境についての包括的な理解のため，以下にその基礎データを示す（表9-21）。このデータは，国の経済構造，産業分布，市場動向などを反映しており，住友商事の進出戦略を分析する際の背景情報となる。

｜表9-21｜ ベトナムの基礎データ

国名	ベトナム社会主義共和国 (Socialist Republic of Viet Nam)
面積	32万9,241平方キロメートル（日本の約2.25倍）
人口	約9,762万人
首都	ハノイ
民族	キン族（越人）約86％，他に53の少数民族
言語	ベトナム語語
宗教	仏教，カトリック，カオダイ教他
略史	1930年　ベトナム共産党結成 1940年　日本軍の北部仏印進駐 1945年　ベトナム民主共和国独立宣言 1946年　インドシナ戦争 1954年　ジュネーブ休戦協定 1965年　アメリカ軍による北爆開始 1973年　パリ和平協定，アメリカ軍の撤退，日本と外交関係樹立 1976年　南北統一，国名をベトナム社会主義共和国に改称 1979年　中越戦争 1986年　第6回共産党大会においてドイモイ（刷新）政策が打ち出される 1991年　カンボジア和平パリ協定 1992年　日本の対越援助再開 1995年　アメリカと国交正常化

	1995年　ASEAN正式加盟 1998年　APEC正式加盟 2007年　WTO正式加盟
政体	社会主義共和国
主要産業	農林水産業（GDPに占める割合14.85%），鉱工業・建築業（同33.72%），サービス業（同41.63%）
GDP	約3,406億米ドル（7,972兆ドン）（2020年，IMF推計値）
一人当たりGDP	3,498米ドル（8,190万ドン）（2020年，IMF推計値）
経済成長率	2.91%（2020年，年平均，越統計総局）
物価上昇率	3.23%（2020年，年平均，越統計総局）
失業率	2.26%（都市部：3.61%，農村部：1.59%）（2020年，越統計総局）
貿易額	輸出：2,827億ドル（対前年比　7.0%増） 輸入：2,627億ドル（対前年比　3.7%増） （2020年，越税関総局）
主要貿易品目	輸出：繊維・縫製品，携帯電話・同部品，PC・電子機器・同部品，履物，機械設備・同部品等 輸入：機械設備・同部品，PC・電子機器・同部品，繊維・縫製品，鉄鋼，携帯電話・同部品等 （2020年，越税関総局）
主要貿易相手国	輸出：　米国，中国，日本，韓国，香港 輸入：　中国，韓国，日本，台湾，米国
通貨	ドン（Dong）
為替レート	1ドル＝約23,090ドン（VND）（2021年1月5日） （国家銀行による基準レート）
日本の援助実績	日本はベトナムにとって最大の援助国。 有償資金協力　118.91億円（2019年） 無償資金協力　30.4億円（2019年） 技術協力　50.15億円（2019年）
対日貿易額	貿易額　396.2億ドル（対前年比　4.6%増） 輸出　192.8億ドル（対前年比　2.4%増） 輸入　203.4億ドル（対前年比　6.8%増） 品目 輸出　縫製品，輸送機器・同部品，機械設備・同部品，木材・木工品，水産物 輸入　機械設備・同部品，PC電子機器・同部品，鉄，縫製品原料，プラスチック原料 （2020年，越税関総局）
日本からの直接投資	23.7億ドル（認可額）（株式投資を含む） （2020年，越外国投資庁）

出所：外務省ホームページ

第2項　ベトナムの政情・経済環境

　政体は社会主義共和制で，統治体制はベトナム共産党による一党独裁制である。ベトナム共産党の最高職である党中央委員会書記長（最高指導者），国家元首である国家主席，政府の長である首相，立法府である国会の議長を国家の「四柱」と呼んでいる。原則として，党と国家のトップを同じ人物が兼務することはなく，「四柱」を中心とした集団指導体制を取る。

　マルクス・レーニン主義，ホー・チ・ミン思想を基軸とするベトナム共産党は，現在のベトナム社会主義共和国憲法（2013年制定）第4条に「国家と社会の指導勢力」と明記されている。建国以来，一貫して集団指導による国家運営を行っており，ホー・チ・ミン（初代ベトナム労働党主席兼ベトナム民主共和国主席）でさえも専制的な権力を有したことはない。1980年代までは，民主党，社会党などの衛星政党も存在するヘゲモニー政党制であったが，1980年代末には解散され，名目的な複数政党制から，純粋な一党制に移行した。現在，ベトナム共産党以外の政党の結成は禁止されている。

　1986年，第6回共産党大会において現在まで続くドイモイ（刷新）政策が打ち出される。

　1991年6月，ドー・ムオイが共産党書記長（最高指導者）に就任し，1993年2月にフランスと歴史的和解（当時のフランス共和国大統領はフランソワ・ミッテラン）に至った。1995年7月，クリントン米国大統領が，国家の承認と外交関係樹立を発表。1995年8月，米国とも和解した。

　同年7月，東南アジア諸国連合（ASEAN）が加盟を認め，周辺諸国との関係も改善した。同年10月，所有権や契約の考え方を盛り込んだ初めての民法ができ，経済基盤の整備が進んだ。1996年にはASEAN自由貿易地域（AFTA）に参加，1998年，アジア太平洋経済協力（APEC）に参加した。

　日本との関係においては，2003年に日越投資協定が締結され，投資環境が整備された。

　経済面では，1989年頃よりドイモイの成果が上がり始め，アジア経済危機（1997年）および金融危機（2008年）の影響から，一時成長が鈍化した時期があったものの，1990年代および2000年代は高成長を遂げ，2010年に（低位）中所得国となった。

　2011年以降，マクロ経済の安定化への取り組みに伴い，一時成長が鈍化したが，近年ではASEAN域内でもトップクラスの成長率を達成（2015年6.68％，2016年

6.21％，2017年6.81％，2018年7.08％，2019年7.02％）。数多くの自由貿易協定（FTA）の発効（2020年末時点で14のFTAが発効済），ODAを活用したインフラ整備，低賃金の労働力を背景に外資の製造業を誘致し，輸出主導型の経済成長を続けてきた。

2020年は新型コロナウイルス感染症の影響により10年ぶりの低水準の成長率となったが，近隣諸国がマイナス成長の中，ASEAN内で最も高い成長率を記録した。

第3項　住友商事のベトナム投資の概観

本項では，住友商事が展開するベトナム投資の特徴を探究する。

前項の通り，ベトナムは1991年に就任したドー・ムオイ共産党書記長のリーダーシップの下で，国際的な和解と経済改革を進めてきた。1993年にフランスと和解，1995年には米国が国家承認し外交関係を樹立し和解に至るとともに，同年ASEANに加盟，所有権や契約の考え方を整備し，海外からの投資環境を整えるに至った。1996年にはAFTAに参加，1998年にはAPECに参加し，2007年に世界貿易機関（WTO）に正式加盟した。

日本との関係においては，外交関係は1973年に樹立されたが，1978年のベトナム軍カンボジア侵攻に伴い，1979年以降の経済協力は凍結された。しかし，1991年のカンボジア和平合意を受け，1992年に日本からの円借款（455億円）が再開，1995年租税協定，1998年技術協力協定，2003年には日越投資協定，2009年には日越経済連携協定を締結し，段階的に二国間関係は改善してきた。

日本を含めたこのような国際的な関係改善と経済改革の進展を背景に，住友商事による最初の海外直接投資（FDI）は1996年に開始された。このタイミングは，上記の米国との関係改善，日本との租税協定締結と一致している。

住友商事のベトナムへの投資は12件（**表9－22**）に及ぶ。投資対象は多様な業種にわたり，特に非商社型事業（C-1およびC-2）への投資が目立つ。物流（Dragon Logistics Co., Ltd.），金属（Vietnam Steel Products, Ltd.など），自動車製造（Hino Motors Vietnam, Ltd.），不動産（特に工業団地の開発：Thang Long Industrial Park 2 Corp.）など多様であり，ベトナムが工業化と都市化を進める中での需要に応えるとともに，地域経済の発展に寄与している。特に，金属，自動車関連，不動産開発は，住友商事の得意業種と一致しており，ベトナム市場の潜在的な成長機会を捉えている。

住友商事のベトナムにおける投資戦略は，多角化と特定産業への集中を巧妙に

組み合わせたものであると評価できる。

｜表9－22｜　住友商事のベトナム事業

会社名	業種	事業内容	創業	出資比率	類型	従業員数（日本からの派遣社員数）
Dragon Logistics Co., Ltd.	物流	総合物流サービス業（配送，倉庫，DC業務を含む）	1996	住友商事 34% 鈴与 31% 現地資本計35%	C-2	791 (6)
Vietnam Steel Products, Ltd.	メーカー（金属）	機械構造用鋼管の製造・販売	1997	日鉄住金鋼管 60% 住友商事 27% 三井物産 10%	C-1	207 (-)
Hino Motors Vietnam, Ltd.	メーカー（自動車）	日野自動車製トラック及びバスの組立・販売・補修	1997	日野自動車 51% 住友商事 16% Vina Motor 33%	C-1	193 (5)
Saigon Steel Service & Processing Co., Ltd.	メーカー（金属）	鋼材の加工・販売（スチールサービスセンター）	1998	住友商事 45% Vietnam Steel 40% LCG Holdings 10%	C-2	139 (2)
DENSO Manufacturing Vietnam Co., Ltd.	メーカー（機械）	エアフローメーター，VICアクチュエーター等エンジン関係製品の製造・販売	2001	デンソー 95% 住友商事 5%	C-1	3,673 (-)
Hanoi Steel Center Co.,Ltd.	メーカー（金属）	鋼材の加工・販売（スチールサービスセンター）	2002	住友商事 72.9% China Steel 19%	C-2	229 (4)
Hal Vietnam Co., Ltd.	メーカー（金属）	自動車用アルミ鋳造部品の製造・販売	2003	広島アルミニウム工業 65% 住友商事 30.1%	C-1	- (-)
Thang Long Industrial Park 2 Corp.	不動産	工業団地の開発・販売・運営・管理	2006	住友商事 74%	C-2	113 (3)
日鐵住金建材ベトナム（有）	メーカー（金属）	構造用鋼管，建材製品の製造・販売	2012	日鉄住金建材 48% 住友商事 22% 伊藤忠丸紅住商テクノスチール 3% 共栄製鋼 3%	C-1	139 (-)
CJ-SC Global Milling LLC	メーカー（食品）	ベトナムにおける小麦粉，小麦粉加工品の製造・販売	2013	現地資本 51% 住友商事 30.8%	C-1	152 (2)
Thang Long Industrial Park (Vinh Phuc) Corp.	不動産	工業団地の開発・販売・運営・管理	2015	住友商事 100%	C-2	3 (-)
Summit Agro Vietnam LLC	商社	農薬他農業資材等の販売	2016	住友商事 43.5% 住商アグロインターナショナル 17.4% 日本曹達 13%	B-2	20 (-)

第4項　住友商事の広報活動におけるベトナムの扱い

　本項では，住友商事の広報活動におけるベトナム関連の取り上げ状況を検討する。2016年以降の広報戦略を分析すると，農薬販売，食品小売，物流，電子機器製造，医療など多様な業種に焦点を当てている。この広報活動からは，ベトナムにおける事業展開に多様性があり，継続的なコミットメントを行っていることが分かる。2016年以降の同社プレスリリースのうち，ベトナムに関するリリースは**表9－23**の通りである。具体的には，農薬販売，食品小売，物流，電子機器製造，医療といった多様な産業にわたってプレスリリースが行われている。

第9章　事例研究③　総合商社5社の国別進出戦略の比較　◆223

近年では，太陽光発電事業やマネージドケア事業への参入など，環境と健康に関連する新しい事業領域にも進出していることが分かる。

| 表9－23 | 住友商事のベトナム事業のプレスリリース

年月	リリース
2016年10月	ベトナム　フンイエン省と住友商事との海外工業団地に関する覚書の締結
2016年11月	ベトナムにおける農薬販売会社の設立について
2017年9月	ベトナム第三タンロン工業団地の着工について
2018年3月	ベトナム　ビンフック省と住友商事との海外工業団地に関する覚書の締結
2018年11月	ベトナム第三タンロン工業団地の操業開始について
2018年12月	ベトナムにおける食品小売事業の展開について
2019年5月	ベトナム　フンイエン省U-11サッカーチームへの支援について
2019年7月	ベトナムにおける港湾・ロジスティクス大手企業GEMADPT CORPORATIONへの出資参画
2019年8月	ベトナムVan Phong（バンフォン）1石炭火力発電所の着工について
2019年9月	ベトナム　第二タンロン工業団地の第三期拡張開発について
2020年9月	ベトナムにおける電子機器製造受託サービス事業拠点設立について
2020年12月	ベトナム　第二タンロン工業団地における太陽光発電事業について
2021年9月	ベトナムにおけるマネージドケア事業への参入

出所：住友商事ホームページ

第5項　住友商事の人事におけるベトナムの扱い

住友商事において，ベトナム市場の重要性は人事配置にも明確に反映されている。2020年10月の人事異動によれば，ベトナム住友商事社長は理事（執行役員に次ぐ職位）を有しており，インドネシア住友商事社長，本社事業本部長と同格のポジションである。

この配置は，ベトナム市場に対する住友商事の戦略的コミットメントを物語っている。

第6項　住友商事の事業事例

(1) タンロン工業団地

住友商事が海外工業団地の開発に着手したのは，1985年のプラザ合意による急

速な円高進行により，多くの日本の製造業の海外進出が加速した流れを好機と捉えた戦略的判断であった。製造業が海外で活動するにあたっては，工場を建てる敷地や設備のほか，インフラ，物流，資材調達など広範な機能が必要となる点に着目し，1990年という早い時期からそれらの機能を備えた海外工業団地の開発と運営に参入した（住友商事ホームページ）。

　同社がこのビジネスに着手したきっかけは，1980年代に顧客に対し，タイの地場工業団地への進出支援を行ったことである。

　住友商事は，インドネシアのイーストジャカルタ工業団地の開発を皮切りに，その後，フィリピン，ベトナム，ミャンマーなどの東南アジア諸国，インド南部のチェンナイ近郊，バングラデシュなどで工業団地の開発・運営を拡張してきた。

　住友商事の海外工業団地ビジネスの最大の特徴は，現地における土地の収用から，開発，企業誘致，運営，入居企業のサポートまでをワンストップで手掛ける点にある。同社は工業団地開発を契機として，日本国内の販売網を駆使して入居企業を誘致するだけでなく，電気・水などのインフラ供給や必要な資材の供給などの，入居企業の海外でのものづくり支援を提供している。これらのサービスは住友商事の総合力を活かした事業であり，同社の海外工業団地ビジネスの最大の特徴と説明している。同社は総合商社で唯一，海外工業団地の開発・運営・販売に特化した事業部を設けている。

　住友商事が現在，この事業をとりわけ大規模に展開しているのがベトナムであり，1997年に完成したタンロン工業団地，2006年完成の第2タンロン工業団地，2015年の第3タンロン工業団地と，ほぼ10年おきに新しい団地を開発してきている（表9－24）。

　ベトナム市場における住友商事の事業展開は，不動産会社を母体として発展した同社の得意領域であり，工業団地を核として関連事業への展開を進める総合性を発揮している。

　出資比率もタンロン工業団地（TLIP）では58％であったものが，第2団地で92％，第3団地で100％へと出資比率を引き上げている。当初は現地パートナーとの合弁を通じてリスク低減を図ったと見られるが，経験を積む中で学習効果によりノウハウを獲得し，最終的には独立運営に進展していることが窺える。

｜表9－24｜ 住友商事タンロン工業団地

タンロン工業団地（TLIP）

事業主体	Thang Long Industrial Park Corporation（通称：TLIP）
出資比率	住友商事グループ58%
所在地	ベトナム　ハノイ市 （ハノイ市中心部から北16キロメートル）
開発面積	274ヘクタール（第一期，第二期，第三期合計）
入居企業数	105社（うち日系企業は98社）
設立時期	1997年2月22日

第2タンロン工業団地（TLIPII）

事業主体	Thang Long Industrial Park II Corporation（通称：TLIPII）
出資比率	住友商事グループ92%
所在地	ベトナム　フンイエン省 （ハノイ市中心部から南東22キロメートル）
開発面積	526ヘクタール
入居企業数	78社（うち日系企業は76社）
設立時期	2006年11月17日

第3タンロン工業団地（TLIPIII）

事業主体	Thang Long Industrial Park（Vinh Phuc）Corporation（通称：TLIPIII）
出資比率	住友商事100%
所在地	ベトナム　ビンフック省 （ハノイ市中心部から北44キロメートル）
開発面積	213ヘクタール
入居企業数	10社（うち日系企業は9社）
設立時期	2015年11月17日

出所：住友商事ホームページ

(2)　鋼材加工事業

　住友商事は，ベトナムにおいて鋼材加工・販売事業（スチールサービスセンター）を展開しており，第5章で検証された通り金属加工業は海外進出の事例が多いことから，同社が得意な事業領域であることが示されている。具体的には，1998年に設立されたSaigon Steel Service & Processing Co., Ltd.（以下，Saigon社）と，2002年に設立されたHanoi Steel Center Co., Ltd.（以下，Hanoi社）という2つの企業を通じて，この事業を運営している。

Saigon社とHanoi社の資本構造において，Saigon社における住友商事の出資比率は筆頭株主でありながらも45％にとどまっているが，Hanoi社においては72.9％と高い比率で出資している。この2つの企業は，いずれも類型判定において「C-2：経営権あり」に分類される。出資比率の違いは，住友商事が先行したSaigon社の経営を通じて現地での運営ノウハウを獲得し，それによりHanoi社では経営支配の度合いを高めたことが示唆される。

第7項　住友商事のベトナム投資のまとめ

住友商事のベトナム進出は1996年に始まり，その時期は米国との外交関係正常化および日本との租税協定締結という国際政治的な背景と密接に関係している。現在までに，同社はベトナムにおいて12件の投資を実行しており，その投資は主に非商社型事業に集中しており，特に自動車製造，金属関連産業，そして工業団地開発が主要な事業領域となっている。

住友商事のこの戦略は，1985年のプラザ合意による急激な円高に伴う日本の製造業の海外進出を好機と捉え，独自のビジネスモデルを構築する過程で形成された。1980年代に始まった事業展開は，タイの地場工業団地への進出支援に端を発し，インドネシアのイーストジャカルタ工業団地，その後，フィリピン，ベトナム，ミャンマーなどの東南アジア諸国，インド南部のチェンナイ近郊，バングラデシュに至るまで広範囲に広がっている。

住友商事の海外工業団地ビジネスにおける特徴は，現地における土地収用から開発，企業誘致，運営，そして入居企業の総合的なサポートに至るまでを一手に担っている点にある。住友商事は，日本国内の販売網を活用して企業を誘致するだけでなく，電気や水などの基本インフラを提供し，さらには資材調達や物流においても総合力を活かしてサポートを行っていくのが同社の海外工業団地ビジネスの最大の特徴と自ら説明しており，総合商社で唯一，海外工業団地の開発・運営・販売に特化した事業部を設けている。

特に注目すべきは，住友商事がベトナムにおいてこのビジネスモデルを大規模に展開している点である。具体的には，1997年に完成したタンロン工業団地を皮切りに，2006年に第2タンロン工業団地，2015年には第3タンロン工業団地と，約10年の一定の期間を置いて新しい工業団地を開発してきた。

住友商事は，不動産会社を母体として発展してきた（第2章）。不動産事業を得意とする総合商社として，工業団地開発を新しい市場に足場を築き，それを核として多角的な事業展開を行っている。

第9章　事例研究③　総合商社5社の国別進出戦略の比較　◆227

これに加え，同社が特に得意とする金属加工業においても，ベトナム市場での存在感を高めている。

第8節　得意国の事例①　三菱商事／ミャンマー

本節では，得意国の事例研究の1例目として，三菱商事によるミャンマーへの進出戦略を深掘りする。

2021年2月に発生した国軍によるクーデターは，ミャンマーの政治・経済環境を根底から変化させた。この政治的転換は，国際ビジネスにおける地政学的リスクの重大性を改めて浮き彫りにし，多くの国際企業に撤退を強いた。三菱商事も例外ではなく，2022年2月には同社が天然ガス採掘事業からの撤退を発表している。

本節の事例分析は2020年時点の事業環境に基づいており，その後の政治的変動を踏まえると，現時点での直接的な示唆の有用性は限定的である。しかし，2015年から2020年の民政時代における三菱商事のミャンマー進出は，その特徴的な動きから総合商社の海外進出に関して多くの重要な洞察を提供する。

三菱商事は，ミャンマー市場において，市場のポテンシャルを最大限に引き出すために包括的かつ集中的な資源投入戦略を採用した。この戦略的アプローチは，開発を必要とする市場への効果的な進出方法を示す貴重なケーススタディとして引き続き学術的な価値を有する。

第1項　ミャンマーの事業環境の概要

ミャンマーはASEAN（東南アジア諸国連合）の加盟国であり，近年民政移管を経て，相対的な人口の多さ，その経済規模と市場ポテンシャルにより，経済開放以降多数の多国籍企業が参入している。ミャンマーの事業環境についての包括的な理解のため，以下にその基礎データを示す（表9−25）。このデータは，国の経済構造，産業分布，市場動向などを反映しており，三菱商事の進出戦略を分析する際の背景情報となる。

| 表 9 −25 | ミャンマーの基礎データ

国名	ミャンマー連邦共和国 (Republic of the Union of Myanmar)
面積	68万平方キロメートル（日本の約1.8倍）
人口	5,141万人（2014年9月（ミャンマー入国管理・人口省発表））
首都	ネーピードー
民族	ビルマ族（約70％），その他多くの少数民族
言語	ミャンマー語
宗教	仏教（90％），キリスト教，イスラム教等
略史	諸部族割拠時代を経て11世紀半ば頃に最初のビルマ族による統一王朝（パガン王朝，1044年〜1287年）が成立。その後タウングー王朝，コンバウン王朝等を経て，1886年に英領インドに編入され，1948年1月4日に独立。
政体	大統領制，共和制[3]
主要産業	農業，天然ガス，製造業
名目GDP	約772億ドル（2020/2021年度，IMF推計）
一人当たりGDP	1,441ドル（2020/2021年度，IMF推計）
経済成長率	5.7％（2020/2021年度，IMF推計）
物価上昇率	6.2％（2020/2021年度，IMF推計）
失業率	約4.0％（2020/2021年度，IMF推計）
総貿易額	輸出：　約171億ドル　輸出：　約181億ドル （ミャンマー中央統計局（2018/2019年度））
主要貿易品目	輸出：　天然ガス，衣類，米，豆類，鉱物 輸入：　機械類，精油，製造品，化学品，食品
主要貿易相手国	輸出：　中国，タイ，日本，米国，インド，ドイツ 輸入：　中国，シンガポール，タイ，インドネシア，マレーシア，インド （ミャンマー中央統計局（2018/2019年度））
通貨	チャット（Kyat）
為替レート	1ドル＝1,320.9チャット（中央銀行レート）（2020年12月1日）
日本の援助実績	有償資金協力　11,368.00億円（2017までの累計。うち2018年度　0億円） 無償資金協力　3,229.62億円（2017までの累計。うち2018年度　165.46億円） 技術協力　984.16億円（2017までの累計。うち2018年度　104.09億円）
対日貿易額	貿易額：　輸出14.2億ドル　輸入　4.8億ドル（2018/2019年度） 主要品目：　輸出　衣類，魚介類，農産品 　　　　　　輸入　自動車，機械類
日本からの直接投資	768百万ドル（2019/2020年度，ティラワ経済特区経由及び第三国経由を除く） （ミャンマー中央統計局，投資・対外経済関係省投資・企業管理局）

出所：外務省ホームページ

第2項　ミャンマーの政情・経済環境

　ミャンマーの政治環境は，過去数十年で大きな変遷を遂げてきた。ミャンマーでは長く軍政が敷かれていたが，2007年以降，軍政主導の政治体制改革が進行し，2008年に新憲法草案が国民投票により可決された。これは民主化への進展を示す重要な一歩であった。2010年の新憲法に基づく総選挙の結果，2011年に連邦議会の議決を経て文民のテイン・セイン大統領が就任し，長期にわたる軍政が終結する契機となり，アウン・サン・スー・チー氏率いる国民民主連盟（NLD）が政党として認められた。その後，2015年に民政復帰後初の総選挙が実施され，NLDが単独過半数の議席を獲得して圧勝し，アウン・サン・スー・チー党首は外国籍の配偶者や子を持つ者は大統領になれないとする憲法規定により大統領にはなれなかったものの，国家顧問，外務大臣および大統領府大臣を兼任した。
　テイン・セイン大統領が進めた経済開放路線により，人口が5,000万人を越え，90％を超える識字率など大きな市場潜在力から「アジア最後のフロンティア」と期待され，外国投資を呼び込む契機となった。ヤンゴン証券取引所が日本の金融庁，大和総研，日本取引所グループの支援によって開設され，ティラワ国際港整備に25年ぶりの円借款を提供するなど，日本政府と日本企業が一体となって経済支援，現地進出を進めてきた。
　しかし，2020年11月に執行された総選挙において，与党NLDが改選議席の8割以上を占める形で圧勝したが，国軍系野党である連邦団結発展党（USDP）と国軍は選挙に不正があったと主張し，国会開会予定日の2021年2月1日に国軍がクーデターを起こした。国軍出身のミン・スエ第一副大統領が暫定大統領に就任し，1年間の期限を示して非常事態宣言を発出して国軍が政権を掌握し，10年間続いた民政が瓦解した。国際社会の圧力はありながらも2024年の現段階でも軍政は継続しており，今後の展開は引き続き不透明な状況にある。

第3項　三菱商事のミャンマー投資の概観

　三菱商事はミャンマー市場において，その投資ポートフォリオにおいて特筆すべき多様性と戦略的深化を実現している。
　5商社中唯一，3社以上に投資していることから，得意国の分類に該当する。詳細な投資先のデータは表9−26に示す通りである。

｜表 9 － 26｜　三菱商事のミャンマー投資

会社名	業種	事業内容	創業	出資比率	類型	従業員数（日本からの派遣社員数）
MC ELEVATOR (MYANMAR) LIMITED	現地販売・保守（機械）	昇降機の据付・販売・保守	2014	三菱商事 60%　現地資本 40%	B-2	78 (1)
MC-Jalux Airport Services Co., Ltd.	インフラ（サービス）	マンダレー国際空港の上下一体運営・管理	2015	三菱商事 45.5%　JALUX 45.5%　現地資本 9%	C-2	300 (3)
MM Cars Myanmar Limited	現地販売（自動車）	自動車輸入販売業	2015	三菱商事 50%　現地資本 50%	B-2	65 (1)
Diamond Rental Myanmar Co	金融（リース）	ミャンマーにおける建設機械及びその他機器のレンタル事業	2015	三菱商事 50%　レンタルのニッケン 20%　現地資本 30%	C-2	73 (4)

　三菱商事のミャンマー事業の特徴は，進出事業が多岐にわたること，特定の現地企業グループとの関係を梃^{てこ}に事業を展開していること，そして現地企業グループと提携しつつも，投資先はいずれも三菱商事が株式の過半数を保持または筆頭株主となる「経営権あり」の投資であり，経営権確保を投資基準として重視していることである。

　業種は，現地販売・保守（機械），インフラ（サービス），現地販売（自動車），金融（リース）に及び，他のアジア諸国に見られるような輸出目的の生産拠点確保の投資ではなく，同国市場への商品・サービス販売を目的とした投資が多数ある点も特徴的である。商社型・非商社型のいずれの業種においても，過半数持分ないしは筆頭株主で「経営権あり」に分類されるB-2またはC-2型のみとなっており，進出年は，全て2011年の民政移管後にあたる2014年以降である。

　第5章で詳述されたように，総合商社の海外進出は商社型・非商社型いずれにおいても，時間経過とともに「経営権なし」から「経営権あり」に段階的に移行している。この点において，近年（2014年以降）進出が始まった三菱商事のミャンマー進出はこのパターンを踏襲せず，「経営権なし」を経ず最初から「経営権あり」の投資となっている点に大きな特徴がある。この事実は，三菱商事が進出モデルを意図的かつ積極的に変化させてきた証拠と解釈できる。

第4項　三菱商事のIR／広報活動におけるミャンマーの扱い

　三菱商事のIR/広報活動においてどのようにミャンマー事業が取り上げられているかを確認する。

⑴　株主通信

　三菱商事の広報媒体の1つである株主通信（2018年6月）でミャンマーへの取

第9章　事例研究③　総合商社5社の国別進出戦略の比較　◆231

り組みが特集されている。

「ミャンマーの成長と共に　三菱商事グループの総合力で挑む」と題して，「経済開放と民主化で激動する国，ミャンマー。アジア最後のフロンティアとも呼ばれ，経済成長率は今後も7％台と高水準を維持すると予測されています。世界中の企業が注目するこの成長市場で，三菱商事グループは現在13の事業を展開し，次代の核となる新たなビジネスの創出にまい進しています。」(同p.12)と説明され，会社を挙げて重点的にミャンマーでの事業に取り組んでいることが紹介されている。

出所：三菱商事株主通信（2018年6月）

同資料では三菱商事のミャンマーでの事業として13事業のうち10事業が明記されている（表9－27）が，大規模な都市開発，空港運営，エレベーター・エスカレーター事業など，その多様性が際立つ。

｜表9－27｜ 株主通信に記載されている三菱商事のミャンマーでの事業

1	都市開発事業	「ヨーマ　セントラル　プロジェクト」 三菱地所，SPAグループなどと共に，これまでSPAグループがオフィスなどの建設・運営を行ってきた約4haの敷地を崔勝司，オフィスや分譲住宅，ホテル，商業施設などを開発・運営する総事業費6億米ドル超の大規模都市開発プロジェクト。
2	空港運営事業	「マンダレー国際空港の運営」 JALUX，SPAグループ傘下のYOMA DEVELOPMENT GROUPと設立した，MC-Jalux Airport Servicesがミャンマー第2の国際空港マンダレー国際空港を運営。日本企業が民間資本100％で海外の空港運営を手掛けるのはこのプロジェクトが初。空港の補修改善・運営・維持管理に関わる30年間の事業権契約を締結。
3	エレベーター・エスカレーター事業	「MC Elevator（Myanmar）」 2014年設立。SPAグループと共に，三菱電機製エレベーター・エスカレーターの販売・据付・保守を手掛ける。徹底した保守サービスで高品質ブランドのイメージを確立し，同国内トップシェアを獲得。
4	病院運営事業	詳細明記無
5	建設機械レンタルサービス事業	詳細明記無
6	食品製造及び食品流通事業	詳細明記無
7	工業団地造成・運営事業	詳細明記無
8	タイヤ販売マーケティング事業	詳細明記無
9	三菱自動車製車両の輸入販売事業	詳細明記無
10	いすゞ自動車製車両の輸入販売事業	詳細明記無

出所：三菱商事株主通信（2018年6月）

また，同資料の中で，SPAグループやCapital Diamond Star Groupなど，現地の重要パートナーが明示され，これらの企業との関係構築が三菱商事のミャンマー事業の成功要因の1つであることが窺える。

第9章　事例研究③　総合商社5社の国別進出戦略の比較　◆233

⑵　プレスリリース

　三菱商事のミャンマー関連のプレスリリースを通じて，同国への進出の取り上げ状況を確認する（**表9−28**）。同表の通り，2013年以降，多様な事業領域で積極的にミャンマーへの進出に取り組んできたことが分かる。

│表9−28│　三菱商事のミャンマー関連のプレスリリース

2013年2月	三菱自動車，三菱商事，YSH社，FMI社，ミャンマーにおけるアフターセールス事業に関する覚書を締結
2013年5月	ミャンマー・ティラワ工業団地開発／有限責任事業組合設立の件
2013年5月	ミャンマーにおいて三菱自動車サービスショップ一号店を開設
2013年8月	ミャンマー　マンダレー国際空港の運営事業について
2013年10月	ミャンマー・ティラワ経済特別区/日本・ミャンマー共同事業体設立について
2013年12月	ミャンマーにおける三菱自動車の取り組みについて
2013年12月	ミャンマー　イェタグン・ガス田プロジェクト事業会社への資本参画
2014年4月	ミャンマーにおいてエレベーター関連事業に参画
2014年5月	ミャンマー・ティラワ工業団地開発／販売開始の件
2014年7月	ミャンマーでタイヤ事業に参入
2014年11月	ミャンマー　マンダレー国際空港の運営事業へ参画
2015年3月	ミャンマーにおける食料・食品事業について
2015年4月	ミャンマー中央乾燥地帯における農村支援
2015年5月	三菱商事と日立がミャンマー向け鉄道信号システム一式を受注
2015年12月	ミャンマーで三菱自動車販売会社を設立
2016年7月	ミャンマー国ヤンゴン中心部に於ける大規模複合再開発事業「Landmark Project」に着手
2016年10月	ミャンマー・ティラワ経済特別区における追加開発に関する合意について
2017年3月	ミャンマーにおける病院運営会社の新規設立について
2020年12月	ミャンマー国鉄向け車両納入案件の契約締結について

　特に，2013年から2015年にかけては，年間4〜7件と高頻度でリリースしており，ミャンマーの民政移管後，同国への進出が急激に始まったことが読み取れる。

第5項　三菱商事の現地パートナー

　三菱商事はミャンマーにおいて，現地企業と強固なパートナーシップを形成している。その主な企業は，SPAグループ，Capital Diamond Star Groupである。

以下にそれぞれの企業の概要を示す。

(1) SPAグループ

Serge Pun & Associates（Myanmar）Ltd（SPA）グループは，1991年にサージ・プン氏（Serge Pun）により設立されて以来，子会社を含めて銀行事業，不動産開発事業，製造業，建設事業，自動車事業，病院事業，農業，ゴルフ場事業など，多岐にわたる事業を展開している。

FMI（First Myanmar Investment／ファースト・ミャンマー・インベストメント）は，SPAグループのファイナンシャルサービス部門に位置する会社として設立され，ヤンゴンの近代的な住宅開発地区FMIシティの開発，ティラワ地区の開発，スターシティの開発，ヤンゴン中心部のショッピングセンターであるFMIセンターなどを含めた不動産開発事業，病院経営事業やゴルフコース事業，コーヒー農園事業などを担っている。

また，SPAグループの創業者サージ・プン氏は，シンガポール証券取引所に上場しているYOMAストラテジック・ホールディングスの筆頭株主（46.9％保有）でもある。

SPA社は，三菱商事以外にも，自動車関連企業として日産自動車やスズキ，商社関連企業として住友商事とも合弁企業を設立している（ASEAN JAPAN）。

(2) Capital Diamond Star Group

Capital Diamond Star Groupは，ミャンマーの経済成長を代表する複合企業グループである。1960年代に設立されたトレーディング会社を源流とし，現在は，食品，小売，不動産，ショッピングセンター，建設会社，卸売業，コンビニ（G&G），自動車販売（フォード＆ランドローバー＆ジャガー），プレミアコーヒーなど多様な業種に事業展開している。従業員数は約9,000名に上り，ミャンマー経済内での重要な位置を占めている。2014年には，その成長性が認められ，世界経済フォーラムの「Global Growth Company」に選出されている。

三菱商事は，同グループの食品事業会社ルビア・リミテッドの株式を最大30％保有している（ASEAN JAPAN，三菱商事 2015）。

第9章 事例研究③ 総合商社5社の国別進出戦略の比較 ◆235

第6項 三菱商事の事業事例

(1) ティラワ経済特別区での日本・ミャンマー共同事業体

　三菱商事は，丸紅，住友商事と共に，ミャンマーのティラワ経済特別区における開発プロジェクトに参画している。このプロジェクトは，同経済特別区内の先行開発エリア「Class-A 地区」の開発を目指しており，日本とミャンマーの官民

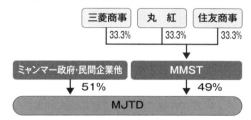

＜MJTDの出資形態＞

＜各社の概要＞
エム・エム・エス・ティラワ事業開発株式会社
（MMST）
　所 在 地：東京都千代田区丸の内 2-3-1
　事業内容：ミャンマーでの工業団地造成、
　　　　　　販売、運営を行う現地事業会社
　　　　　　の投資会社
　株主構成：三菱商事 33.3％、丸紅 33.3％、
　　　　　　住友商事 33.3％

（仮称）MJティラワ・デベロップメント社
（MJTD）
　所 在 地：ミャンマー連邦共和国ヤンゴン市
　事業内容：ミャンマーでの工業団地造成、
　　　　　　販売、運営を行う現地事業会社
　株主構成：ミャンマー政府・民間企業他 51％、
　　　　　　エム・エム・エス・ティラワ社
　　　　　　（MMST）49％

出所：日本貿易会（2013）

連携による画期的な取り組みとされる。三菱商事は，他２社およびミャンマー側官民と共同でプロジェクトの事業化調査を進め，「Class-A地区」開発の事業主体となる日本・ミャンマー共同事業体を設立し，プロジェクトを推進していた。

　具体的には，2012年夏よりClass-A地区（約400ha）を対象に，総合商社３社共同で事業化調査，環境影響調査を実施し，３社の均等出資にて設立したエム・エム・エス・ティラワ事業開発株式会社（以下「MMST」）が49％，ミャンマー政府および民間企業他が51％出資して，（仮称）MJティラワ・デベロップメント社（Myanmar Japan Thilawa Development Ltd.，本社予定地：ミャンマー　ヤンゴン市，以下「MJTD」）を設立し，同社が400haの土地使用権をミャンマー政府より取得して高品質な工業団地を開発し，2015年に開業した。造成工事は，五洋建設とミャンマー建設会社とのコンソーシアムに発注した。

　ティラワ経済特別区は，ヤンゴン市の南東約20kmに位置する総面積約2,400haの広大な敷地であり，豊富な労働力や既存港湾施設を活用することができるなどの利点がある。

(2)　マンダレー国際空港の補修・改善・運営事業

　三菱商事は，株式会社JALUX，在ミャンマー企業SPA社との３社コンソーシアムを組成し，マンダレー国際空港の補修・改善および長期運営事業に参画している。このプロジェクトは，2013年８月にミャンマー政府より，ミャンマーのほぼ中央に位置する同国際空港の補修・改善，および30年間の運営事業に係る優先交渉権を獲得し，以降事業権を獲得して事業運営されている。

　マンダレー空港はミャンマー内の12主要都市との路線を有し，国内線のハブ空港である。同空港の直近の旅客数は年平均で20％伸びており，2012年の旅客数は約58万人（国際線８万人／国内線50万人）に達している。将来的にミャンマーでの産業活動や観光が活発化することにより，同空港の旅客需要もさらに伸びることが期待されている。

　このプロジェクトでの三菱商事の役割は，マンダレー空港の将来的な旅客数の伸びに対応するため，国内唯一の海外空港運営実績を有するJALUXの知見，三菱商事の持つ空港設備の補修・改善ノウハウ，SPA社の施設運営力を活用して効率的な空港運営を実現することにある。

第７項　三菱商事のミャンマー投資のまとめ

　三菱商事はミャンマーにおいて顕著な進出を図っており，５商社中唯一，３社

以上への投資を行っており，「得意国」の分類に位置付けられる。特に，現地販売・保守（機械），インフラ（サービス），現地販売（自動車），金融（リース）の４業種と，多岐にわたる業種で進出しており，輸出中心の生産拠点確保から一歩進んで同国を市場と捉え，商品・サービス販売を重視する姿勢が顕著である。

　三菱商事のミャンマー事業の戦略的特徴は，多様な事業領域への進出と，特定の現地企業グループと戦略的な提携関係を梃に展開していること，投資はいずれも株式過半数または筆頭株主となる「経営権あり」の投資であり，経営権の確保を重要な投資判断基準として採用していることが明らかであることである。

　第５章で検討された総合商社の海外進出モデルの分析によれば，商社型・非商社型いずれにおいても，進出形態は時間の経過と共に「経営権なし」から「経営権あり」へと段階的に移行してきた。近年開始された三菱商事のミャンマー進出は初期段階から「経営権あり」の投資が行われており，これは三菱商事が戦略的に進出モデルを意図的かつ積極的に変化させてきた証拠と解釈でき，先述の海外進出モデルと高度に整合性を持っていると評価できる。

　以上のように順調な進出が続いていたが，2020年11月に執行された総選挙において，与党NLDが改選議席の８割以上を占める形で圧勝し，国軍系野党である連邦団結発展党（USDP）と国軍は選挙に不正があったと主張，国会開会予定日の2021年２月１日に国軍によるクーデターを起こした。国軍出身のミン・スエ第一副大統領が暫定大統領に就任し，１年間の期限を示して非常事態宣言を発出して国軍が政権を掌握し，10年間の民政が瓦解した。国際社会の圧力はありながらも，2024年の現段階においても軍政は継続しており，今後の展開は引き続き不透明な状況にある。

　2021年２月に発生した国軍によるクーデターは，ミャンマーの政治・経済環境を根底から変化させた。本節の事例分析は2020年時点の事業環境に基づいており，その後の政治的変動を踏まえると，現時点での直接的な引用の有効性は限定的である。しかし，2015年から2020年の民政時代における三菱商事のミャンマー進出は，その特徴的な動きから総合商社の海外進出に関して多くの重要な洞察を提供してくれる。

　三菱商事は，ミャンマー市場において，市場のポテンシャルを最大限に引き出すために包括的かつ集中的な資源投入戦略を採用した。この戦略的アプローチは，開発を必要とする市場への効果的な進出方法を示す貴重なケーススタディとして，引き続き学術的な価値を有する。

第9節　得意国の事例②　伊藤忠商事／ハンガリー

　本節では，得意国の事例研究の2例目として，伊藤忠商事によるハンガリーへの進出戦略を検証する。

第1項　ハンガリーの事業環境の概要

　ハンガリーは，中央ヨーロッパに位置し，その経済はEU加盟国としての地政学的利点に加え，高い技術力と比較的低コストな労働力により，多くの国際企業にとって魅力的な投資地となっている。
　ハンガリーの事業環境についての包括的な理解のため，以下にその基礎データを示す（表9-29）。
　このデータは，国の経済構造，産業分布，市場動向などを反映しており，伊藤忠商事の進出戦略を分析する際の背景情報となる。

｜表9-29｜ ハンガリーの基礎データ

国名	ハンガリー （Hungary）
面積	約9.3万平方キロメートル（日本の約4分の1）
人口	約970万人（2020年，中央統計局）
首都	ブダペスト
民族	ハンガリー人（86%），ロマ人（3.2%），ドイツ人（1.9%）等（2011年国勢調査）
言語	ハンガリー語
宗教	カトリック約39%，カルヴァン派約12%
略史	1699～1918年　ハプスブルグ家統治 1867年　オーストリア・ハンガリー二重帝国の成立 1920～1944年　ホルティ摂政によるハンガリー王国 1920年　トリアノン条約（領土の3分の2を割譲） 1946年　ハンガリー共和国の成立 1949年　ハンガリー人民共和国の成立 1956年　ハンガリー革命（ソ連軍の侵攻） 1989年　民主制の共和国へと体制転換 1999年　NATO加盟 2004年　EU加盟 2007年　シェンゲン協定加盟 2012年　基本法（新憲法）施行（国名をハンガリーに変更）

政体	共和制
主要産業	機械工業，化学・製薬工業，農業，畜産業
GDP	1,546億ドル（2020年，IMF）
一人当たりGDP	15,820ドル（2020年，IMF）
経済成長率	-5.0％（2020年，ハンガリー中央統計局）
物価上昇率	3.3％（2020年，ハンガリー中央統計局）
失業率	4.1％（2020年，ハンガリー中央統計局）
総貿易額	輸出　1,044.9億ユーロ 輸入　987.0億ユーロ （2020年，ハンガリー中央統計局）
主要貿易品目	輸出：道路走行車両，電気・電子機器，通信・記録機器，発電機器 輸入：電気・電子機器，道路走行車両，通信・記録機器，工業機械一般 （2020年，ハンガリー中央統計局）
主要貿易相手国	輸出：　ドイツ（27.9％），スロバキア（5.3％），イタリア（5.2％），ルーマニア（5.2％），オーストリア（4.3％） （参考）日本は0.6％で第26位。 輸入：　ドイツ（24.7％），中国（7.8％），オーストリア（5.8％），ポーランド（5.8％），チェコ（5.1％） （参考）日本は1.2％で第19位。 （2019年，ハンガリー中央統計局）
通貨	フォリント（HUF）
為替レート	1フォリント＝0.38円（2021年5月31日，ハンガリー国立銀行）
日本の援助実績	有償資金協力　49.14億円 無償資金協力　6.32億円 技術協力実績　76.90億円 （2008年度末までの合計）
対日貿易額	貿易 　輸出　1,692億円 　輸入　1,140億円 主要品目 　輸出　自動車，一般機器，半導体等 　輸入　自動車，一般機器，医療品等 （2020年，財務省貿易統計）

出所：外務省ホームページ

第2項　ハンガリーの政情・経済環境

　ハンガリーは，1989年の共産党一党体制からの体制転換後，複数政党による議会制民主主義に移行した。

　2010年の総選挙で，フィデスとキリスト教民主人民党（KDNP）からなる中道

右派連立政権が成立した。オルバーン・フィデス党首が2002年の総選挙で社会党に敗北して以降8年ぶりに，首相の座に返り咲いた。国会で3分の2を超える議席を有するオルバーン政権は，新憲法の制定を始め，選挙制度改革，憲法裁判所の権限縮小，報道に対する監督強化等の制度改革を矢継ぎ早に実施した。

2014年の総選挙では，与党フィデスが再び大勝，2期連続で政権を維持した。インターネット税導入案（後に撤回）や大規模小売店舗の日曜営業禁止（後に廃止），EU諸国が対露制裁を行う中での親露路線，対米関係の悪化などが政府批判を喚起し，一時的に支持率を落としたが，2015年の移民・難民問題への厳しい対応で国内での支持を回復させた。

2018年4月の総選挙では，移民・難民問題を選挙の争点と位置付けた与党フィデスが全国的に高い得票率で大勝し，フィデスとKDNPが3分の2超となる133議席を獲得し，5月に第4次オルバーン政権が発足した。

2019年5月の欧州議会選挙でも与党フィデスが圧勝し，同年10月に行われた統一地方選挙では，県議会選挙において与党フィデスが前回2014年の選挙同様，全19の県議会で過半数を制して第一党となり，与党フィデスへの根強い支持が見られる。一方で，首都ブダペストにおいてカラーチョニ野党統一候補が現職のタルローシュ与党候補に勝利した他，ブダペスト区長選挙においても野党が与党を上回り，県指定都市の市長選挙においても，半数近くの都市で野党が勝利し，全般的に野党が躍進するなど（外務省ホームページ），与党が盤石な支持を得ているとも言えない状況にある。

経済面では，2012年はEUの景気後退に伴い－1.4％のマイナス成長を経験したが，農業部門の回復やEU補助金の活用により2013年後半から経済が回復し，2014年はGDP成長率4.2％を達成した。その後，個人消費は引き続き堅調だったものの，EU補助金の流入が減少したことから2015年のGDP成長率は3.8％，2016年は2.1％と減速傾向になったが，2017年はEU補助金の流入が回復するとともに個人消費が引き続き堅調に推移し，4.3％のプラス成長を記録した。その後，2018年は5.4％，2019年は4.6％と引き続き高い成長を記録したものの，2020年は新型コロナウイルス感染拡大の影響により，対外貿易収支の落ち込みが主な要因となり－5％のマイナス成長となった。

経済政策としては，外資製造業誘致による再工業化を推進しつつ，将来を見据えR&D分野を中心に国内企業の育成・強化にも注力している。銀行，エネルギー，メディア部門については，ハンガリー資本の割合は既に50％以上を上回っており，小売，情報通信，建材産業，鉄道車両製造部門でも，ハンガリー政府は同様の割合を目指すとしている。EUに対する依存度が高く，EU向け輸出入の割合は全体

の約7〜8割を占めている。

政府は，銀行税をはじめとする外資をターゲットとした各種業界税や私的年金国有化等，「非伝統的な政策」により財政再建を図り，EUの過剰財政赤字是正手続の解除を実現した（外務省ホームページ）。

第3項　伊藤忠商事のハンガリーへの投資戦略とその特徴

伊藤忠商事は，ハンガリー市場において，他の総合商社と比較して顕著な投資実績を持っており，唯一3社以上への投資を行っていることから，得意国に該当する。

投資領域としては，特に自動車関連業種に注力している。投資概要は表9－30の通りである

｜表9－30｜　伊藤忠商事のハンガリー事業

会社名	業種	事業内容	創業	出資比率	類型	従業員数（日本からの派遣社員数）
Magyar Suzuki Corp., Ltd.	メーカー（自動車）	自動車製造	1992	スズキ 97.5% 伊藤忠 2.5%	B-1	2,769 (25)
Eurasia Logistics Kft.	物流	自動車輸送業，倉庫業，国際フォワーディング	1992	伊藤忠 53.2% 伊藤忠ロジスティクス 42.5% Weskamp 4.3%	C-2	333 (11)
ITC Auto Hungary Kft.	現地販売（自動車）	スズキ製乗用車・部品の小売り販売及び修理	2006	伊藤忠 100%	B-2	27 (1)

伊藤忠商事のハンガリーにおける投資の戦略的特徴は以下の通りである。
1．時代背景と進出のタイミング

伊藤忠商事は，ベルリンの壁崩壊直後の1992年という早期からハンガリーに進出した。この時期は，欧州における政治経済の大きな転換期に位置付けられ，新たな市場機会が創出された。
2．産業特化

投資先の業種は主に自動車関連の業種であり，自動車製造から物流，販売事業を行っている。
3．資本構成の変遷

初期の投資は合弁形態で行われていたが，2006年には伊藤忠商事100%の出資形態での進出も見られる。これは市場への理解が深まり，より強固な経営支配を志向する戦略的変化を示している。

第4項　伊藤忠商事の広報活動におけるハンガリーの扱い

伊藤忠商事の広報活動におけるハンガリーの扱いを検証する。

同社ホームページにて確認できる2009年以降のプレスリリースでは，ハンガリーに関する発表は限られており，唯一確認できるのは1件のみで，2016年9月の「ハンガリー『ÁERON（エアロン）』ブランドの独占輸入販売権取得について」というアパレルブランドに関するもので，投資を行っている自動車関連とは異なるものである。

一方，同社ホームページの自動車事業の活動紹介においては，「ハンガリーでは，スズキ（株）社製車両の生産事業に参画するとともに，生産用部品や製品の物流事業，周辺国の市場開拓や輸出事業，卸売事業，小売事業，設備関連事業など，自動車に関連するビジネスを多面的に展開しています。」とハンガリーを自動車分野の活動の例として説明しており，ハンガリー市場での自動車事業にとって重要なビジネスであることが示されている。

伊藤忠商事は，文化活動面でもハンガリーを応援している。日本・ハンガリー外交関係開設150周年を記念するイベント「ブダペスト国立西洋美術館＆ハンガリー・ナショナル・ギャラリー所蔵 ブダペスト―ヨーロッパとハンガリーの美術400年（開催時期：2019年12月〜2020年2月，国立新美術館）」において，伊藤忠商事の積極的な関与が確認された。

主催	国立新美術館、駐日ハンガリー大使館、ブダペスト国立西洋美術館 & ハンガリー・ナショナル・ギャラリー、日本経済新聞社、テレビ東京、BSテレビ東京、TBS、BS-TBS
特別協賛	スズキ
協賛	伊藤忠商事、学校法人城西大学、住友電気工業、ダイキン工業、竹中工務店、デンソー、東レ、豊田通商、ファナック、メタルワン、ヤマトホールディングス、ライブアートブックス
協力	三桜工業、スタンレー電気、住友商事、大気社、ユーシン、菱和、ルフトハンザカーゴ AG

出所：国立新美術館ホームページ

特別協賛のスズキと共に，協賛会社の一社として伊藤忠商事の名前が確認できる。5大商社では唯一であり，三菱商事および双日の合弁会社であるメタルワン，豊田通商とともに協賛会社となっており，ハンガリーとの関係の深さを窺わせる。

第5項　伊藤忠商事の人事におけるハンガリーの扱い

　伊藤忠商事の人事配置に関する分析から，同社にとってのハンガリー事業の戦略的重要性を確認する。

　2021年2月の人事異動において，伊藤忠ハンガリー会社社長には，自動車部門（同社子会社のヤナセの出向からの復帰）の出身者が任命された。特筆すべきは，同社長が中・東欧代表を兼務していることであり，これはハンガリーが伊藤忠商事の中・東欧地域戦略における重要な拠点であることを示している。

		ヤマシタ　リュウイチロウ
中・東欧代表 （兼）伊藤忠ハンガリー会社社長	株式会社ヤナセ	山下　隆一郎

注：左が新所属，中央が旧所属を表す。
出所：伊藤忠商事ホームページ

　加えて，過去の人事異動（2017年3月）においても，中・東欧代表兼伊藤忠ハンガリー社長は自動車部門から派遣されており，自動車部門のビジネスとの関係性の深さが確認できる。

中・東欧代表兼伊藤忠ハンガリー社長（自動車部門長補佐）　**山根義也**　＞

出所：Webサイト「異動ニュース」

　さらに，在ハンガリー日本商工会における2018年度の役員構成を確認すると，伊藤忠商事の積極的な関与が確認される。会長ポストを住友電工が担い，伊藤忠商事が幹事会社の1つとして名を連ねている。総合商社では唯一であり，ハンガリーにおける日本企業コミュニティ内で積極的な役割を果たしていることを示している。

会長：　住友電工
幹事：　伊藤忠商事，Meiji，NHK，ジェトロ

出所：在ハンガリー日本商工会ホームページ

　以上の事実は，伊藤忠商事がハンガリーにおける自動車関連ビジネスを重視し，

中・東欧地域において戦略的なポジションを築いていることを示唆している。さらに，この地域における日本企業コミュニティ内でのリーダーシップと影響力の行使も見受けられる。これらの点は，伊藤忠商事のハンガリーにおけるビジネスのグローバル戦略における重要性を明確に示している。

第6項　伊藤忠商事の事業事例

(1)　ハンガリー進出経緯

　伊藤忠商事のハンガリー進出に関連して，スズキの鈴木修会長兼社長（当時）のインタビュー（公益社団法人国際経済交流協会 2013年1月）で触れられておりインタビュー記事が掲載されているので，少し長くなるが経緯として引用する。

　　1985年頃から商社，伊藤忠さんを通じて，いろんなお話がありましてね，最終的には91年に基本契約を締結したんですが，話し合いを始めたのは85年。ベルリンの壁が破れるのは89年の11月ですから，自由化前からでした。つまり共産党政権のときに，だいたいの基本計画を締結したんです。

　　ですから，ご縁をいただいてから今年，平成25年で28年になります。日本の自動車メーカーとしては進出第一号でした。今改めてふり返ってみると，ハンガリーにとっては大変な，国家として変化の激しい時期だったと思いますが，大変ご理解をいただきまして，共産党政権でございましたけれども，非常に熱心で，誘致しようというお気持ちがとても強かったです。
　　ハンガリーに行った当時，いろんな方とお話をしていると，声を落として小声で言われるんですよ。もう共産党の時代じゃない，早く一緒にやろうと。そういう話が非常に多かったんです。当時の副首相がメジェシとおっしゃるんですが，その後首相までおやりになられた方，この方が共産党の副首相で閣僚でいらっしゃったんです。私どもが契約の記者発表をするときに，このプロジェクトは国家的なプロジェクトであるから，政権が交代しても国家として応援をする，ということをおっしゃってくださいました。私はこのご発言に一番強い印象を持ちました。共産党内閣の副首相であったメジェシさんが，これだけの宣言を一政権が交代してもやるんだという宣言をやってくださった，さすがだと思って，この方を信頼申し上げた，ということですね。その後，ご承知の通りの歴史を経て共産党体制は民主化されましたが，メジェシさんは首相をやられました。

第9章　事例研究③　総合商社5社の国別進出戦略の比較　◆245

それだけの力量のある人でいらっしゃったということです。そんなことでね，交渉のときは共産党政権でいろいろエピソードがありましたけれども，プロジェクト自体については非常に順調に進めていきました。ハンガリー側が49％，スズキと伊藤忠さんが51％持ってね，やらせていただきました。その後，自動車産業というのは設備投資が非常に大きくかかりますから，設備投資を資本金でまかなうという考え方でやりましたから，どんどん私どもが資本金を多くしていき，今では97・5％になっています。こうして出発したマジャールスズキは，日本の企業ということになっておりますけれども，ハンガリーの皆さん方は，政府をあげてハンガリーのスズキだとおっしゃってくださいます。現在のオルバンさんもね，ハンガリーのスズキなんだということで，非常に協力していただいています。

ひょっとすると一番になれるかもしれないという，ちょっと思い上がった気持ちもあったんです。私どもはご承知のように自動車メーカーとしては日本の中では，中小メーカーで大手さんと違いますから，慎重にやったんです。いろんなマーケットの調査とか繰り返してやっている中で東欧へ進出させていただくならば，勝てそうな気がしたのです。こういうことが出掛けた動機だったんですね。一時はハンガリーの国の輸出の5％を私どもの自動車の西側への輸出でしめていた。そういうところまでいきました。しかし日本から部品をもっていきましたので，ハンガリー側からみれば輸入ですね。そうするとハンガリーの貴重な外貨を使わせていただくということでもありましたので，なんとかわれわれもハンガリーの国の外貨獲得にお役に立ちたいと考えました。
（中略）
東欧へ進出して頑張ればなんとかなりそうだ，ということの中には立地条件の良さというものがあって，なかでもハンガリーは東側の一番南端というか，西端にあって，西欧，北欧，そして地中海をこえて北アフリカまで市場として考えることができます。ロシアにも近いんですよ。最近はロシアへの輸出が多くなりましたね。実に立地条件がいいんです。
出所：公益社団法人国際経済交流協会（2013）

　上記のインタビューによれば，1985年に伊藤忠からの声掛けによりスズキの工場進出の検討が開始され，1991年に基本契約を締結，当初はスズキ・伊藤忠連合が51％，現地側49％の出資で合弁事業をスタートさせ，その後設備投資による増資の結果，2013年には97.5％がスズキ・伊藤忠連合になっている。一時はハンガリーの外貨獲得の5％が同事業であるほど，ハンガリーの基幹産業に成長した。
　同事業は，首都ブダペストから車で1時間程度の距離になる古都エステルゴム

に東京ドーム12個分の広大な敷地面積を有する工場を構え，約2,500人の従業員がおり，生産台数は年18万台。生産された車は欧州を中心に輸出されており，一部は日本にも輸出されている（東京中小企業育成株式会社ホームページ）。

　なお，日系メーカーの視点から，東欧進出の鍵は（伊藤忠商事のような）パートナーにある，という解説もあるので，関連情報として付記しておく。

　　我が国の自動車メーカーとしては小規模であるスズキが，なぜ，リスクが高そうなベルリンの壁崩壊直後の東欧進出第一号として成功できたのでしょうか。実は，この成功を支えた重要なパートナーの存在があります。

　　マジャールスズキの隣地，というより，もはや敷地の一角といえる場所にあり，同社の物流機能を担うユーラシアロジスティクス社。その親会社，伊藤忠商事こそ，進出当初からスズキを支えたパートナーなのです。ユーラシアロジスティクス社はスズキのハンガリーにおけるビジネスを支援するために伊藤忠が設立した会社で，現在はハンガリー，ポーランド，ロシア各1拠点の体制でマジャールスズキの完成車の輸送や生産計画とリンクした部品調達の体制を確立しています。視察会で訪問したときにも，ユーラシアロジスティクス社のプレゼンはマジャールスズキの事務所でしていただくなど，まさに一体で事業に取り組んでいる様子を見ることができました。「メーカーが商社を活用する形態についてとても良いモデルだと思った」（大和合金・萩野社長）との声が参加者からあったように，日系メーカーが海外進出をする際の商社との協力体制として，一つの成功形態であるように感じました。

出所：東京中小企業育成株式会社ホームページ（機関紙「育とう」202号）

(2)　スズキとの合弁事業発展経緯

　伊藤忠商事のスズキとの合弁事業は，1992年のハンガリーでの自動車製造から始まり，その後，複数の国に広がっている。進出年，進出国，業種，資本構成を整理した表を示す（**表9−31**）。

　この表から，伊藤忠商事とスズキの間での合弁事業の展開がハンガリーでの自動車製造から始まり，その成功を基に提携関係が深まり，他の国々に拡大していったことが確認できる。

　近年では自動車販売や販売金融においては，伊藤忠が過半数以上の出資比率を持って経営を主導しているケースも見られ，総合商社が経営権を重視する動きが明確になっている。

第9章　事例研究③　総合商社5社の国別進出戦略の比較　◆247

｜表9－31｜　伊藤忠商事とスズキの合弁事業

年	国	業種	資本構成
1992	ハンガリー	自動車製造	スズキ 97.5%，伊藤忠 12.5%
1994	ウクライナ	自動車販売	伊藤忠 100%
2005	インドネシア	販売金融	スズキ 80%，伊藤忠 19%，現地資本　1%
2005	ロシア	自動車販売	伊藤忠 50%，スズキ 50%
2006	ハンガリー	自動車販売	伊藤忠 100%
2008	タイ	販売金融	伊藤忠 70%，スズキ 30%

出所：伊藤忠商事ホームページ

第7項　伊藤忠商事のハンガリー投資のまとめ

　伊藤忠商事のハンガリーにおける投資活動は，1985年の伊藤忠商事からスズキ
への働きかけを契機に，スズキの工場進出の検討が開始され，1991年に基本契約
を締結，続く1992年に事業展開が開始された。

　初期段階ではスズキ・伊藤忠連合が51％，現地側49％の出資で合弁事業をス
タートさせ，その後設備投資による増資の結果，現在ではスズキ・伊藤忠連合が
97.5％の出資比率を持つに至っている。この事業は，一時はハンガリーの外貨獲
得の5％を占めるに至り，ハンガリーの基幹産業へと成長した。

　スズキとの合弁工場の一角には，伊藤忠商事が設立した物流会社ユーラシアロ
ジスティクス社が所在しており，進出当初からスズキのハンガリー事業を支える
パートナーとなっている。現在はハンガリー，ポーランド，ロシア各1拠点の体
制で，マジャールスズキの完成車の輸送や生産計画とリンクした部品調達の体制
を確立させている。

　伊藤忠商事のハンガリー投資の戦略的特徴は以下の通りである。

　1．産業特化：自動車関連に特化
　2．提携関係の深化：ハンガリーでの成功により，スズキとの提携関係強化の
　　　契機となり，他の市場での協力に発展
　3．資本形態の進化：初期は合弁形態で始まったが，2006年には100％出資形
　　　態を実現
　4．経営権の志向：近年，伊藤忠商事が過半数以上の出資比率を持つケースが
　　　増加し，経営権の重視が顕著

　以上の分析から，伊藤忠商事のハンガリーにおける投資戦略は，時代背景と市

場環境への敏感な反応と，特定産業に対する集中的な資本配分，経営権確保に焦点を当てていることが明らかである。この戦略により，伊藤忠商事は，戦略的柔軟性を確保しつつ経営影響力の向上を実現していると言える。

第10節　考察

　総合商社の海外進出戦略は，表面的には一定の共通性を持つように見受けられるが，各国や市場に対する戦略的優先度や経路依存的な特性に焦点を当てた詳細な分析により，商社間の差異が明らかになった。

　俯瞰的に見れば，総合商社の海外進出は，初期段階では事業機会の探索が中心であり，伊藤忠商事がスズキに合弁を提案した事例のように，現地の海外事務所や支店，現地法人の情報源を活用して事業の可能性を探る。その情報を基に，メーカーや現地のパートナー企業との協業により，現地への進出を実現する。このように，総合商社の海外進出は，初期の段階では事業機会優先的な側面が強いことが分かる。

　進出の第一段階では，通常はマイナー出資の形が主流であるが，現地での事業活動が進展するにつれて，三井物産のブラジル進出や住友商事のベトナム進出のように，制度や市場に関する深い知識とネットワークを活かし，他の業種やパートナーを巻き込み，多角的な活動を展開する。

　最近では，第5章で確認されたように，総合商社自身が経営権の保持に重点を置く傾向が顕著であり，近年になって鎖国を解き自由化されたミャンマーでは，三菱商事が全ての投資先について最初の段階から経営権を保持し，パートナーがマイナー出資という形態で現地に進出することが確認され，総合商社の進出モデルが変化していることを示唆している。

　これらから，総合商社のビジネスモデルにおいては，進出先選択の戦略と過去の経験が重要であり，その戦略は経路依存的である。一方で，業種選択における選択肢の多さに比べ，経済環境や制度の観点から国選択の自由度は限られているという制約がある。どこの国でも高度経済成長が見られるわけではないからである。しかし，旧共産圏であったハンガリーで合弁事業を立ち上げた伊藤忠商事の事例が示しているように，捕捉された事業機会を最大限生かす活動が継続的に行われており，そのために現地パートナーの発掘および選択もまた総合商社にとっては重要となる。

　一見すると，製造業ではない総合商社の海外進出はマイナー投資が多く，受動的あるいは非主体的に見えるが，企業間提携と情報ネットワークを最大限活用し

て事業を作り出しており，総合商社の事業創造は商社特有のパターンを持っていると観察される。

　国際ビジネス研究のフレームワークであるウプサラ・モデルで想定する国・市場は，自社の製品・技術を販売・製造できる対象として見ているが，総合商社にとっては国・市場自体が事業機会発掘の起点でもあり，事業機会からパートナーとなる企業提携を考えるという，製造業とは逆のアプローチとなっている。したがって，業種選択と市場・国選択は，総合商社にとって同等の戦略的意味を持ち，相互に影響し合う関係となっていることが分かる。

　以上の分析から，総合商社のビジネスモデルは，進出先の戦略的選択と過去の経験，そしてそれらの相互作用によって形成されると言える。これらの要素は，総合商社のビジネスモデル構造を理解し，モデル化する上で重要な洞察を提供する。

第11節　本章のまとめ

　本章では，事例分析を行うことで総合商社間の国別の進出戦略の違いを確認するために，進出国の優先順位（各社内での進出社数の国別順位）の比較を行い，他社との比較で相対的に重視している国（本章では「重視国」と呼称），重視していない国（同様に「非重視国」），また5社のうち1社のみが進出している国（同様に「得意国」）を比較分析した。

　検証のアプローチとして，国別の業種（現地法人，商社型，非商社型）ごとの進出会社数をカウントし，各社ごとの進出会社数合計に基づき各社における進出国の順位を調べ，その順位が他社との比較において上位か下位を確定させ，上記の定義に基づき定量的に重視国，非重視国，得意国を決定し検討を行った。

　上記の結果得られた各社ごとの分類の中から，特徴的な重視国，得意国として，三井物産のブラジル，住友商事のベトナム，三菱商事のミャンマーおよび伊藤忠商事のハンガリーをピックアップして，進出経緯や業種などの事例分析を行った。

　本章のRQであるRQ9-1〜9-3に対する，本章で明らかになった事実は以下の通りである。

RQ9-1：総合商社は各社が似たような事業を展開しているが，進出する国に違いはあるのか。

　進出する国に違いがあることが確認され，重視国，非重視国，得意国の分類を

用いてその特性を分析した。

　全方位進出型の商社（三菱商事，住友商事）とメリハリを利かせて進出する国を選択する選択的進出型の商社（三井物産，伊藤忠商事，丸紅）に大別された。

RQ 9 - 2：進出国の違いがある場合は，どのような特徴があるか。

　各社の強みのある特定業種（三井物産のブラジルは資源・インフラ，住友商事のベトナムは不動産・金属・自動車など）への進出から始まり，他の業種に広がっている特徴が確認された。

　また，時間の経過とともに経営権の確保に重点を置く傾向が観察された。

RQ 9 - 3：その特徴から総合商社の事業戦略や事業発展形態が読み取れるか。

　競合他社とは異なる優先順位や進出戦略の分析を通じて，各社の戦略や強みを理解できるだけでなく，総合商社間の国別の進出戦略の違いを定性・定量両面から分析することで，総合商社の事業発展形態の変化や総合商社の戦略的志向性が読み取れた。

　ウプサラ・モデルで想定する国・市場は，自社の製品・技術が販売や製造できる対象として見ているが，総合商社にとっては国・市場自体が事業機会発掘の起点でもあり，事業機会からパートナーとなる企業提携を考えるという，製造業とは逆のアプローチとなっている。したがって，業種選択と市場・国選択は，総合商社にとって，同等の戦略的意味を持ち，相互に影響し合う関係となっていることが分かる。

　以上の分析から，総合商社のビジネスモデルは，進出先の戦略的選択と過去の経験，そしてそれらの相互作用によって形成されると言える。これらの要素は，総合商社のビジネスモデル構造を理解し，モデル化する上で重要な洞察を提供する。

‖ 注 ‖
1　基礎収益＝（売上高総利益－販売管理費－利息収支＋受取配当金）×（1 －税率）＋持分法損益
2　「中所得国の罠」は2007年に世界銀行が初めて用いたワードとされる。
3　2021年2月の国軍によるクーデターにより現在は軍政が敷かれている。

第10章

総合商社のビジネスモデルに関する包括的な考察

　本章では，本研究を通じて明らかになった事実と洞察に基づき，総合商社のビジネスモデルに対する包括的な考察を展開する。

　総合商社のビジネスモデルの本質は「ビジネス創造」（垰本 2015）をその核心としていると指摘されているが，その成立と運営メカニズム，外部および内部の影響因子，および組織的能力（ケイパビリティ）についての体系的な研究は未だ十分ではない。

　本研究では，総合商社のビジネスモデルの変革が組織学習によって支えられていることを重要な観点として分析を進めてきた。この章では，これまでに確認された事実を基盤として，総合商社のビジネスモデルを概念化，モデル化する試みを行う。

　さらに，総合商社のビジネスモデルが直面している課題や，そのビジネスモデルのさらなる発展に向けた戦略的示唆についても考察する。

　以上のアプローチにより，総合商社のビジネスモデルに対する新たな理論的枠組みを提供し，その実務的な応用に関する議論を深めていく。

第1節　主要な研究成果の整理

　本研究での主要な研究成果を整理すると以下の通りとなる。（　）には詳述した章を示す。

1．総合商社の起源と進化

　総合商社は日本の近代化のはじまりである明治期に誕生し，日本経済の成長と密接に連動して，各時代の社会的・経済的要請に応じて，そのビジネスモデルを逐次変革させてきた。これは，時代の変遷に対応する総合商社の適応能力を示し

ている（第2章）。

２．海外進出モデルの分析

先行研究が指摘する総合事業運営・事業投資会社化の観点から，海外進出形態の変化に着目し，総合商社の海外進出モデルを提示し，詳細に分析した。

事業発展プロセスを考慮して，総合商社の海外進出形態が時間経過に伴って「現地法人」から「経営権のない海外投資」へ，さらには「経営権のある海外投資」に変化する，そのような総合商社の新たな海外進出モデルを用いて，事業投資先の計測要素として経営権の有無を検討した結果，総合商社が経営権を有する形態の投資に段階的にシフトしていることが統計分析により実証的に確認された。モデルへの適合度合は対象とした5社により異なるが，モデルへの適合度は企業規模と相関関係があることが明らかになった。

この変化は，商社型および非商社型双方の事業においても観察され，海外進出形態の変化は資本市場からの圧力による採算管理やリスクマネジメントの強化により，「事業投資化」「非商社事業への展開（総合事業運営化）」が促進されたことが確認された。その背後にはダイナミック・ケイパビリティに基づく組織学習が存在すると指摘し，これは，KBV（Knowledge-Based View）理論での「外部からの学び」，「内部からの学び」を伴う組織学習により知識創造が行われ，形態変化が連続的に実践されていったものであると考察された。これらは総合商社の海外進出形態の変化が漸進的・段階的に現れたという実証分析結果と整合している（第5章）。

３．人材と組織学習

英国多国籍商社と総合商社の比較分析から，総合商社が存続し続ける理由を探究した。英国多国籍商社と総合商社の事業形態は外形的に類似性が認められたものの，特に高度な人材の蓄積という点で大きな差異が確認された。

総合商社のビジネスモデルを特徴付ける要素として，going concernを前提とした法人実在性，それゆえの情報・知識を経営資源として有効に活用しようとする内部インセンティブ，さらに事業戦略遂行のために組織特殊優位性の源泉となる人材の蓄積とその活用の存在が浮かび上がった。総合商社のビジネスモデルを考える上では，FDIをはじめとする海外進出が，フリースタンディングカンパニー（FSC）のようにその事業自体が目的なのか，あるいは戦略的な意味合いを持った競争優位性獲得のための反復的な活動なのか，という視点を生み出すことを指摘した。

これらのアプローチにより，英国多国籍商社と総合商社の違いを定性・定量両面から探究し，英国多国籍商社とは異なる総合商社の独自性として，事業変革力および持続可能性について考察を行った。総合商社のビジネスモデルの変革力と持続性は，その組織が直面する環境のダイナミックな変化に対応する能力に根ざしており，これは組織学習と高度な人材層によって支えられていることが明らかになった。また，総合商社が今後も持続的にビジネスモデルを進化させて存続していくためには，組織学習を促進する高度な人材の継続的な確保が不可欠であるという重要な示唆を得た（第7章）。

4．進出国選択の特徴

総合商社の海外進出戦略は，表面的には一定の共通性を持つように見受けられるが，各国や市場に対する戦略的優先度や経路依存的な特性に焦点を当てた詳細な分析により，商社間の差異が明らかになった。

俯瞰的に見れば，総合商社の海外進出は，初期段階では事業機会の探索が中心であり，現地の海外事務所や支店，現地法人の情報源を活用して事業の可能性を探る。その情報を基に，メーカーや現地のパートナー企業との協業により，現地への進出を実現する。このように，総合商社の海外進出は，初期の段階では事業機会優先的な側面が強い。

進出の第一段階では，通常はマイナー出資の形が主流であるが，現地での事業活動が進展するにつれて，制度や市場に関する深い知識とネットワークを活かし，他の業種やパートナーを巻き込み，多角的な活動を展開する。総合商社にとっては国・市場自体が事業機会発掘の起点であり，捕捉された事業機会を最大限生かす活動が継続的に行われ，事業機会からパートナーとなる企業提携を考えるという，製造業とは逆のアプローチとなっている点が特徴的である。

最近では，総合商社自身が経営権の保持に重点を置く傾向が顕著であり，これは総合商社の進出モデルが変化していることを示唆している。

これら分析の結果，ビジネスモデルは各社の戦略的選択と経路依存性に影響を受けるものであり，進出先の選択と過去の経験，そしてそれらの相互作用によって形成されることが確認された（第9章）。

5．投資会社および産業コングロマリットとのパフォーマンス比較

現代の類似企業である投資会社や産業コングロマリットとの比較において，総合商社のパフォーマンスは相対的に劣後していることが確認された（第8章）。

この劣後性は，総合商社の投資ポートフォリオが企業価値最大化に向けて最適

化されていないこと，そして投資家からの将来収益に対する期待に応えられていないことを示している。これは，「コングロマリット・ディスカウント」の状態にあると解釈された。

　総合商社は，事業投資を強化しているものの，取り上げた投資会社や産業コングロマリットが持つポートフォリオの柔軟な組み換えや機動性に制約があり，その結果，産業別の成長を見据えたポートフォリオの抜本的な組み換えに至っていないことが明らかになった。この状況は総合商社のビジネスモデルが歴史的な経路依存性に縛られていることを示している。

　これらの制約と劣後性の背後には，総合商社の分権経営体制が影響していると考えられる。この体制下では，部門の発言力が強く，新規分野への戦略的な投資が既存分野への投資に比べて劣後する傾向があり，これが企業価値に対する投資家の評価を低くしている要因と言える。このような経営体制は，各ポートフォリオへの資源配分を大きく変更する戦略的な投資判断を妨げ，その結果として企業価値の最大化が達成されていないと評価される。

6．企業価値創造の分析

　総合商社がトレーディング事業から事業投資に軸足を移すことでビジネスモデルの変革を行ってきた背景の下，ビジネスモデル変革が資本コストを考慮した企業価値創造にどのような影響を与えたのかについて，総合商社5社の企業価値創造についてパネルデータ分析により実証分析を行った。

　資本コストを考慮した企業価値創造の統計分析から，経営権有比率の上昇は企業価値に正の効果を与えることが確認された。商社型投資においてもその傾向が認められる一方で，非商社型投資においては経営権有比率の上昇は企業価値に負の効果があることが確認された。この結果と財務データ分析から，総合商社は企業規模（株主資本）の増大に見合った価値創造ができておらず，各社が積極的に進める非商社型事業への進出は企業価値創造に寄与していないことが明らかとなった。パネルデータ分析の特徴である個別効果の評価からは，企業規模（総資産）とEVAとの間に負の相関関係が認められた。個別効果は回帰式の切片を表すことを踏まえると，企業規模の増大がEVAに対して負の影響を及ぼしていること，企業規模が一定規模を超えるとEVAに対して正の効果が生じることが示唆された。

　非商社型事業において，総合商社の組織学習の蓄積が不十分であり，効率的かつ効果的な経営ができておらず，未だ学習の途中であることが推察された。従来の総合商社の経営戦略は，事業投資の進化と投資先経営の強化を目指してきた。

第10章　総合商社のビジネスモデルに関する包括的な考察　◆255

しかし，第6章での分析結果を踏まえると，「非商社型事業の経営権有比率の上昇が企業価値を毀損している」事実を踏まえ，非商社型事業で商社型同様に経営権有比率を単純に高めていくことが常に正解とは限らないと認識し，非商社型事業において成功確率を高める戦略，例えば業種・分野ごとに戦略を選択的に変える手法を取るべき，といった企業価値創造理論を考慮した新たなポートフォリオ戦略の有効性を示唆する。これは代表的な理論の1つであり，海外進出には経験的知識が不可欠であり差別化要因となるとするウプサラ・モデル（Uppsala model）と整合的である（第6章）。

　以上の研究成果を基に，総合商社のビジネスモデルに対する深化した理解とその進化の方向性について考察を進める。

第2節　ビジネスモデルの定義と総合商社のビジネスモデルの特性

　ここで改めて，「ビジネスモデル」の概念の再確認をしておく。本研究ではAmit and Zott（2001）の定義に基づき，本研究では「ビジネスモデルとは，事業機会を生かすことを通じて，価値を創造するためにデザインされた諸処の取引群についての内容・構造・ガバナンスの総体」という定義を採用している（第5章）。

　Amit and Zottは，インターネット企業の分析を通じて，「価値創造のためのビジネスモデル設計」に関して4つの基本要素を帰納的に導出している。

　1．効率性（Efficiency）
　2．補完性（Complementarity）
　3．囲い込み（Lock-in）
　4．新奇性（Novelty）

　以下では，これらの定義に基づき，本研究で明らかにされた総合商社のビジネスモデルの特性を分析する。

1．効率性

　総合商社は，リソース・ベースド・ビュー（RBV）に基づく組織学習と内部知識を活用し，国や業種を戦略的に選択している。国際市場の不完全性を階層組

織内に統合し，ビジネスプロセスを効率化することで，事業活動の経済合理性を実現している。

2．補完性

総合商社の存在は，日本の産業，特に製造業に対する補完性と，需要と供給の間の補完性の2つの側面を有する。日本企業は，垂直統合・内部化を志向する欧米企業と異なり，コア機能以外を外部に委託する傾向が強く，総合商社はその委託を受ける先として補完的な役割を果たしている。

また，貿易会社の本分として，需要と供給の裁定（アービトラージ）を行うことを生業とする総合商社は，需要や供給で発生するインバランス問題に敏感であり，それに商機を見出し，伝統的には貿易で，近年では事業投資によりそれを実現している。

3．囲い込み

総合商社は特定の国に対して集中的な投資を行うことで，市場における囲い込みを実現している。例えば，三井物産のブラジルや住友商事のベトナムがそれに該当する。また，伊藤忠とスズキの関係のように，特定の業種や国のパートナーとの深い関係性を築くことで，囲い込みを強化している。

4．新奇性

総合商社は，日本独自のビジネスモデルを持つ業種であり，その経営活動を通じて得られた知識によって，模倣困難な独自性を確立している。

以上の分析から，総合商社のビジネスモデルは，Amit and Zottの提唱する「価値創造のためのビジネスモデル設計」の4つの基本要素を満たしていることが確認された。このことは，総合商社のビジネスモデルが持つ多面性とその進化の方向性に対する理解を深める上で，重要な示唆を提供している。

第3節　ビジネスモデルを支えるケイパビリティの内部構造

本節では，総合商社のビジネスモデルの核心である海外進出戦略に焦点を当て，その背後にあるケイパビリティの内部構造を詳細にモデル化する。

総合商社は高度に多角化された事業ポートフォリオを持ち，その戦略は，進出国・市場知識，業種知識，および経営戦略・経営力の3つの要素から成り立って

いる。

業種面では，総合商社は商社型事業と非商社型事業の双方で経営支配を強化し，組織学習を通じて能力を拡充している（第5章）。

進出国・市場面からは，総合商社は獲得した経験的知識を通じて組織学習を促進し，他社との比較において，特定の国を重視または得意としていることが確認されている（第9章）。

経営戦略・経営力面では，総合商社は株主や格付会社他の外部からの収益増大要求やリスクマネジメント強化の圧力に対応し，事業投資会社へと変貌を遂げている。特に近年ではより高度な経営力を持つことで経営支配を強化する方向で，経営権を保持する投資先を増やしている。

進出国や進出業種の選定プロセスにおいて，市場知識と業種知識が相互に影響を与え，国を中心とした意思決定，または，業種を中心とした意思決定のいずれかが行われていると推測される。

組織学習の効果は，組織の知識を増加させ，その結果として組織の戦略的能力の刷新を促進する（周 2003）。このケイパビリティ構造の基盤となっているのが組織学習であり，獲得された市場と業種の経験的知識の相互作用とフィードバックを通じて，戦略の実行に繋がり，海外進出と事業拡大を促進している。このケイパビリティ構造は高度な人材の集積に支えられており，事業環境への適応能力を高めているのである（第7章）。

以上の分析により，総合商社のビジネスモデルを支えるケイパビリティの内部構造が明らかとなった。その構造を図10－1に示す。この構造は，総合商社が持つ多面性とその進化の方向性に対する理解を一層深めるものであり，今後の研究においても重要な指針を提供することが期待される。

｜図10－1｜ 総合商社のビジネスモデルを支えるケイパビリティ構造

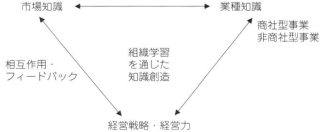

第4節　総合商社のビジネスモデルと
ウプサラ・モデルへの拡張適用

　本節では，先に検討したケイパビリティの内部構造を基盤に，ウプサラ・モデルを総合商社のビジネスモデルに適用する形で拡張を試みる。

　ウプサラ・モデル（**図10-2**）は，海外生産がオペレーションモードの1つとなっていることから分かる通り，暗黙的に主に製造業における本業のグローバル化を前提としている。ウプサラ・モデルの核心である知識の重要性は業種によって変わるものではないが，総合商社の多角化戦略やポートフォリオ管理を取り込むには，モデルの修正が必要となる。

┃図10-2┃　ウプサラ・モデル

		Mode of operation　オペレーションのモード			
				FDI (foreign direct investment) 外国直接投資	
		No regular export (sporadic export) 不定期な輸出	Independent representatives (export modes) 独立の代理人	Foreign sales subsidiary 海外販売子会社	Foreign production and sales subsidiary 海外生産・販売子会社
市場（国）Market (country)	Market A			Increasing market commitment 市場コミットメントの強化	
	Market B				
	Market C	地理的分散の増加 Increasing geographic diversification	Increasing internationalization　国際化の進展		
	Market D				
	・				
	・				
	・				
	Market N				

出所：Forsgren and Johanson（1975）を元に改変・訳語追加。

　ウプサラ・モデルでは，縦軸に進出国を，横軸に進出形態の段階を配置する。ウプサラ・モデルには多角化戦略の概念が含まれていないため，複数の事業を

ポートフォリオとして管理する産業コングロマリットや投資会社，あるいは総合商社に適用する場合には，多角化の概念をどのようにモデル内に取り込むのかの検討が必要になる。

以上を踏まえて，本研究で確認された事実を包括的に説明できるモデルとして，ウプサラ・モデルを総合商社に適用した拡張モデルを提示する（図10−3）。

▎図10−3 ▎ 拡張ウプサラ・モデル（総合商社バージョン）

このモデルにおいては，縦軸に進出国（市場）を配置している点はウプサラ・モデルと同じである。横軸には，第5章で確認された成果を取り込み，駐在事務所や現地パートナーからの情報に基づく活動から，現地法人設立により海外直接投資（FDI）への進行度を示している。またその後は，現地法人（A）から，商社機能の経営権なし投資（B-1），商社型事業の経営権あり投資（B-2）へと段階的に進むこと，同様に現地法人から非商社型事業の経営権なし投資（C-1），経営権ありの投資（C-2）へと段階的に進むことを示している。現地法人から商社型事業，あるいは非商社型事業に進展していくことは相互に独立した動きであ

り，進出国に関する知識は相互作用しながら蓄積されていく。その観点で，進出国（市場），業種，進出形態の3軸からなる多元的な関係性を有するとも言えるが，3次元モデルは一般に分かりにくく，3次元の関係を2次元に写像したこのモデルのほうがフレームワークとして理解しやすく，また使いやすいと考えられるため，2次元で表現する。

　オリジナルのウプサラ・モデルにおいては，企業は自国（home country）と文化的，制度的，地理的距離などが近い国々から進出を開始し，経験を蓄積しながら展開を行うとされている。このモデルでは，初期の進出においてこれらの類似性が重視され，経験を通じて学習をしていくことで徐々に文化的，制度的，地理的距離が遠い国にも進出の範囲を広げていくことが可能となる，との考え方である。

　総合商社における海外進出の決定においても，経験を通じた学習の重要性は変わらないものの，自国との文化的，制度的，地理的距離は必ずしも投資判断の唯一の決定要素でなく，ウプサラ・モデルの適用には限界が見られる。すなわち総合商社が世界中に張り巡らせた広範なネットワークから得られる事業機会の情報が海外進出の起点になることが一般的である。このため，総合商社の地域展開には一定のランダム性が認められ，必ずしも自国と文化的，制度的，地理的距離が近い国から進出するとは限らない。さらに，総合商社の進出国の選定は，国や市場に関する経験的学習に加え，業種に関する学習や経営に関する学習が内部で行われているかどうかによっても影響を受ける。これにより，進出パターンにおいて単に国だけを観察した場合は，ジグザグ的な特徴が見られることになる。これは総合商社が直面する多様な市場環境と戦略的選択の複雑さを反映している。したがって，総合商社の国際市場進出における地域展開のパターンは，オリジナルのウプサラ・モデルにおける従来の理解を越えた，より複雑かつ多面的な現象として捉える必要がある。この拡張モデルは，田中（隆）（2012）による総合商社の新しい定義である「総合事業運営・事業投資会社」という概念が全て包含できるだけでなく，経営支配を強めるという近年の総合商社の経営戦略も網羅したモデルとなっている点にこのモデルの優位性がある。

　これまでの国際ビジネス研究では，海外進出形態や進出先国の選択はそれぞれ独立に，あるいは両者を同時決定的に議論されてきたが，本研究は進出形態や進出先国に加えて，業種の変化も取り込んでいる点に大きな特徴がある。

　一方で，この拡張モデルの限界についても評価しておく。

　第一に，FDIにおける意思決定のランダム性についてである。総合商社の事業機会の探索は，市場の失敗（ビジネス機会）の発見と，進出国および業種に関す

る経験知識の融合によって意思決定が行われる。このプロセスは，一般に取引コスト理論に基づく内部化の論理に従う。しかしながら内部化の論理は，企業の境界問題を取引相手との取引の効率性に還元する傾向があり，内部化理論を前提とする市場の失敗のパラダイムは，静学的な概念に過ぎず（長谷川 1998），多国籍企業である総合商社の複雑な現実の事業環境と比較して，過度に単純化され過ぎていると言える。実際のビジネス環境は動的かつ予測不可能なものであり，事業機会を優先して意思決定が行われることが多いと考えるほうが合理的である。

　第二は，商社型と非商社型の区分についてである。国家は国境によって明確に区分されるが，業種の境界は必ずしも明確ではない。業種の定義は，時代や経済環境，各国の規制，テクノロジーの進展，ビジネスモデルの変化によって大きく変動する。総合商社自身の定義や事業領域が動的に変化する中で，商社型と非商社型の区別には自己循環的な曖昧さを避けられないという限界が存在するであろう。

　第三に，進出形態の多様性についてである。ウプサラ・モデルでは，形態の変化を一方向かつ段階的なものとして前提としているが，多国籍かつ多角化する総合商社は，多種多様な組織学習の過程にあると考えられる。経営戦略としての経営支配の強化は一定の傾向にあるが，投資先の経営支配が一定のレベルに達し，特定領域における業界知識が蓄積されると，市場や業種ごとに企業価値創造とリスク，リソースのバランスを取るスイートスポットを探る戦略も選択肢となる。第8章でベンチマーク企業として取り上げたバークシャー・ハサウェイの例を見ると，経営支配を伴う投資，金融取引に留め経営支配を伴わない投資，業務提携などを使い分けており，戦略オプションの多様性が見て取れる。FDIの形態が成熟するにつれ，このような多様な戦略オプションが総合商社の強みとして発揮される可能性が高く，ウプサラ・モデルで想定する一方的かつ段階的な変化では捉えられなくなる可能性がある。

第5節　総合商社と多角化戦略

　総合商社のビジネスモデルは，その歴史的経緯を検討したことで明らかになった通り，本質的に多角化戦略を内包している。多角化戦略を欠く総合商社の存在は理論上考えにくい。

　淺羽（2004）によると，多角化戦略と企業パフォーマンスの関係に関する実証研究は，コア事業を有する専業型企業が高いパフォーマンスを示すという結果を示している。これは，「選択と集中」という現代の戦略傾向と一致しており，単

一事業への資源集中が企業の持続的成長に不可欠であるとの見解を支持する。しかしながら，どんな事業も永久的な成長は不可能であり，コア事業のみに依存することは成長性において不安要素をはらんでいる。Hamel and Prahalad（1994）は，多角化かコア事業への集中かという二者択一の議論は不毛であり，事業の多角化は必須であると指摘している。

中野（2011）は，日本企業における多角化が企業価値にディスカウントをもたらしていると指摘し，特に地域多角化に関してはこの傾向が顕著であるとしている。これは，事業および地域の双方での多角化を行う総合商社の視点に立つと厳しい指摘であり，総合商社のビジネスモデルの成長性に関する見通しに影響を与えうる。

多角化戦略の理論は，Rumeltの3類型のように，暗黙的に本業の存在を前提としている。また，これらの理論は主に製造業を想定しているとも言える。このような古典的な多角化戦略の概念は，総合商社には適用が困難であるという制約が存在する。

吉原・佐久間・伊丹・加護野（1981）は，1958年から1973年にかけての15年間の日本企業118社の多角化とパフォーマンスの関係について研究を行った。彼らは，多角化指数（Diversity Index）を用いて，投下資本利益率（ROIC），自己資本利益率（ROE），売上高成長率（GSL），利益成長率（GER），リスク（RSK）といったパフォーマンス指標を比較した。その結果，多角化戦略がパフォーマンスに異なる影響を与えることを示し，特に収益性と成長性の両方で最高のパフォーマンスを達成する多角化戦略は存在しないと結論付けた（図10－4）。

吉原らの研究は，多角化が進むとパフォーマンスが低下するという結論を示している。しかし，第6章で詳述した企業価値創造（EVA）の個別効果係数の結果は，企業規模（総資産）とパフォーマンスの関係は逆U字型の曲線を描いている（図10－5）。総合商社において企業規模（総資産）を多角化の代理変数とみなす場合，図10－6に示されるような関係性が存在する。この結果は吉原らの研究結果とは異なるパフォーマンス曲線を示していると解釈される。

企業規模（総資産）が多角化の代理変数とみなせるかどうか，また，サンプルサイズの小ささによる外れ値である可能性など，データの頑健性の検証は必要ではある。現時点でこれらの検証は行われていないが，第9章での国別進出戦略の比較において，最も総資産が大きい三菱商事が最も多角的な進出戦略を採っていると考えられ，海外投資先数も多い（表5－3）という事実がある。さらに，パネルデータ分析の結果は，個別効果の存在が統計的に1％または0.1％の有意性を持っている（表6－8）。これらの結果から，一定の頑健性は確認されていると

第10章　総合商社のビジネスモデルに関する包括的な考察　◆263

言える。

| 図10－4 | 多角化とパフォーマンスの概念図

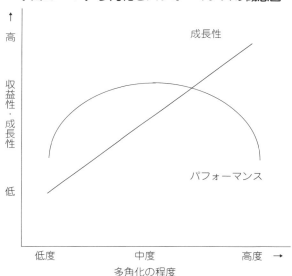

出所：吉原他（1981）を元に改変。

| 図10－5 | 総資産と個別効果係数の関係（図6－8再掲）

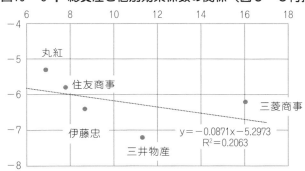

注：［横軸］総資産（兆円），［縦軸］個別効果係数（x10^5）

| 図10－6 | 総合商社における多角化とパフォーマンスの概念図

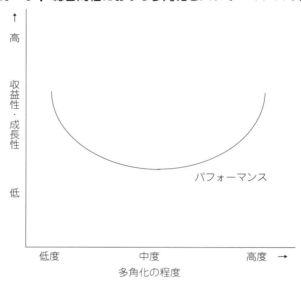

　この結果は，階層組織であっても，情報伝達や組織学習を最適化することで，多角化が進むにつれて生じるパフォーマンスの低下を克服し，シナジーを発揮して競争優位を確立できる可能性を示している。これは，効果的な情報伝達と組織学習のメカニズム，および組織デザインの重要性を示唆している。

　多角化戦略研究における新たな展開として，産業ネットワークにおける企業のポジショニングが外的な情報優位性の獲得に重要であると指摘されている（Anjos and Fracassi 2015）。この文脈での情報優位性とは，参入している産業の情報ネットワークにおける「中心度（centrality）」によって定義される。多角化は一般に企業価値に対してコングロマリット・ディスカウントという負の影響を持つが，中心度が高い場合には企業価値に正の効果があるとされる。中心度の高い多角化企業は効果的に情報収集，すなわち組織学習を行うことができ，競争優位を獲得できていると解釈される。

　さらに，この研究の重要な発見として，中心度が高い多角化企業においては，イノベーションが効率的に行われているとされる。この情報優位性は，特定の事業に参入しなければ得られない，数値化や伝達が困難な情報であり，その獲得された情報によって効率的なイノベーションが促進され，競争優位となって企業価値が向上する。

この文脈での「情報」とは，ウプサラ・モデルにおける「知識」そのものであり，具体的には，「客観的知識（objective knowledge）」と「経験的知識（experimental knowledge）」のうち，「経験的知識」に相当する。ウプサラ・モデルにおいても，経験的知識は容易に得られるものではなく，海外進出にあたって市場に関する経験的知識が不可欠（critical）であり差別化要因になるとされ，段階的に事業形態を発展させて獲得すると説明される。

以上から，多角化戦略を支えるのは情報であり経験的知識であるため，総合商社にとっては，多角化戦略による事業参入とそれを通じた情報および経験的知識の獲得，中心度の高い位置へのポジショニングは今後総合商社の戦略立案においてますます重要性を増すことになるであろう。

第6節　総合商社ビジネスモデルの変革は意図的戦略か創発戦略か

総合商社のビジネスモデルの変革が，実行前に策定された戦略に基づく進化である「意図的戦略」（intended strategies）なのか，時間の経過とともに出現，発現してくるか，もしくは当初実行に移した時から原型をとどめないほどに変容した競争優位獲得の戦略となる「創発戦略」（emergent strategies）（Barney 2002）なのかについて考察する。

総合商社が，経営権のない形での事業参画から始まった事業への投資を進化させ「事業運営会社」へと変貌を遂げた背景には，2000年前後に強まった欧米格付機関による総合商社の格付引き下げ，加えて，2000年の会計ビッグバンによる連結決算制度の導入が影響している。これらの要素は，金融危機を経て，企業経営がいわゆる「グローバル・スタンダード」に沿った経営に移行した時期と一致する（田中（隆）2012）。連結決算制度の導入により，配当に頼らずとも収益をピックアップできるようになったことは総合商社のように膨大な子会社・関連会社を抱える業態にとっては極めて大きな転換であり，事業への投資の意味が変質したのである。この観点から，この「事業運営会社への転換」は創発戦略であったと判断できる。では，経営支配を強化する戦略へと進化させたビジネスモデルの変革はどうであろうか。

経営支配を強化する戦略は，早い商社では2000年代初頭から，遅い商社でも2010年代初頭にかけて明確化している。事業運営会社への転換が進み，経営が高度化していく中で，経営権を保持する投資に対する経験や知見が社内に蓄積され，連結会計制度の仕組みを活用して，器としての企業体を道具として使いこなしな

がら，リスク管理を強化しつつ，より積極的にリスクを取ってリターンを最大化させる事例が逐次積みあがっていき，事業拡大の手法として一般化していったと考えられる。このプロセスは，組織学習の結果であり，競争優位を獲得する戦略として機能したのである。

　以上から，海外進出における経営支配の強化も，事業環境の変化に対応する形での創発戦略であったと考えられる。このような形で総合商社がビジネスモデルを転換できた事例は，日本企業におけるビジネスモデルの変革の稀有な成功事例として特筆すべきある。この戦略的な転換は，組織学習を通じて達成され，その過程で総合商社は競争優位を築くことができたのである。

第7節　総合商社の「総合性」の持続とその意義

　以上で明らかにしてきた通り，総合商社の海外進出戦略の変革とビジネスモデルの進化は，外部環境の変化への適応として収益性向上を求めての漸進的な創発戦略であり，逐次的なプロセスを経てきた。特定の事業領域での成功体験が組織内で学習され，組織知として吸収・伝播されることで，他の事業領域への適用を通じてビジネスモデルが進化してきた。その進化の根幹には，組織学習の効果と，新たな事業機会の探究を促進する総合性と規模の維持がある。これらが，総合商社というビジネスモデルを成立させる存立条件として重要な役割を果たしている。

　総合商社の持つ総合性は，総合電機や総合重工などの日本の製造業がグローバル競争の中で「総合」の概念を放棄してきた流れとは対照的であり，特有のビジネスモデルとして独自性を示している。総合電機企業は，「利益なき成長」に直面して「選択と集中」による事業構造の転換を進めた結果，歴史的に長い期間をかけて形成された範囲の経済の共通基盤（プラットフォーム）が希薄化あるいは寸断され，最終的には総合電機企業の解体に至るという「選択と集中」の罠に陥った（谷口 2023）。これに対して総合商社では，選択と集中による事業の入れ替えは行われてはいるものの，総合性とグローバルに事業機会を追求できる規模を維持することで，総合商社のビジネスモデルの成立と企業の持続性を支える基盤を維持していると考えられ，総合電機の事例とは一線を画している。

　一方で，総合商社が経営支配を強めて進出している業種には，各社間で明確な差異が生じている。この業種選択には経路依存性が存在し，今後総合商社は多角化企業という以外にはひとくくりでは捉えられない個性的な業種の集合体へと変貌していく可能性を秘めている。

　前節で指摘した通り，総合商社は創発戦略によってビジネスモデルを進化させ

ており，そのプロセスは強い経路依存性を持つ。この経路依存性は，各業種での経験的知識の蓄積により，「事業投資会社」としてのガバナンスや経営戦略[1]の変容をもたらす可能性があろう。

　以上の考察から，総合商社が持続可能な「総合性」を維持することは，事業モデルの進化と持続性において重要な意義を持っていると言える。総合商社がこれからも継続して進化を遂げるためには，この「総合性」の保持と活用が鍵となるであろう。

第8節　総合商社のビジネスモデルの課題

(1)　経営権と企業価値，および持続可能性への課題

　第6章で確認された通り，総合商社が経営権を保持しているにもかかわらず，非商社型事業において企業価値の創出が不十分であることは，経営権の確保に伴うコントロールプレミアムが十分に正当化できていないことを意味する。これは，企業価値の創出における経営のコントロール能力や経営力の未成熟さを示している。この事実は，持続的な組織学習を基盤としたダイナミック・ケイパビリティの発展段階であると言え，課題である。

　英国多国籍商社が市場からの圧力により消滅したのとは対照的に，総合商社は財務的なパフォーマンスが不十分であるにもかかわらず，市場から存在を許容されているという事実がある。これは，総合商社が長期にわたって国内で高度な人材を継続的に確保し続けてきた結果，英国多国籍商社に比べると強固な存続可能性を有していると解釈できた。好業績企業に優秀な人材が集まるという一般的な理解からすると，財務パフォーマンスが不十分であっても優秀な人材が引き続き集まるという点で，社会からの信頼やブランドを含めた非財務的な能力を活かした特異な事業体と言える。

　これらの点から，総合商社のビジネスモデルにおける重要な課題は，経営権の確保と企業価値創造を両立しつつ，その持続可能性を確保することにあると言える。組織学習とダイナミック・ケイパビリティのさらなる発展によって，これらの課題への対応が求められている。この進化のプロセスにおいて，総合商社はその独特な事業モデルをより一層強化し，新たな競争優位を構築していく必要があるであろう。

(2) 内部補助を可能とするポートフォリオ経営の有効性

　総合商社における内部の要因として，事業ポートフォリオの保有が財務的な内部補助の形成に寄与している。一般的には，階層組織（ヒエラルキー）によるポートフォリオは市場調達のパフォーマンスに劣るとされるが，総合商社の場合，信用，ブランド，人材といったソフトパワーがこれを補完している。

　総合商社における多角化戦略は，特定の事業の不振を他の部門の利益で補填することを可能にし，安定した財務基盤を構築している。この安定性は，事業開発における時間的余裕を生み出し，持続的な組織学習を促進する。

　多角化理論で正当化される内部資本配分，リスク配分を行うことによって総合商社のビジネスモデルは成立していると考えられるが，その前提となるのは，内部市場である階層組織が外部市場よりも情報効率性と正確性が高い場合である。総合商社が持つ広範なネットワークから得られる情報や，事業投資を通じて得られる経験的知識が，この複合的構造を支えている。

　第5章での分析により，企業規模が海外進出モデルのモデル適合度と相関していることが明らかになった。総合商社各社が「総合」という特性を維持する理由の1つとして，効果的な情報収集や組織学習には一定の規模が必要であることが挙げられる。すなわち，規模の大きさが，階層組織内で外部市場と同等レベルの情報収集を可能にし，ネットワークを通じて市場外の情報や事業投資からの経験的知識を活用しうることで，外部市場の効率に劣らぬ多角化を実現しているのである。

(3) 法人概念の2つの立場

　法学における「法人とは何か」という議論を援用すると，企業を2つの異なる視点から捉えることができる。1つは，企業を利益追求のリソースの集合体とみなす「法人擬制説」の視点であり，欧米の伝統的な視点に立った組織形態である。もう1つは，企業を人間の集合体として捉え，組織が存続すること（going concern）を重視し，組織としての学習と成長を重視する「法人実在説」の視点である。

　英国多国籍商社は，フリースタンディングカンパニー（FSC）を活用して事業を展開し，まさに法人擬制説の観点から組織を運営していた。これに対し，総合商社は，組織学習をケイパビリティとして必要としており，その存続を重要視する法人実在説的な存在である。この考え方の違いが，ビジネスモデルの永続性や進化を実現させている要因と言える。これは，第7章で指摘した総合商社のビジ

第10章　総合商社のビジネスモデルに関する包括的な考察　◆269

ネスモデルの特性と一致している。going concernを前提とした法人実在性を重視するがゆえに，情報や知識を経営資源として有効に活用しようとする内部インセンティブが働き，そのために事業戦略遂行のために模倣困難な優位性の源泉となる人材の採用と活用を重視している。

総合商社のビジネスモデルを考える上では，FDIを通じた海外進出が，英国多国籍商社のFSCのように単なる目的達成のためだけのものなのか，あるいは戦略的な意味合いを持った競争優位性獲得のための反復的な企業活動なのか，という意味合いの違いを生むことになる。

法人実在説の観点からは，組織学習を重視する経営形態が自然であり，組織としての成長を経営戦略として採用するのが適切である。結果として，企業に対する概念の違いは，企業のあり姿に大きく影響する。この「法人とは何か」という組織形態の違いが，総合商社の存在要因の1つであると言えよう。

法人擬制説の立場に立てば，事業環境次第で企業の存在意義・価値は変わってくることになるだけでなく，企業は利益を生み出す単なる装置との認識により，持続的に利益を上げられれば存続するが，英国多国籍商社のようにその使命が終われば市場から退場，解散するというのが自然な帰結になる。

総合商社に限らず日本企業は，法人実在説を盲目的に受け入れているがゆえに，「会社は家族」という考え方や「わが社意識」が文化として根付いている。多くの日本の企業文化は現在においても継承されていると言えるであろう。よって，企業は永続的に存続するべきもの，歴史の長い企業がいい企業[2]，というパーセプション（認識）を暗黙の前提とし，企業として組織学習しながら進化・成長する経営モデルを指向する傾向にある。この法人概念の違いが，総合商社の存在と持続性の根源となっていると言える。

(4)　利益認識に見る総合商社の特異性

総合商社は，高度に多角化した特異な業態であり，極めて多くの事業を並列的に行っている。多くの事業を同時に展開しながらも，個々の事業規模は必ずしも大きいものではない場合が多い。

一部の「Cash Cow」（市場成長率の低い成熟市場で高い市場シェアをとっている商品）を除けば，1つ1つの事業の財務パフォーマンスは必ずしも高くない。しかし，内部的な相互補助により，個々の事業の企業価値創造は限定的であっても，全体としては経営として成立し存在しているという，極めて特殊な事業構造を有している。

批判的な視点から見れば，総合商社が投資先の経営を支配しながらも，十分な

コントロールプレミアムを得られていない点は，国際的な資本市場の基準に照らして不十分であるとみなされ，長期的には資本市場からの退場を招くリスクもある。しかし，日本の資本市場が欧米の市場とは異なって低パフォーマンスであることにより，総合商社の低パフォーマンスや遅い組織学習スピードが許容されているという，外部環境によるものが理由として大きい。これは，日本市場の特殊性であり，日本経済全体の収益性が現状に留まる限り，総合商社にとっては逆説的に持続性の高い事業環境であるとも言える（無論，この指摘は他の日本企業にも当てはまる）。

　第8章において検討された，現代の類似企業として挙げたプライベートエクイティやソフトバンクグループ，バークシャー・ハサウェイ，ダナハーなどの投資企業や産業コングロマリットは，総合商社と比較して，積極的にコントロールプレミアムを得て利益を上げており，明確に高いパフォーマンスを出し続けている。総合商社とこれらの企業との主な違いは，利益の取得方法とその目的にある。

　総合商社とファンドなど投資企業や産業コングロマリットとの決定的な違いは，投資会社や産業コングロマリットはキャピタルゲイン利益も目的だが，トレードビジネスを起源に持つ総合商社は，連結会計による取引利益（インカムゲイン）を重視しており，株式保有による連結税引後利益の獲得が主たる目的となっていることである。総合商社の場合，決算では連結税引後利益による報告に重きが置かれ，経営目標は連結税引後利益で設定されている。つまり，ファンドや投資会社は資本運用による利益が究極の目的であり，総合商社は保有による利益を目的としているという差異がある。総合商社の会計，IR，ガバナンスなど経営の構成要素はその思想の下で組み立てられている。無論，投資会社やファンドも，外部借入資金による買収（レバレッジド・バイ・アウト）をしている以上，インカムゲインにより借入を圧縮して企業価値を高める必要があり，インカムゲイン最大化のインセンティブは強いとも言えるが，総合商社と異なり，連結税引後利益による財務報告に重きは置いておらず，売却益が明示的に分かるキャッシュフローを重視する。

　こうした違いは純株主資本主義的立場に立てば，総合商社の弱さとも言えるが，資本市場および社会から存在が許容され，その結果，組織学習が維持・継続できるポジションを築くことができれば，逆に強みとなる。総合商社は日本の資本市場の特殊性をうまく利用しているという見方もできよう。

⑸　「総合」という言葉の特殊性

　組織学習の基盤となる人材に関して，総合商社は日本特有の新卒一括採用や終

身雇用制（メンバーシップ型雇用）に大きく依存しているのが現状である。組織学習を促進するために多様な人材を取り入れる必要性は高まっているが，日本の労働市場の流動性の低さや企業文化を鑑みると，単に中途採用を増やすだけの戦略は根本的な解決策にはなり得ない。経営の支配権を強化する過程で，多様な人材の必要性も高まると予想される。

　日本の経済史を振り返ると，財閥や企業グループが経済成長をけん引してきた歴史があり，「総合」という言葉は，力強さや競争力を象徴するキーワードとして位置付けられてきた。日本には総合電機，総合重工，総合卸売など「総合」を銘打つ業種は多く存在するが，欧米には「総合」に相当する明確な訳語が存在しない[3]ことから，「総合」という概念自体が日本に独特な経営環境や文化の中で発展してきたことが窺える。

　このことから，総合商社は日本における「総合」という言葉が持つポジティブなイメージや，カバーする範囲が広ければ広いほど強さに繋がるという暗黙の了解を前提にしているとも言える。

　総合商社は，日本の産業発展の歴史の中で重要な役割を果たしてきた。外部要因としては，経営者の裁量の幅が広く，内部補助を許容する未成熟な資本市場や人材市場の特性があり，内部要因としては，法人実在説に基づく組織学習の存在や長期雇用制度を最大限に活用した人材の確保が挙げられる。日本発の多国籍企業である総合商社は，ある意味で「究極の日本企業」とも言える存在であろう。

(6)　総合商社のビジネスモデル進化に必要な経営戦略と人材の役割

　総合商社のビジネスモデルは，進出国の知識，業種の知識，そして経営権を志向する経営戦略・経営力の3つからなるケイパビリティ構造を核としており，これらは企業規模と人材によって可能となった組織学習の能力によって支えられていることが本研究で明らかになった。これら要素が相互に作用し合い，堅牢なビジネスシステムを形成しており，外部環境の特性を上手く活かすことで経営として成立させている。

　これらの要素は，経路依存的に構築されており，それぞれの要素はビジネスモデルを強化し，経験的知識により模倣困難性を作り出している。一方で，複雑がゆえに変化させるには学習する時間が必要であるという宿命も内在していると言える。それは，人材のスキルは一朝一夕に変えられるものではなく，長期雇用の人材を前提としているがゆえのデメリットでもある。

　五百旗頭（2016）は，一般論として，総合商社には潜在的な経営人材は多く存在するものの，総合商社という大きな組織が有能な経営人材の育成をむしろ妨げ

ている面がある，と指摘している。その上で，潜在的な経営人材は総合商社の組織の外に出すことで本来の力を発揮する可能性が高い，とし，子会社・関連会社の経営者は，有能な商社マンを2～3年の期限付きで出向させるのではなく，商社内人材もしくは外部人材をプロフェッショナル契約の経営者として採用するほうが，子会社や関連会社の企業価値向上の可能性は高まるだろう，と指摘した。また，それだと「総合商社ではなく投資ファンドになってしまう」という商社経営者や商社マンからの声が聞こえてきそうだが，企業利益の拡大，企業価値向上のためには，そのほうが良い，としている。加えて，「何のための投資なのか」を明確にすることは非常に重要とし，トレードビジネスを通じて当該業界に食い込んでいることで投資案件の情報へより早く，より高い確率でアクセスできることが，事業投資における投資ファンドに対する総合商社の強みとなるはずである，と主張した。

筆者としては，この見解に賛同する。総合商社は，任期付きの人事ローテーションに依存するのではなく，社内公募制などのプロフェッショナル的なポジションを用いて事業投資先の収益を最大化する戦略が今後一層必要になるであろう。

総合商社は，事業投資会社としての性質を保持しつつ，ファンドや投資会社との差別化をより明確にする必要がある。総合商社の投資とは何か，ファンドや投資会社との差別化要因，競争優位は何か，という問いは古典的だが，今後の事業環境変化を考えると非常に重要な問いであろう。

総合商社の強みは，進出国や産業の知識を活かした友好的な買収や新規事業参入にある。ファンドや投資会社とは異なり，事業間のシナジーが価値創造の手段として重要であり，総合商社の企業規模と総合性が活きる場面が今後増加すると考えられる。

その実現のためには，資本の論理だけで成り立っているファンドや投資会社が持たない機能，例えば，業界の結節点としてのオーガナイザー機能やトレーディング機能が業界インサイダーとして情報収集するセンサーとして機能することになり，一層その重要性が増してくると言える。

(7) 多国籍企業として総合商社に求められる持続的な挑戦

総合商社の組織体制は，各社によって強弱はあるが現在も本社中心の意思決定を維持している。バートレット＝ゴシャールの4類型に基づくと，「グローバル組織」のカテゴリーに留まっており，「マルチナショナル組織」や「インターナショナル組織」，さらにはより進化した「トランスナショナル組織」への移行は

まだ見られていない。「組織は戦略に従う」というChandler（1962, 2004）の理論に照らし合わせると，多国籍企業としての総合商社の戦略的アンバランスを示唆しており，特に海外における高度な人材採用への障害ともなっている可能性がある。これは組織の成長制約に繋がる課題である。

　現下の経済環境や資本市場，人材市場の条件下では，総合商社のビジネスモデルの持続性は高いと考えられる。しかし，日本の産業競争力低下，人口減少・高齢化による労働人口の減少など，今後急激に日本の経済環境が変化することが想定される中，総合商社のビジネスモデルの持続性への影響が出ることは避けられない。

　ダイナミック・ケイパビリティの獲得のためには，組織の仕組みやルールの変更を通じて，「コンピテンシー・トラップ」（当面の事業が成功すればするほど，知の探索をおこたりがちになり，結果として中長期的なイノベーションが停滞するリスクが企業組織には本質的に内在していること）を回避し，組織として「知の探索」と「知の深化」をバランスよく進める努力が求められることになる。「両利きの経営（Ambidexterity）」と言われる経営戦略である。

　平野（2017）は，これからの日本企業は，戦略的事業投資会社を成長戦略として採用し，グローバルなガバナンス力と，技術力やスキルなどのソフトキャピタルの伝播力を飛躍的に高めるべきと指摘している。日本を代表する多国籍企業として，総合商社がビジネスモデルの進化を自ら主導することで，日本の多国籍企業のモデルケースとしての役割を果たす可能性がある。

　総合商社の内部には，強力な組織学習のメカニズムが存在するが，パフォーマンス面では課題も見られる。この組織学習のメカニズムを活用してビジネスモデルをさらに進化させることが，総合商社のビジネスモデルの説得力を高めるための重要な第一歩となるであろう。

第9節　総合商社における「両利きの経営」の追求とその意義

　本研究の成果を基盤として総合商社のビジネスモデルの未来を考察すると，組織学習の能力を一段と強化するアプローチとして「Ambidexterity」（両利きの経営）の重要性が一層増大していくと予測される。

　March（1991）は，認知心理学の「限定された合理性」（bounded rationality）の枠組みを用いて，組織学習にはExploration（探索）とExploitation（深化）の2つの側面があることを明らかにした。探索は，サーチ，変化，リスク・テイキ

ング,実験,遊び,柔軟性,発見,イノベーションを内包する概念で新しい知識や技術の追求を意味し,変化やイノベーションを促進する要素を含む。一方,深化は,精錬,選択,生産,効率,導入,実行を内包する概念で,既存の知識や技術の洗練や効率的な活用を指す。

この組織学習の両側面を基に,O'Reilly and Tushman（2004）は,イノベーションを実現し,ブレイクスルーを達成した企業の事例を分析し,組織構造や経営手法が新規事業と既存事業の双方に直接的で大きな影響を与えていることを明らかにし,その影響を詳細に調査した。彼らの研究によれば,既存の組織内に組成したクロス・ファンクショナル・チームはイノベーションを生み出す上で十分に機能せず,両利きの経営のアプローチを採用して新規プロジェクトチームを既存組織から独立させた場合は90％以上の成功率を示した。両利きの経営では,新旧の組織がそれぞれ独自の方法,組織構造や組織文化を育む（図10-7）。O'Reilly and Tushmanはかつてロッキード・マーチン社の匿名開発チームであるスカンクワークス型と呼称しているが,現代的にはGoogleの親会社Alphabetの研究開発部門Xなども両利きの経営のアプローチと言える。

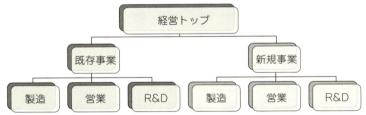

┃図10-7┃ 両利き経営組織

出所：O'Reilly and Tushman（2004）の図を筆者が一部修正（吉成 2017）

O'Reilly and Tushmanは,両利き経営組織として,ビジネスに必要な機能（例えば,開発・生産・営業）を全て持たせて独立性をたもたせること,トップレベル（例えば担当役員レベル）では新規部署が既存の部署から孤立せずに,両者がお互いに知見や資源を活用しあうよう「統合と交流」を促すことが重要であるし,また,経営者には以下3つの「両利きのリーダーシップ」が求められると指摘している。

● 自社の定義する「ビジネスの範囲」を狭めず,多様な可能性を探求できる広い企業アイデンティティーを持つこと

- 「知の探索」部門と「知の深化」部門の予算対立のバランスは経営者自身がとること
- 「知の探索」「知の深化」部門の間で異なるルール・評価基準をとることをいとわないこと

なお，O'Reilly and Tushman（2013）は，「Ambidexterity」（両利き）には「Sequential Ambidexterity」（逐次的な両利き），「Structural Ambidexterity」（組織的な両利き），「Contextual Ambidexterity」（状況に応じた両利き）の3つのタイプがあるとしている。Sequential Ambidexterityは企業が時間の経過と共に探索と深化のために構造を変化させることで両利きの経営を実現する方法であり，Structural Ambidexterityは探索と深化を別の組織内で同時に行う方法である。そして，Contextual Ambidexterityは各従業員レベルでの探索と深化のバランスを各自の判断に委ねる企業としての両利きを実現するものである。総合商社においては，ビジネスモデルの変革はSequential（逐次的）に行ってきたと言えるが，これら両利きの経営を様々な事業領域で，意図的かつ同時に行っていく必要がある。また，組織学習の効果を最大化するために，個人レベルにおいても一段と高い自由度を与えることも重要であろう。

両利きの経営の具体的な事例として，ERP（Enterprise Resource Planning）を世界的に普及させた大手IT企業SAP社の創業者，ハッソ・プラットナー会長（Hasso Platner）は，SAP社の変革に関して，インタビューで以下のように答えている。（日経ビジネス 2016）

HANA（同社のクラウド製品）はプロトタイプができるまで，できるだけSAPから遠ざけ，伏せておいた。結果的に製品として完成したのはSAP社内だが，その芽と情熱は社外から注入したものだ。インプラント型の改革と呼んでもいいかもしれない。

日本マイクロソフト元会長の樋口泰行氏は，企業は，組織が大きくなればなるほど，また歴史が長ければ長くなるほど，そして成功体験を重ねれば重ねるほど，新しいことへのチャレンジが難しくなるという性質を持っている，とし，その理由として以下の3つの大企業の制約を提示している（樋口 2016）。

① 株主からのプレッシャー
② 新製品開発使命

③　組織のタコツボ（サイロ化）

その上で，マイクロソフトが家庭用ゲーム機Xboxを開発した経緯を紹介し，大企業がどうすれば破壊的イノベーションを起こせるかを提示している。

（1）上記3つの制約に影響されないように，既存の組織から独立した状態でプロジェクトを進行させること。（ビル・ゲイツはこのチャレンジのために，社内に特別な組織をつくり，社内外を問わずその組織との間の交流をシャットアウトして，惜しげもなく開発資金を投入した。）

（2）評価のバランスを変える。具体的には，100を150にする成果よりも，1を10にする活動を高く評価することを提示している。

（3）ダイバーシティ。企業風土に染まったプロパーの社員ばかりの組織から，イノベーションは容易には生まれない。組織のタコツボ化はメンバーの同質化を促し，それがまたタコツボ化を深める作用を指摘する。

　総合商社の文脈において，これらの事例は，組織学習を進めるための組織設計や運営に大きな示唆を提供している。

　総合商社は，進出国や業種の経験的知識を組織学習して蓄積し，その知識をビジネスモデルを構成するケイパビリティとして活用している。ここでの進出国の知識，業種の知識は，Ambidexterityの概念では深化にあたるものであり，主に既存事業を通じて経験的に入ってくる情報であり知識である。総合商社にとって，探索は総合商社のDNAとして暗黙的に行われているとも言えるが，組織として意図的にデザインされてはいない。一方で，総合商社は事業投資会社化を進めることで，現場と本社，現場と現場の間の距離は広がっており，知識と知識を掛け合わせることが一層困難になっている。こうした内外環境になってしまっている中で，戦略的意図を持って探索する活動はますます重要となっている。事業投資会社化が進めば進むほど，既存事業からの学習のみならず，全く新しい事業領域の探索について一段と積極的に意識して行動する必要がある。

　これを実現するためには，SAPやマイクロソフトで見たようなリーダーシップを伴ったAmbidexterityが必要となる。リーダーシップを伴ったAmbidexterityの実践が，総合商社が持つ組織学習に支えられたケイパビリティを有効に発揮させて自らビジネスモデルを変革させていくために重要な鍵となるであろう。

第10節　本章のまとめ

　本章は本研究で得られた成果を元に，総合商社のビジネスモデルについて考察

第10章　総合商社のビジネスモデルに関する包括的な考察　◆277

を進めた。

（第1節）

　本研究で確認された事実を整理し，海外進出形態の変化に焦点を当てたビジネスモデル変革を検証した。

　まず，総合商社の起源と進化について，日本経済の成長と密接に連動して，各時代の社会的・経済的要請に応じてそのビジネスモデルを逐次変革させてきたこと，これは時代の変遷に対応する総合商社の適応能力を示していることを確認した。

　次に，海外進出モデルの分析として，先行研究が指摘する総合事業運営・事業投資会社化の観点から，海外進出形態の変化に着目し，総合商社の海外進出モデルを提示し，詳細に分析した。事業投資会社の計測要素として経営権の有無を検討した結果，総合商社が経営権を有する形態の投資に段階的にシフトしていることが統計分析を用いて実証的に確認された。モデルへの適合度合は対象とした5社により異なるが，モデルへの適合度は企業規模と相関関係にあることが明らかになった。その背後にはダイナミック・ケイパビリティに基づく組織学習が存在すると指摘し，これは，KBV（Knowledge-Based View）理論での「外部からの学び」，「内部からの学び」を伴う組織学習により知識創造が行われ，形態変化が連続的に実践されていったと考察された。これらは総合商社の海外進出形態の変化が漸進的・段階的に現れたという実証分析結果と整合している。（第5章）

　人材と組織学習の分析として，英国多国籍商社と総合商社の比較分析から，総合商社が存続し続ける理由を探究した。英国多国籍商社と総合商社の事業形態は外形的に類似性が認められたものの，特に高度な人材の蓄積という点で大きな差異が確認された。

　進出国選択の特徴分析から，総合商社の海外進出戦略は，表面的には一定の共通性を持つように見受けられるが，各国や市場に対する戦略的優先度や経路依存的な特性に焦点を当てた詳細な分析により，商社間の差異が明らかになった。

　俯瞰的に見れば，総合商社の海外進出は，初期段階では事業機会の探索が中心であり，現地の海外事務所や支店，現地法人の情報源を活用して事業の可能性を探る。その情報を基に，日系メーカーや現地のパートナー企業との協業により，現地への進出を実現する。このように，総合商社の海外進出は，初期の段階では事業機会優先的な側面が強いことを指摘した。総合商社のビジネスモデルは各社の戦略的選択と経路依存性に影響を受けるものであり，進出先の選択と過去の経験，そしてそれらの相互作用によって形成されることが確認された。

投資会社および産業コングロマリットとのパフォーマンス比較において，総合商社のパフォーマンスは相対的に劣後していることが確認された。この劣後性は，総合商社の投資ポートフォリオが企業価値最大化に向けて最適化されていないこと，そして投資家からの将来収益に対する期待に応えられていないことを示している。これは，いわゆる「コングロマリット・ディスカウント」の状態にあると解釈された。

企業価値創造の分析として，パネルデータ分析を行った結果，資本コストを考慮した企業価値創造の統計分析から，経営権有比率の上昇は企業価値に正の効果を与えることが確認された。商社型投資においてもその傾向が認められる一方で，非商社型投資においては経営権有比率の上昇は企業価値に負の効果があることが確認された。この結果と財務データ分析から，総合商社は企業規模（株主資本）の増大に見合った価値創造ができておらず，各社が積極的に進める非商社型事業への進出は企業価値創造に寄与していないことが明らかとなった。パネルデータ分析の特徴である個別効果の評価からは，企業規模（総資産）とEVAとの間に負の相関関係が認められた。個別効果は回帰式の切片を表すことを踏まえると，企業規模の増大がEVAに対して負の影響を及ぼしていること，企業規模が一定規模を超えるとEVAに対して正の効果が生じることが示唆された。

非商社型事業において，総合商社の組織学習の蓄積が不十分であり，効率的かつ効果的な経営ができておらず，未だ学習の途中であることが推察された。

「非商社型事業の経営権有比率の上昇が企業価値を毀損している」事実を踏まえ，非商社型事業で商社型同様に経営権有比率を単純に高めていくことが常に正解とは限らないと認識し，非商社型事業において成功確率を高める戦略，企業価値創造理論を考慮した新たなポートフォリオ戦略の有効性が示唆された。これは代表的な理論の1つであり，海外進出には経験的知識が不可欠であり差別化要因となるとするウプサラ・モデル（Uppsala model）と整合的であることが確認された。

（第2節）

ビジネスモデルの定義をAmit and Zott（2001）の定義に基づいて確認し，「価値を創造するビジネスモデル・デザイン」の条件（効率性，補完性，囲い込み，新奇性）に従って，総合商社のビジネスモデルがこれらの条件を充足していることを確認した。

第10章　総合商社のビジネスモデルに関する包括的な考察　◆279

（第3節）

　総合商社のビジネスモデルの核心である海外進出戦略に焦点を当て，その背後にあるケイパビリティの内部構造をモデル化した。

　総合商社は高度に多角化された事業ポートフォリオを持ち，その戦略は，進出国・市場知識，業種知識，および経営戦略・経営力の3つの要素から成り立っていることを指摘した。

　進出国や進出業種の選定プロセスにおいて，市場知識と業種知識が相互に影響を与え，国を中心とした意思決定，または，業種を中心とした意思決定のいずれかが行われていると推測した。

　組織学習の効果は，組織の知識を増加させ，その結果として組織の戦略的能力の刷新を促進する。このケイパビリティ構造の基盤となっているのが組織学習であり，獲得された市場と業種の経験的知識が相互作用とフィードバックを通じて戦略の実行に繋がり，海外進出と事業拡大を促進している。このケイパビリティ構造は高度な人材の集積に支えられており，事業環境への適応能力を高めていることを指摘した。

（第4節）

　第3節で検討したケイパビリティの内部構造を踏まえて，ウプサラ・モデルを総合商社のビジネスモデルに適用する形で拡張をした。

　ウプサラ・モデルは，製造業における本業のグローバル化を暗黙的に前提としている。ウプサラ・モデルの核心である知識の重要性は業種によって変わるものではないが，総合商社の多角化戦略やポートフォリオ管理を取り込むには，モデルの修正が必要となる。

　また，ウプサラ・モデルには多角化戦略の概念が含まれていないため，複数の事業をポートフォリオとして管理するコングロマリットや投資会社，あるいは総合商社に適用する場合には，多角化の概念をどのようにモデル内に取り込むかの検討が必要になる。

　以上を踏まえて，本研究で確認された事実を包括的に説明できるモデルとして，ウプサラ・モデルを総合商社に適用した拡張モデルを提示した。

　本モデルは，「総合事業運営・事業投資会社」という概念が全て包含されているだけでなく，経営支配を強化するという経営戦略も包含したモデルとなっている点に特徴がある。これまでの国際ビジネス研究では海外進出形態や進出先国の選択をそれぞれ独立に，あるいは両者は同時決定的に議論されてきたが，本研究は進出形態や進出先国に加えて，業種の変化も取り込んでいる点にも大きな特徴

がある。

他方で，拡張モデルの限界についても評価した。

（第5節）

総合商社と多角化戦略について考察した。

多角化戦略は，Rumeltの3類型のように本業の存在を前提に理論が組み立てられてきたが，総合商社にとってはこうした古典的多角化の概念は適用しにくい。総合商社は，歴史的に見ても生まれながらにしてビジネスモデルの中に多角化戦略を内在している。総合商社と多角化戦略は切っても切り離せない関係にある。

日本企業による多角化は企業価値評価にディスカウントを生んでおり，事業多角化および地域多角化のいずれも企業価値に負の影響を及ぼしている。特に地域多角化に関してはその傾向が強いことも指摘されている（中野 2011）との先行研究があり，事業，地域の双方での多角化がビジネスモデルの根幹をなしている総合商社にとっては厳しい指摘である。

他方で，多角化戦略の新たな側面として，情報優位性の獲得が指摘されている（Anjos and Fracassi 2015）。ここで，情報優位性は参入している業界の産業ネットワークにおける中心度（centrality）と定義されている。多角化企業であること自体は企業価値に対して負の影響（コングロマリット・ディスカウント）があるが，中心度が高い場合には企業価値に対して正の効果がある。さらに，重要な発見として，中心度が高い多角化企業ではイノベーションが効率的に行われていることが確認されている。中心度の高い多角化企業は効果的に情報収集，すなわち組織学習が行え，競争優位を獲得できていると解釈される。情報優位性を論じるときの情報とは，当該事業に参入しなければ得られない情報であり，数値化できず伝達が困難な情報で，獲得できれば競争優位を可能とする情報とされ，その情報により効率的なイノベーションが創出され企業価値を高められる。

この文脈での情報とは，ウプサラ・モデルにおける知識そのものであり，具体的には，客観的知識（objective knowledge）と経験的知識（experimental knowledge）のうち，経験的知識そのものである。ウプサラ・モデルにおいても，経験的知識は容易に得られるものではなく，海外進出にあたって市場に関する経験的知識が不可欠（critical）であり差別化要因になると指摘され，段階的に事業形態を発展させて獲得する。

これらから，多角化戦略を支えるのは情報であり経験的知識であるため，総合商社にとり，多角化戦略を通じた情報の獲得，中心度の高い位置へのポジショニングは今後ますます重要性を増すことになると考えられる。

第10章　総合商社のビジネスモデルに関する包括的な考察　◆281

（第6節）

　総合商社のビジネスモデルの変革が，実行前に策定された戦略に基づく進化である「意図的戦略」なのか，時間の経過とともに出現，発現してくるか，もしくは当初実行に移した時から原型をとどめないほどに変容した競争優位獲得の戦略，となる「創発戦略」なのかについて考察した。

　経営権のない形での事業参画から始まった事業投資を進化させ，「事業運営会社」へと変貌を遂げた背景には，資本市場からの圧力があり，その圧力がきっかけになった創発戦略であったと指摘した。

　経営支配を強化する戦略については，連結決算制度の仕組みを活用して，リスク管理を強化しつつ，より積極的にリスクを取ってリターンを最大化させる事例が逐次積みあがっていき，手法として一般化していったと考えられる。このプロセスは，組織学習の結果であり，競争優位を獲得する戦略として機能したのである。

　以上から，海外進出における経営支配の強化も，事業環境の変化に対応する形での創発戦略であったと考えられる。このような形で総合商社がビジネスモデルを転換できた事例は，日本企業におけるビジネスモデルの変革の稀有な成功事例として特筆すべきである。このような戦略的な転換は，組織学習を通じて達成され，その過程で総合商社は競争優位を築くことができたと指摘した。

（第7節）

　総合商社にとっての「総合」の意味を考察した。

　総合商社の海外進出戦略の変革とビジネスモデルの進化は，外部環境の変化への適応として収益性向上を求めての漸進的な創発戦略であり，逐次的なプロセスを経てきた。特定の事業領域での成功体験が組織内で学習され，組織知として吸収・伝播されることで，他の事業領域への適用を通じてビジネスモデルを進化させてきたのである。その進化の根幹には，組織学習の効果と，新たな事業機会の探究を促進する総合性と規模の維持がある。これらが，総合商社というビジネスモデルを成立させる存立条件として重要な役割を果たしている。

　総合商社の持つ総合性は，総合電機や総合重工などの日本の製造業がグローバル競争の中で「総合」の概念を放棄してきた流れとは対照的であり，特有のビジネスモデルとして独自性を示している。総合電機企業は，「利益なき成長」に直面して「選択と集中」による事業構造の転換を進めた結果，歴史的に長い期間をかけて形成された範囲の経済の共通基盤（プラットフォーム）が希薄化あるいは寸断され，最終的には総合電機企業の解体に至るという「選択と集中」の罠に

陥った。これに対して総合商社では，選択と集中による事業の入れ替えは行われてはいるものの，総合性とグローバルに事業機会を追求できる規模を維持することで，総合商社のビジネスモデルの成立と企業の持続性を支える基盤を維持していると考えられ，総合電機の事例とは一線を画している。

　一方で，総合商社が経営支配を強めて進出している業種には，各社間で明確な差異が生じている。この業種選択には経路依存性が存在し，今後総合商社は多角化企業という以外にはひとくくりでは捉えられない個性的な業種の集合体へと変貌していく可能性を秘めている。

　総合商社は創発戦略によってビジネスモデルを進化させており，そのプロセスは強い経路依存性を持つ。この経路依存性は，各業種での経験的知識の蓄積により，「事業投資会社」としてのガバナンスや経営戦略の変容をもたらす可能性があろう。

　以上の考察から，総合商社が持続可能な「総合性」を維持することは，事業モデルの進化と持続性において重要な意義を持っていると言える。総合商社がこれからも継続して進化を遂げるためには，この「総合性」の保持と活用が鍵となると指摘した。

（第8節）

　総合商社のビジネスモデルの課題について考察した。

　経営権と企業価値，および持続可能性への課題に関して，総合商社が経営権を保持しているにもかかわらず，非商社型事業において企業価値の創出が不十分であることは，経営権の確保に伴うコントロールプレミアムが十分に正当化できていないことを意味し，これは，企業価値の創出における経営のコントロール能力や経営力の未成熟さを示していることから，持続的な組織学習を基盤としたダイナミック・ケイパビリティの発展段階であり課題であると指摘した。

　総合商社が長期にわたって国内で高度な人材を継続的に確保し続けてきた結果，英国多国籍商社に比べると強固な存続可能性を有していると解釈できた。好業績企業に優秀な人材が集まるという一般的な理解からすると，財務パフォーマンスが不十分であっても優秀な人材が引き続き集まるという点で，社会からの信頼やブランドを含めた非財務的な能力を活かした特異な事業体と言える。

　これらの点から，総合商社のビジネスモデルにおける重要な課題は，経営権の確保と企業価値創造を両立しつつ，その持続可能性を確保することにあると言える。組織学習とダイナミック・ケイパビリティのさらなる発展によって，これらの課題への対応が求められている。この進化のプロセスにおいて，総合商社はそ

の独特な事業モデルをより一層強化し，新たな競争優位を構築していく必要があると指摘した。

次に，内部補助を可能とするポートフォリオ経営の有効性に関して，総合商社における内部の要因として事業ポートフォリオの保有が財務的な内部補助の形成に寄与しており，一般的には階層組織によるポートフォリオは市場調達のパフォーマンスに劣るとされるが，総合商社の場合，信用，ブランド，人材といったソフトパワーがこれを補完していると指摘した。総合商社における多角化戦略は，特定の事業の不振を他の部門の利益で補填することを可能にし，安定した財務基盤を構築している。この安定性は，事業開発における時間的余裕を生み出し，持続的な組織学習を促進しているのである。

多角化理論で正当化される内部資本配分，リスク配分を行うことによって総合商社のビジネスモデルが成立していると考えられるが，その前提となるのは，内部市場である階層組織が外部市場よりも情報効率性と正確性が高い場合である。総合商社が持つ広範なネットワークから得られる情報や，事業投資を通じて得られる経験的知識が，この複合的構造を支えている。

一方で，企業規模が海外進出モデルのモデル適合度と相関していることが明らかになった。総合商社各社が「総合」という特性を維持する理由の1つとして，効果的な情報収集や組織学習には一定の規模が必要であることが挙げられる。すなわち，規模の大きさが，階層組織内で外部市場と同等レベルの情報収集を可能にし，ネットワークを通じて市場外の情報や事業投資からの経験的知識を活用しうることで，外部市場に劣らぬ多角化を実現しているのである。

法学における「法人とは何か」という議論を援用して，企業を2つの異なる視点から捉えることができると指摘した。1つは，企業を利益追求のリソースの集合体とみなす「法人擬制説」の視点であり，欧米の伝統的な視点に立った組織形態である。もう1つは，企業を人間の集合体として捉え，組織が存続すること（going concern）を重視し，組織としての学習と成長を重視する「法人実在説」の視点である。

総合商社は，組織学習をケイパビリティとして必要としており，その存続を重要視する法人実在説的な存在である。この考え方の違いが，ビジネスモデルの永続性や進化を実現させている要因と言える。これは，総合商社のビジネスモデルの特性と一致している。going concernを前提とした法人実在性を重視するがゆえに，情報や知識を経営資源として有効に活用しようとする内部インセンティブが働き，そのために事業戦略遂行のために模倣困難な優位性の源泉となる人材の採用と活用を重視している。

法人実在説の観点からは，組織学習を重視する経営形態が自然であり，組織としての成長を経営戦略として採用するのが適切である。結果として，企業に対する概念の違いは，企業のあり姿に大きく影響する。この「法人とは何か」という組織形態の違いが，総合商社の存在要因の1つであると言えよう。

総合商社に限らず日本企業は，法人実在説を盲目的に受け入れており，多くの日本の企業文化は現在においても継承されていると言えるであろう。よって，企業は永続的に存続するべきもの，歴史の長い企業がいい企業，というパーセプション（認識）を暗黙の前提とし，企業として組織学習しながら進化・成長する経営モデルを指向する傾向にある。この法人概念の違いが，総合商社の存在と持続性の根源となっていると言える。

総合商社は，高度に多角化した特異な業態であり，極めて多くの事業を並列的に行っている。多くの事業を同時に展開しながらも，個々の事業規模は必ずしも大きいものではない場合が多い。一部の「Cash Cow」を除けば，1つ1つの事業の財務パフォーマンスは必ずしも高くない。しかし，内部的な相互補助により，企業価値創造が限定的であっても，全体としては経営として成立し存在しているという，極めて特殊な事業構造を有している。

批判的な視点から見れば，総合商社が投資先の経営を支配しながらも，十分なコントロールプレミアムを得られていない点は，国際的な資本市場の基準に照らして不十分であるとみなされ，長期的には資本市場からの退場を招くリスクもある。しかし，日本の資本市場が欧米の市場とは異なって低パフォーマンスであることにより，総合商社の低パフォーマンスや遅い組織学習スピードが許容されているという，外部環境によるものが理由として大きい。これは，日本市場の特殊性であり，日本経済全体の収益性が現状に留まる限り，総合商社にとっては逆説的に持続性の高い事業環境であるとも言える。

現代の類似企業として挙げたPE（プライベートエクイティ）や産業コングロマリットなどの投資企業は，総合商社と比較して，積極的にコントロールプレミアムを得て利益を上げており，明確に高いパフォーマンスを出し続けている。総合商社とこれらの企業との主な違いは，利益の取得方法とその目的にある。

総合商社とファンドや投資企業との決定的な違いは，投資会社や産業コングロマリットはキャピタルゲイン利益も目的だが，トレードビジネスを起源に持つ総合商社は，税引後連結会計による取引利益（インカムゲイン）を重視しており，株式保有による連結税引後利益の獲得が主たる目的となっている。総合商社の場合，決算では連結税引後利益による報告に重きが置かれ，経営目標は連結税引後利益で設定されている。つまり，ファンドや投資会社は資本運用による利益が究

極の目的であり，総合商社は保有による利益を目的としている。総合商社の会計，IR，ガバナンスなど経営の構成要素はその思想の下で組み立てられている。無論，投資会社やファンドも，外部借入資金による買収（レバレッジド・バイ・アウト）をしている以上，インカムゲインにより借入を圧縮して企業価値を高める必要があり，インカムゲイン最大化のインセンティブは強いとも言えるが，総合商社と異なり，連結税引後利益による財務報告に重きは置いておらず，売却益が明示的に分かるキャッシュフローを重視する。

こうした違いは純株主資本主義的立場に立てば，総合商社の弱さとも言えるが，資本市場および社会から存在が許容され，その結果，組織学習が維持・継続できるポジションを築くことができれば，逆に強みとなる。総合商社は日本の資本市場の特殊性をうまく利用しているという見方もできよう。

組織学習の基盤となる人材に関して，総合商社は日本特有の新卒一括採用や終身雇用制（メンバーシップ型雇用）に大きく依存しているのが現状であり，組織学習を促進するために多様な人材を取り入れる必要性は高まっているが，日本の労働市場の流動性の低さを鑑みると，単に中途採用を増やすだけの戦略は根本的な解決策にはなり得ず，経営の支配権を強化する過程で，多様な人材の必要性が高まることが予想されると指摘した。

日本の経済史を振り返ると，財閥や企業グループが経済成長をけん引してきた歴史があり，「総合」という言葉は，力強さや競争力を象徴するキーワードとして位置付けられてきた。日本には総合電機，総合重工，総合卸売など「総合」を銘打つ業種は多く存在するが，欧米には「総合」に相当する明確な訳語が存在しないことから，「総合」という概念自体が日本に独特な経営環境や文化の中で発展してきたことが窺える。

このことから，総合商社は日本における「総合」という言葉が持つポジティブなイメージや，カバーする範囲が広ければ広いほど強さに繋がるという暗黙の了解を前提にしているとも言える。

総合商社は，日本の産業発展の歴史の中で重要な役割を果たしてきた。外部要因としては，経営者の裁量の幅が広く，内部補助を許容する未成熟な資本市場や人材市場の特性があり，内部要因としては，法人実在説に基づく組織学習や長期雇用制度を最大限に活用してきた。日本発の多国籍企業である総合商社は，ある意味で「究極の日本企業」とも言える存在であると指摘した。

総合商社のビジネスモデルは，進出国の知識，業種の知識，そして経営権を志向する経営戦略・経営力の3つからなるケイパビリティ構造を核としており，これらは企業規模と人材によって可能となった組織学習の能力によって支えられて

いることが本研究で明らかになった。これら要素が相互に作用し合い，堅牢なビジネスシステムを形成しており，外部環境の特性を上手く活かすことで経営として成立させている。

これらの要素は，経路依存的に構築されており，それぞれの要素はビジネスモデルを強化し，経験的知識により模倣困難性を作り出している。一方で，複雑がゆえに変化させるには学習する時間が必要であるという宿命も内在していると言える。それは，人材のスキルは一朝一夕に変えられるものではなく，長期雇用の人材を前提としているがゆえのデメリットでもある。それを踏まえ，総合商社は，任期付きの人事ローテーションに依存するのではなく，社内公募制などのプロフェッショナル的なポジションを用いて事業投資先の収益を最大化する戦略が今後一層必要になると指摘した。

総合商社は，事業投資会社としての性質を保持しつつ，ファンドや投資会社との差別化をより明確にする必要がある。総合商社の投資とは何か，ファンドや投資会社との差別化要因，競争優位は何か，という問いは古典的だが，今後の事業環境変化を考えると非常に重要な問いであろう。

総合商社の強みは，進出国や産業の知識を活かした友好的な買収や新規事業参入にある。ファンドや投資会社とは異なり，事業間のシナジーが価値創造の手段として重要であり，総合商社の企業規模と総合性が活きる場面が今後増加すると考えられる。

その実現のためには，資本の論理だけで成り立っているファンドや投資会社が持たない機能，例えば，業界の結節点としてのオーガナイザー機能やトレーディング機能が業界インサイダーとして情報収集するセンサーとして機能することになり，一層重要性が増してくると指摘した。

総合商社の組織体制は，各社によって強弱はあるが現在も本社中心の意思決定を維持している。バートレット＝ゴシャールの4類型に基づくと，「グローバル組織」のカテゴリーに留まっている。「組織は戦略に従う」というChandler（1962, 2004）の理論に照らし合わせると，多国籍企業としての総合商社の戦略的アンバランスを示唆しており，特に海外における高度な人材採用への障害ともなっている可能性がある。これは組織の成長制約に繋がる課題である。

それを克服するべく，ダイナミック・ケイパビリティを獲得するためには，組織の仕組みやルールの変更を通じて，「コンピテンシー・トラップ」を回避し，組織として「知の探索」と「知の深化」をバランスよく進める努力が求められることになる。「両利きの経営（Ambidexterity）」と言われる経営戦略が必要であると指摘した。

（第9節）

　本研究の成果を基盤として総合商社のビジネスモデルの未来を考察すると，組織学習の能力を一段と強化するアプローチとして「Ambidexterity」（両利きの経営）の重要性が一層増大していくと予測される。そこで総合商社にとっての「両利きの経営」（Ambidexterity）について考察した。

　O'Reilly and Tushman（2004）は，ブレイクスルー・イノベーションを起こした企業の分析から，組織構造の設計や経営手法が新規事業と既存事業のいずれにも，直接的で大きな影響を及ぼしていることを明らかにした。彼らは，両利き経営組織として，ビジネスに必要な機能（例えば，開発・生産・営業）を全て持たせて独立性をたもたせること，トップレベル（例えば担当役員レベル）では新規部署が既存の部署から孤立せずに，両者がお互いに知見や資源を活用しあうよう「統合と交流」を促すことが重要であるし，また，経営者には3つの「両利きのリーダーシップ」が求められるとした。

　総合商社においても，組織学習を進めるために両利きの経営の実践が必要となることを指摘した。

‖ 注 ‖

1　例えば，三井物産は世界の資源会社の決算発表に倣って営業キャッシュフローをベースに事業収益を開示し始めている。
2　良い例は，創業西暦578年で世界最古の企業とされる金剛組であろう。
3　「総合」の訳語はgeneralなのか，integratedなのか，いずれにせよしっくりくる訳語は見当たらない。

第11章

総合商社の未来

　21世紀に入り，総合商社が直面するビジネス環境は急速に変化している。特に，気候変動への対応は政府レベルだけでは不十分であり，ビジネス界の積極的な関与が求められている。

　2021年4月に，米国バイデン大統領の呼びかけによりオンラインで開催された気候変動リーダーズサミットには，40カ国・地域の首脳や国際機関のトップが招待され，この会合に向けて，先進国を始めとして主要国が新たな温室効果ガス排出削減目標の引き上げを行ったことで，カーボンニュートラル（CN）に向けた協調路線が強化された。具体的には，米国は2030年までに2005年比で温室効果ガスの50〜52％の削減，日本は2030年までに2013年比で46％の削減，EUは2030年までに1990年比で55％の削減を目標とするなど，各国が野心的な目標を表明した。削減目標だけでなく，気候変動対策への資金提供（先進国からの支援），再生可能エネルギーや電動車（EV）の普及を通じた気候変動対策による経済成長や雇用創出に関する表明もあった。加えて，先進国を中心に，2050年までのカーボンニュートラルの達成を長期目標として表明し，脱炭素社会に向けた道筋が確認された。

　このように，国際社会はカーボンニュートラル社会の実現に向けてコミットメントを示しており，このような背景から総合商社に対する期待も高まっている。本章では，この新しい時代における総合商社のビジネスモデルの進化と，カーボンニュートラルに向けた取り組み，さらには新しい事業創造について展望する。

　総合商社は，多様な産業と深い関わりを持つため，持続可能な社会の構築において重要な役割を担う潜在力を有している。特に，持続可能な社会の実現に向けて，エネルギー，素材，インフラ，デジタルといった複数の領域かつ複合的な取り組みがカーボンニュートラルの実現に向けて不可欠である。このような背景を踏まえて，総合商社がどのようにそのビジネスモデルを進化させ，新しい事業創

造に取り組むべきかについて，本章で詳細に探究したい。

第1節　気候変動リスクに対する金融業界の動向

　2015年の第21回国連気候変動枠組条約締約国会議（COP21）においてパリ協定が採択された。この協定では，世界全体平均気温の上昇を工業化以前に比べ2度より十分下回るものに抑制することを目標とし，また1.5度に抑える努力目標が合意され，今世紀後半に温室効果ガスの人為的な発生源による排出量と吸収源による除去量をニュートラルにする，いわゆるカーボンニュートラルの達成が国際的なコミットメントとして確立された。新興国と先進国を問わず，温室効果ガス排出削減に向けた具体的な目標（正式には「国が決定する貢献」（Nationally Determined Contributions））の提出が要求された。

　こうした国際的なコミットメントの動きに呼応する形で，金融業界では気候変動リスクが，企業や企業に投融資する金融機関の財務に直接的な影響を及ぼすリスクとして認識され始めた。

　元イングランド銀行総裁のマーク・カーニーを中心とする「気候関連財務情報開示タスクフォース（TCFD: Task Force on Climate-related Financial Disclosures）」が2017年にまとめた最終報告書（TCFD提言，TCFD 2017）は，企業による自主的な開示を推奨し，気候変動に関する機会とリスクの管理の在り方について初めて示したものと言われる。その後，開示基準の乱立を収束させ，開示義務化の必要性を訴える声が高まり，COP26ではTCFD開示義務化への取り組みが宣言された。

　この国際的な枠組みの下，総合商社も対応を始めている。伊藤忠商事は，2019年5月にTCFD提言への賛同を表明し，以降自主的に情報開示を始めている。開示情報は，ガバナンス，戦略，リスクマネジメント，指標と目標・アクションプラン，取組み，外部との協働など多岐にわたり，戦略におけるシナリオ分析では，気候変動による事業環境変化の大きい事業セクターを分析し，政策と法的リスク等の履行リスク影響の大きい事業として「発電事業」「エネルギー事業」「石炭事業」「鉄鉱石事業」「自動車事業」「化学品事業」を，気候変動の物理的リスク影響の大きい事業として「Dole事業」「飼料・穀物トレード事業」「パルプ事業」を選定している。

第11章　総合商社の未来　◆291

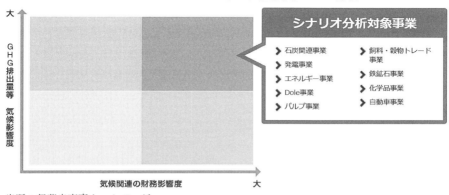

図11−1　伊藤忠商事の気候変動リスク分析

出所：伊藤忠商事ホームページ

　この中で気候変動による新たな（事業）機会として，「再生可能エネルギー」「アンモニア燃料に関する統合型プロジェクト」「EV等環境負荷低減車の販売拡大」「水・廃棄物関連の環境事業の展開」「金属資源における循環型ビジネスの推進」「蓄電池の販売」「水素・燃料アンモニアの生産・供給」といった事業が特定されている。気候変動への具体的に取り組みとしては，2019年に新規の石炭火力発電事業の開発および一般炭炭鉱の獲得を行わないことを取り組み方針として公開し，2021年には中期経営計画で一般炭権益からの完全撤退を発表した。

　世界最大のファンドであるブラックロックは，2021年にラリー・フィンクCEOから投資先の全CEOに向けた書簡を発表している。「地殻変動的な変化が加速」していると警告し，「気候リスクが投資リスクであることは明らかです。しかし，気候変動への対応に伴う移行は歴史的な投資機会をもたらすものでもある」として，サステナブル投資を一段と強化することを謳っている。その上で，TCFDおよびサステナビリティ会計基準審議会（SASB）の提言に沿った情報開示を要請し，投資家が持続的な長期リターンを達成するために十分に情報を得た上で意思決定を下せるよう，統一されたグローバル基準への自主的な移行を強く提唱している。そして，具体的な施策として，以下5つを宣言した。

1. 十分なデータが入手可能な範囲においてのETFと公募の株式および債券ファンドでの温暖化水準指標の公表
2. 弊社（ブラックロック）の資本市場予測（CMA）における気候変動ファクターの織り込み
3. 重大な気候リスクを有する資産の運用フレームワークとしてのアクティ

ブ・ポートフォリオへの「厳格な精査モデル」の導入（資産売却の検討を促す警告を含む）

4．ネットゼロへの移行経路に沿った商品等の特定の温度目標に整合する投資商品の導入

5．スチュワードシップ活動を通じて弊社のお客様の投資先企業が気候リスクの緩和とネットゼロへの移行がもたらす機会獲得への取り組みを深化させることを促す

これは，温暖化対応していない企業には投資しないことを宣言したことと同義であり，世界最大の資産運用会社からのメッセージは，外国人株主が多い総合商社にとっても，株式市場からの圧力として重大な影響を与える。

総合商社でもこれらの市場の意向を踏まえ，伊藤忠商事はコロンビアでの発電用石炭の権益を売却し，住友商事は米国でのシェールガスオイル開発から撤退を表明，三井物産は過去900億円超を投融資してきたモザンビークの炭鉱を 1 ドルで売却することを発表している。今後も，総合商社はこのような市場の意向や圧力を敏感に感じ取り，カーボンニュートラルに向けた活動を加速していくと考えられる。

第 2 節　環境NGOからの圧力

世界中で資源事業を展開する総合商社に対して，環境NGOからの圧力が顕在化している。

例えば，総合商社の中で発電事業の規模が最も大きいとされる丸紅に対して，日本国内および各国の環境NGO21団体は2018年 6 月に「丸紅株式会社からのダイベストメントを求める要請書」を大株主および主要取引先銀行等39社（国内 9 社，海外30社）に送付し，丸紅への投資からのダイベストメント（投資引き揚げ）を要請した。

これに呼応するかのように，丸紅は，「サステナビリティへの取組み方針に関するお知らせ（石炭火力事業及び再生可能性エネルギー発電事業について）」と題する発表を行い，以下を公表した。

1．脱石炭火力発電へのプロセスとして，2030年までに石炭火力発電のネット発電容量を2018年度末見通しの 3 GWから半減させること，また新技術の導入等による保有資産の効率化，環境負荷低減を積極的に推進する

2．新規石炭火力発電事業に原則として取り組まないこと，ただし，BAT（Best Available Technology，現時点では超超臨界圧発電方式）を採用し

て，国家政策に合致した案件については取り組む可能性がある
3．再生可能エネルギー発電事業への積極的な取り組みとして，ネット発電容量を2023年までに約10％から約20％へ拡大させる

　また環境NGOは，株式を保有して，株主総会において株主提案を通じてよりラディカルな形で気候変動対応の強化を求めるようにもなっている。例えば，オーストラリアの環境NGOであるマーケット・フォースなどは，2022年および2023年の三菱商事の株主総会において，（1）取引先など自社以外が排出する「スコープ３」を含めたパリ協定目標と整合する中期と短期の温暖化ガス削減目標を含む事業計画の策定開示，（2）新規の重要な資本的支出と2050年温暖化ガス排出実質ゼロ達成目標との整合性評価の開示，を規定する定款変更を求める株主提案を提出した。2023年の株主総会では，20％程度の賛成に留まり，定款の変更に必要な３分の２には至らず最終的には否決となったものの，機関投資家にアドバイスする議決権行使助言会社として影響力のある米インスティテューショナル・シェアホルダー・サービシーズ（ISS）が「賛成」を推奨，同グラスルイスは「反対」を推奨し，これら大手議決権行使助言会社の見解が分かれる状況となり，環境NGOからの圧力が無視できないレベルになりつつあると言える。

第３節　カーボンニュートラルへの期待と総合商社の役割

　21世紀のビジネス環境において，カーボンニュートラルの実現への取り組みは緊急性を持つ課題であり，総合商社に対する期待も高まっている。総合商社各社の戦略について見ていく。

第１項　エネルギー転換

　総合商社は，石油や天然ガスなどのエネルギー開発をリードしてきた歴史を持つ。脱炭素社会の実現に向けて再生可能エネルギーへのエネルギー転換が重要な世界的課題となる中，この分野において総合商社に期待される役割は大きい。
　総合商社の具体的な動きを見てみよう。
　三井物産は，2023年９月に台湾の海龍（ハイロン）洋上風力発電事業への投資を発表した。同事業の概要は**表11－1**の通りで，原子力発電所１基分に相当する発電量を持つ，巨大プロジェクトである。

| 表11－1 | 三井物産による台湾・海龍（ハイロン）洋上風力発電事業

建設場所	台湾彰化県沖45-70km（水深35-55m）
発電設備容量	1,022MW
設備内容	風力タービン73基，タービン基礎，洋上変電所，陸上変電所，送電ケーブル等
主要株主	カナダNorthland Power Inc.社：60% 三井物産：40%
売電先	台湾電力，民間電力需要家
総事業費	約9,600億円
三井物産投融資保証額	約2,600億円 （投融資：約1,700億円，保証：約900億円）
スケジュール	2025年末：一部完工，2026年末：全機完工

出所：三井物産ホームページ

　同プロジェクトは，カナダの大手独立系発電事業者（IPP）Northland Power Inc.（NPI）との合弁事業で，総事業費約9,600億円のうち，約5,400億円はプロジェクトファイナンスによる調達を見込み，国際協力銀行（JBIC）や日本貿易保険をはじめとする世界各国の輸出信用機関や金融機関が参画を予定する典型的な資源開発プロジェクトと言えよう。まさに総合商社が得意とするプロジェクトフォーメーションであり，台湾有事も将来シナリオとしてささやかれ地政学リスクも否定できない状況下，戦略的な判断をしたと言える。同社は，発表リリースの中で，「Global Energy Transitionを攻め筋の一つとして定めています。再生可能エネルギーを由来とするクリーンな電力の供給により，事業を通じた脱炭素社会への移行を目指します」と表明しており，エネルギー転換を戦略分野として明確に位置付けていることが分かる。

　一方で，従来型石炭火力発電のダイベストメント（売却・撤退）も同時に表明しており，同じ発表リリースの付属資料には，図11－2のように，再生可能エネルギーへの投資によるポートフォリオへの組入れと同時に，資産譲渡により火力発電資産を売却していくことが謳われている。

第11章　総合商社の未来　◆295

┃図11−2┃　三井物産による電力分野のポートフォリオ入れ替え

発電事業ポートフォリオ基本戦略の進捗 -2
「ポートフォリオ変革の具体例及び本案件の位置付け」

MITSUI&CO.

	22/3期	23/3期	24/3期	25/3期	26/3期

ポートフォリオ
への組入れ

22年4月
Mainstream参画
操業中・建設中：[1.6GW]
開発中：[15.5GW]
印大型再エネ参画：[1.3GW]

23年
Hai Long FID
[1.0GW]

24年
印大型再エネ完工予定
[1.3GW]

25年末
Hai Long 2
完工予定

26年末
Hai Long 2/3
全機完工予定

本案件参画による洋上風力知見の獲得・再エネ周辺領域を含む横展開

22年10月
タイガス火力1号機完工
[2.5GW]

24年後半
タイガス火力2号機完工予定
[2.5GW]

資産譲渡

22年11月
メキシコ・ガス火力資産譲渡
[2.2GW]

23年
インドネシア石炭火力資産譲渡
[2.0GW]

時間軸の異なる事業の組み合わせにより、収益の維持・拡大を図り、再エネ取組みを推進

Copyright © MITSUI & CO., LTD. ALL RIGHTS RESERVED.　　　　　　8

出所：三井物産ホームページ

　同資料で同社は「時間軸の異なる事業の組み合わせにより，収益の維持・拡大を図り，再エネ取組みを推進」と説明しており，段階的なポートフォリオの組み換えを戦略としている。

　さらに，同社のサステナビリティ戦略として，図11−3に示すような「再エネを起点とした事業群の形成」を目指していることが説明されている。2030年に再エネ比率を30％にアップすることをコアとして，様々な再生可能エネルギー起点の事業の創造を同社は目指している。対象領域としては，洋上風力（含タワー製造メンテナンスサービス），グリーン水素・アンモニア，排出権，エネルギーマネジメント（含省エネ・蓄電），還元鉄，電力物流・トレーディング，デジタルインフラを挙げ，具体的には，風力発電用タワー製造会社への出資，西豪州でのグリーン水素製造事業やチリでのグリーンアンモニア製造実証事業の実証前調査，デンマークにおける世界初のe-メタノール製造・販売事業への参画，屋根置太陽光発電所，米国における分散太陽光・蓄電ソリューション事業，オマーンにおける低炭素鉄源製造プラント事業化検討，CO_2削減をサポートするプラットフォーム「e-dash」事業といった各種事業への取り組みが例示されている（図11−3）。

｜図11－3｜　三井物産の再生可能エネルギーを起点とした事業群

再エネを起点とした事業群の形成

◆　発電事業ポートフォリオ変革と並行し，再エネを起点とした様々な関連事業にも取組中

米国における
分散太陽光・
蓄電ソリューション事業

屋根置太陽光発電所
電力・環境価値買取

デジタル
インフラ

洋上風力
タワー製造
メンテナンスサービス

風力発電用タワー
製造会社に出資

西豪州グリーン
水素製造事業

電力物流・
トレーディング

再エネ
2030年
比率30%へ

洋上風力
海洋インフラ

チリ国・グリーンアンモニア製造
実証事業の実証前調査

オマーン・低炭素鉄源
製造プラント事業化検討

還元鉄

CO2削減をサポートする
プラットフォーム「e-dash」

エネマネ・
省エネ・蓄電

排出権

グリーン水素・
アンモニア
次世代燃料
製造・供給

デンマークにおける世界初の
e-メタノール製造・販売事業

Copyright © MITSUI & CO., LTD. ALL RIGHTS RESERVED.

出所：三井物産ホームページ

　三井物産の事例から分かる通り，再生可能エネルギーの導入や既存のエネルギーインフラの効率化によって，エネルギー転換を促進することが総合商社の新たな機能として期待されている。具体的には，太陽光発電，風力発電，水力発電などの再生可能エネルギー源への投資を拡大することのみならず，総合商社は，エネルギー供給の安定性を確保するために，バッテリー技術やスマートグリッドの導入といった事業領域も対象に取り組むことが想定される。

　また，総合商社は，石炭火力発電などの既存のエネルギーインフラへの投資を段階的に引き下げつつ，CCS（二酸化炭素回収・貯留）技術などを用いて炭素排出を削減し，排出権を生み出す動きも見せている。総合商社は，エネルギー供給の安定性と環境負荷の低減の両立を図る上で不可欠な役割を担っている。

第2項　サプライチェーンの再構成

　総合商社は，資源の調達から最終商品の販売・流通まで，サプライチェーンの上流から下流まで広範に関与しているため，サプライチェーンにおける炭素排出量の削減に寄与できるポジションにあり，戦略的な取り組みを行える可能性がある。具体的には，投資先の製造会社での生産プロセスの効率化のみならず，物流の最適化，廃棄物のリサイクルといった多角的なアプローチが考えられる。これ

第11章　総合商社の未来　◆297

らの取り組みを通じて，サプライチェーン全体での炭素排出量（カーボンフットプリント）を削減し，持続可能な社会を支えるビジネスモデルを確立することが期待される。カーボンニュートラル実現の観点から，総合商社が取り組むサプライチェーンの最適化の道筋について詳細に探究する。

⑴　スコープ3まで含めた炭素排出量の開示

　　従来，企業の炭素排出量の開示は，自社が直接排出するスコープ1や，自社が購入した電力やエネルギーの使用に伴う間接的な排出量であるスコープ2の開示に留まっていた。販売した商品による排出であるスコープ3については，開示に伴うインパクトが大きく，また国際的に統一された算定方法が定まっていないことから躊躇する姿勢が一般的であった。

　　こうした中，2023年3月に三菱商事が，販売した天然ガスなどの使用に伴うCO_2排出量について，総合商社として初めて開示に踏み切った。具体的には自社以外の取引先が排出するCO_2であるスコープ3の全15カテゴリーのうち，「カテゴリー11」と呼ばれる排出量を開示した。この発表により，同社の2021年度の排出量は3.8億CO_2トンとなり，これまでに同社が開示したスコープ1および2の排出量の約15倍に膨らんだ。対象事業としては，天然ガスや原料炭などの金属資源の他，製鉄プラントや鉄道等のインフラ輸出事業が多い。このうち4割弱は移行リスクが高い事業とされる。

　　スコープ3排出量は，自社の上流（サプライチェーン），下流（販売活動）の両方をカバーするバリューチェーン全体の排出量となり，GHG（温室効果ガス）排出量全体の6～7割を占めるとされる（環境金融研究機構 2023）。三菱商事もこれまで，スコープ3のうちカテゴリー15の「投資」は開示してきていたが，本丸とされるカテゴリー11の開示に踏み切った。

　　これまでも，住友商事が化石燃料エネルギー権益事業で生産したエネルギー資源に関連して販売先が使用した際の間接的排出量を一部開示した例はあったが，カテゴリー11全体の開示は業界では初めてであり，その意義は大きい。また，天然ガスや原料炭のような移行リスクの高い「トランスフォーム事業」由来の排出が約4割としているが，これらは同社の収益のかなりの部分を支える事業であり，そのリスクを開示するのは大胆な決断と言える（図11-4）。

┃図11-4┃ 三菱商事の事業別温室効果ガス排出量

MC Climate Taxonomy別

単位：百万tCO2e

営業グループ別

単位：千tCO2e

営業グループ	2021年度実績	2022年度実績	Scope3 カテゴリー11 排出源となる主な事業
天然ガス	111,410	116,006	天然ガス開発・液化事業 天然ガス／LNGトレーディング事業
総合素材	896	993	
石油・化学ソリューション	41,299	46,403	石油製品トレーディング事業
金属資源	94,072	96,593	原料炭開発事業 金属資源トレーディング事業
産業インフラ	88,470	2,436	
自動車・モビリティ	30,093	32,747	自動車販売事業
食品産業	1,431	1,617	
コンシューマー産業	4,360	4,065	
電力ソリューション	8,982	5,729	
複合都市開発	241	350	
合計	381,254	306,939	

□ トランスフォーム（原料炭開発事業、天然ガス開発・液化事業等）
□ ホワイト（化石燃料トレーディング事業、インフラ輸出事業、自動車販売事業等）

出所：三菱商事ホームページ

　バリューチェーン全体に関わる総合商社が率先してスコープ3の排出を開示する社会的意義は大きいと考えられる。総合商社他社，そして産業界全体への波及効果が今後予想される。

(2) カーボンフットプリントの削減

　総合商社は，サプライチェーン全体でのカーボンフットプリント削減において主導的な役割を果たそうとしている。以下，その具体的な取り組み事例を紹介する。

事例1：グリーンエネルギーの導入

　総合商社は，自社および事業投資先における再生可能エネルギーの導入を積極的に推進している。これにより，サプライチェーン全体のCO_2排出量を削減し，カーボンニュートラルに一歩近づく。具体的には，投資先での太陽光発電設備導入や，投資先鉱山での再生可能エネルギー由来の電力契約への変更といった動きが見られる。

事例2：リサイクル素材の活用によるサーキュラーエコノミーの推進

　廃棄物の削減とリサイクルの促進により，新たなCO_2排出を抑制しつつ，資源の有効活用が可能となりサプライチェーンの持続可能性を高めることができる。具体的には，二次電池原料のリサイクル事業への参入検討や，ペットボトルのプラスチックリサイクル事業，小売における容器包装や製品での再生材の利用等が進められている。

事例3：デジタルトランスフォーメーション（DX）との連携

デジタルトランスフォーメーション（DX）は，サプライチェーンの最適化とカーボンニュートラルの実現において，重要な役割を果たす。例えば，IoT[1] デバイスを用いてリアルタイムでエネルギー使用量や排出ガス量を監視し，AIで解析することで，より効率的なエネルギー管理が可能となる。具体的な取り組み事業としては，三井物産の子会社である三井情報にて省エネ対策と快適性保持の両立を支援するクラウド型省エネルギーマネジメントサービス「GeM2」や太陽光発電設備の安定稼働を支援するクラウド型遠隔監視サービスを提供しているほか，同様に三井物産のエアアズアサービス（AaaS）において業務用空調・換気設備の遠隔でのモニタリングおよび制御を行い，空調利用環境の最適化と省エネ効果を最大化するサービスを提供するなど，デジタル技術を活用したサービス提供の事例が見られる。

カーボンニュートラルの実現には，多角的かつ複合的なアプローチが必要であるが，総合商社は様々な産業への接地面を持つことから，その中心的な役割を果たすことが期待されており，イノベーションにおける中心度の高いポジションとなる可能性がある。サプライチェーンの最適化は，単なるコスト削減や効率化を超え，持続可能な社会の実現に寄与する重要な要素である。総合商社は，その広範なネットワークと専門知識を活かし，サプライチェーン全体でのカーボンニュートラルの実現に向けて，積極的な取り組みが求められる。

⑶　テクノロジー起点の新しい事業創造

21世紀の総合商社において，テクノロジーとの融合は避けて通れないテーマである。AI（人工知能）・機械学習，IoT，ブロックチェーンといったデジタル技術のみならず，「ClimateTech」（クライメートテック）と称される脱炭素技術を含めたイノベーションや先端技術は，総合商社が新しいビジネスモデルを創出していく上で極めて重要な要素となっている。

デジタルプラットフォームの構築など迅速に事業やサービス開発が行われる領域とは異なり，ハードウェアや要素技術の開発が要求されるテクノロジーは一般に「DeepTech」（ディープテック）と呼ばれ，腰を据えた息の長い支援が必要となる。スピード感のある事業拡張が期待できるSaaS[2]（サーズ）型の事業とは異なるため，ベンチャーキャピタルが投資を躊躇することも多い。このような業界構造の下で，いかにリスクの高い領域に民間資金を投下し，イノベーションを促進できるかが大きなチャレンジとなる。

| 図11－5 | Breakthrough Energy Ventures投資領域

出所：CB Insights ホームページ

　テクノロジー起点での脱炭素社会実現に向けた取り組みとしては，マイクロソフトの創業者であるビル・ゲイツ（Bill Gates）氏の活動が顕著である。
　同氏は，気候変動に対して，テクノロジーによる解決手法探索のため，2015年の国連気候変動会議でなされたファンドについての発表を受けて，2016年にベンチャーキャピタルであるBreakthrough Energy Ventures（BEV）を設立した。同ファンドには，Amazonの創業者であるジェフ・ベゾス（Jeff Bezos）氏，Salesforceの創業者であるマーク・ベニオフ（Marc Benioff）氏，Bloombergの創

業者であるマイケル・ブルームバーグ（Michael Bloomberg）氏，英国Virginグループの創業者であるリチャード・ブランソン（Richard Branson）氏，Facebookの創業者であるマーク・ザッカーバーグ（Mark Zuckerberg）氏，ソフトバンクの創業者の孫正義氏，アリババの創業者のジャック・マー（Jack Ma，馬雲）氏など，錚々たるメンバーが出資者に名を連ねており，ファンド規模は10億ドル規模とされる。通常のベンチャーキャピタルの運用年数は10年が一般的であるが，BEVは20年とされ，DeepTechを支えるファンドという姿勢を明確にしている。同ファンドの投資分野は図11－5に示す通りである。

　同ファンドはアーリーステージへの投資による技術開発や企業成長への支援を行う位置付けだが，成長してきたスタートアップのスケールアップを支援することを目的にBEVとは別のファンドとして2021年にBreakthrough Energy Catalystが設立され，鉄鋼大手のArcelorMittal，航空会社のAmerican Airlines（アメリカン航空），コンサルティング会社のBoston Consulting Group（ボストン・コンサルティンググループ），銀行のBank of America（バンク・オブ・アメリカ），HSBCやCiti Corp（シティ），投資会社のBlackRock（ブラックロック），家具のIKEA，自動車のGM，マイクロソフト，石油・ガス大手のShell（シェル）が参画した。このファンドに対して，2021年4月に三菱商事がアジア域内企業として初めて参画を表明し，1億ドルを出資した。同社は2021年10月に発表した「カーボンニュートラル社会に向けたロードマップ」に沿って，新技術とイノベーショ

｜図11－6｜ Breakthrough Energyの組織構造

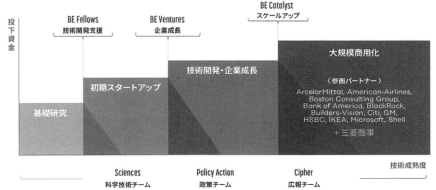

出所：三菱商事ホームページ

ンの活用が必要不可欠と説明している。

　同ファンドの注力分野は，①クリーン水素製造（および水素関連インフラ），②長期エネルギー貯蔵，③持続可能航空燃料（Sustainable Aviation Fuel），および④直接空気回収（Direct Air Capture）の４分野としており，テクノロジー起点による新たな事業創造を目指している。

　従来，総合商社は，確立された技術を活用したプロジェクト開発は多数展開してきているものの，技術開発への資金共有はそれほどアクティブであるとはみなされていなかった。その意味において，技術開発を目的とするファンドに資金拠出し，スタートアップのスケールアップに関与しようとする姿勢は新たな動きとして注目に値すると言えよう。

　デジタル技術を活用したサステナビリティへの取り組みについても見ておきたい。分散台帳を用いた改ざんが困難なブロックチェーン技術は，透明性とセキュリティを高めるために非常に有用であり，ビットコインなど暗号通貨での活用が有名であるが，サプライチェーンにおける透明性確保においても活用が大いに期待されている。具体的には，原材料の調達から製品の販売までの各ステップにおいて，ブロックチェーンを用いてデータを記録することで，偽造や改ざんのリスクを大幅に削減することが可能である。

　2023年２月に丸紅が，資源大手リオティントと「持続可能で責任あるアルミニウム製品を安定的に供給するための戦略的業務提携」を締結し，再生可能エネルギーを利用してニュージーランドで生産した第三者認証付き低炭素アルミニウム製品ブランド「RenewAl（リニューアル）」を立ち上げ，ブロックチェーンを用いたトレーサビリティプラットフォーム「START（スタート）」を活用して，サプライチェーンや製造工程全体の脱酸素化に取り組む日本の輸送機メーカーへ供給すると発表した。「START」が提供するESG指標には，LCA（ライフサイクルアセスメント）に基づいた温室効果ガスの排出量，水の使用量，安全操業実績，ビジネス倫理規範の順守，コミュニティへの貢献やダイバーシティなど，14の項目が含まれているとされている。

　これらのテクノロジーは，単独で用いるだけでなく，業界を横断して情報が連結され統合されたことで，さらなるシナジーや付加価値を生む可能性がある。リアルタイムのデータ解析と即時の意思決定が可能となり，サプライチェーン全体で業務効率の大幅な向上が期待できる。総合商社は，これらの先端技術を戦略的に活用し，既存ビジネスの効率化はもちろん，新しいビジネスモデルやサービスの創出に積極的に取り組んでいくと想像される。テクノロジーとの融合によって，総合商社は，21世紀のビジネス環境にいち早く適応し，持続可能な成長を達成す

第11章　総合商社の未来　◆303

るための新たな道を切り開くことができるであろう。

第4節　サステナビリティと
総合商社のビジネスモデルの永続性

　総合商社は，サステナビリティをビジネスの核とすることで，新しい価値を創造し，社会に貢献することができる。具体的には，環境に配慮した商品の開発や，社会課題解決に貢献する新しいビジネスモデルの創出が考えられる。総合商社は，これらの取り組みを通じて，持続可能な社会の実現に貢献するとともに，自らのビジネスも拡大することができる。

　21世紀の総合商社において，サステナビリティは単なる付加価値ではなく，ビジネスモデルそのものの核となるべき要素である。この節では，サステナビリティをビジネスの中心に据えることの重要性と，その具体的な実践例について考察する。

　サステナビリティがビジネスにもたらす価値は多岐にわたる。環境，社会，ガバナンス（ESG）を重視する責任ある投資家は増加しており，サステナビリティに配慮したビジネスモデルは企業価値を高めるだけでなく，自身のビジネスモデルの永続性に対するリスクを低減する。

　総合商社は，天然資源のみならず，農産品も含めた原材料のサステナブルなサプライチェーンを構築することができる立場におり，その主体的な取り組みが社会からの存在認知と許容を得ることになる。これを総称して近年ではSocial License to Operate（ソーシャル・ライセンス・ツー・オペレート）と言う。例えば，FSC森林認証[3]を取得した木材の取引により，違法伐採のリスクを排除し，持続可能な森林管理を促進することで，原産国の資源を保護しながら，日本を含めた最終需要家に責任ある原料供給が可能となる。

　また，サステナビリティは，ClimateTechに代表されるように，イノベーションを必要としている。サステナビリティの課題解決に必要となるイノベーションは技術のみならず，社会的なシステムとしてビジネスモデルにも必要であり，広い見地であらゆる産業に触れている総合商社の役割は大きい。

　社会的なシステムという観点では，今まで以上に地域社会との共生，協働が重要であり，ステークホルダーとの良好な関係を築くためにステークホルダーエンゲージメントが一層重要となってくる。例えば，途上国での教育プロジェクトや地域社会のインフラ整備に参加することで，社会的資本を築き，社会的な認知を得ることが，他のビジネスの持続可能性を高めていく上でますます重要となるで

あろう。

　サステナビリティは，21世紀の総合商社において，ビジネスモデルの核となるべき要素である。これは，単なる道徳的な義務や社会的な期待を超え，企業価値の最大化とリスクの最小化に直結する。総合商社は，その多角的なビジネスモデルと広範なネットワークを活かし，サステナビリティを核としたビジネスの展開によって，持続可能な社会の実現に貢献することが求められる。これにより，総合商社自身も持続的な成長と企業価値の向上を実現できるであろう。

‖ 注 ‖

1　IoTとは，Internet of Thingsの略であり，あらゆるモノ（センター機器，住宅，家電，車，電子機器など）がネットに接続され，遠隔操作やデータの収集が行われることを表す概念。

2　Software as a Serviceの略であり，ソフトウェアをモノとして販売するのではなく，ソフトウェアの機能をネットを通じて提供し，利用料を課金するビジネスモデル。

3　Forest Stewardship Council®（森林管理協議会）は責任ある森林管理を世界に普及させることを目的とした国際的な非営利団体で，FSC認証は，「適切な森林管理」を認証する国際的な制度である。

◆305

―――――| 終章 |――――――

結言
―学術的貢献と実務へのインプリケーション，そして今後の展望―

第1節　本研究のまとめ

　本研究は，総合商社のビジネスモデルを明らかにすることを目指して行われた
ものである。本研究のまとめとして各章の概要を以下に記す。

（序章・第1章）
　序章では，ウォーレン・バフェット氏率いるバークシャー・ハサウェイの投資
を端緒として総合商社が注目されていることを解説し，本書が，総合商社の独特
なビジネスモデルがどのように発生し，変遷してきたのかを掘り下げていくこと
を表明し，総合商社のビジネスモデルについて検証・研究する本研究の背景と問
題意識を示した。
　第1章では，本研究の目指す方向性，アプローチ，論文の構成について述べた。

（第2章）
　総合商社の歴史と発展の経緯を整理した。総合商社の歴史を辿り，総合商社誕
生から発展を経て現在に至るまでに，総合商社が日本経済の成長および変化にど
う対応してきたのかを概観した。時代としては，日本および日本経済の発展の歴
史に合わせ，誕生した①明治期，総合商社が発展した②第一次世界大戦から第二
次世界大戦期，③第二次世界大戦後，④高度経済成長期からバブル経済期，⑤バ
ブル経済崩壊後，⑥中国の爆食と資源ブーム，⑦2010年代から現在，と7つの時
代に分けた。

（第3章）

　本研究で参照する国際ビジネス研究の諸理論を整理して国際ビジネス研究の軌跡をたどりつつ，国際ビジネス研究における総合商社研究の意義を明示した。その上で，総合商社研究に既存の諸理論を当てはめる上での限界を指摘した。

（第4章）

　1960年代に始まったとされる総合商社に関する先行研究について，定量的，定性的に検討をした。総合商社研究は日本に独特であるという視点に立ち，その研究自体が独自に発展してきた傾向が強く認められる。他方で，総合商社は日本を代表する多国籍企業であるという主張もありながら，必ずしもそれら研究が十分になされてきたとは言い難い。総合商社に関する先行研究を定量的，系統的に検討することで，現時点において残されている総合商社研究の課題について確認した。

（第5章）

　総合商社が自らを「総合事業運営・事業投資会社」に変化させてきたとの先行研究を踏まえ，事業発展プロセスを考慮した総合商社の新たな海外進出モデルを提示した。そのモデルの有効性を確認するとともに，総合商社の海外進出形態が，時間経過に伴って「現地法人」から「経営権のない海外投資」へ，さらには「経営権のある海外投資」に変化してきていること，それら変化はトレーディング業務を中心とする伝統的な商社機能を有する投資先のみならず，製造業・サービス業など非トレーディング業務の投資先でも同様に見られるかを総合商社5社を対象に実証的に分析した。加えて，それら結果をもとに，総合商社の海外進出形態の変化をもたらした外部要因，組織学習のメカニズムおよび海外進出形態の段階的変化，組織学習と企業規模，総合商社が経営権を志向する業種について考察した。

（第6章）

　総合商社のビジネスモデルの進化が資本コストを考慮した企業価値創造にどのような影響を与えたのかについての研究が見当たらないことから，総合商社5社の企業価値創造について16年間の財務データと963社の投資先データを用いたパネルデータによる実証分析を行った。総合商社はトレーディングから事業投資に軸足を移すことでビジネスモデルの変革を行ってきたが，ビジネスモデル変革が資本コストを考慮した企業価値創造にどのような影響を与えたのかについての研

終章　結言―学術的貢献と実務へのインプリケーション，そして今後の展望―　◆307

究は見当たらない。実証分析により，投資先全体，さらには商社型・非商社型事業それぞれの経営権有比率の上昇は企業価値創造にどのような効果をもたらしているのかを定量的に明らかにした。

　第7章，第8章，第9章は事例研究である。本研究における事例研究の目的は，第5章，第6章の実証研究でのモデルの構築にあたって事例からの演繹により示唆を得るアプローチを採った。

（第7章）
　先行研究において総合商社と比較される，英国多国籍商社とその実施主体であるフリースタンディングカンパニー（FSC）に関する研究をレビューし，総合商社との定量的・定性的な類似性・非類似性を確認した。これにより，栄華を極めた英国多国籍商社がなぜ衰退し，総合商社はなぜ存続しているのかの示唆を得た。

（第8章）
　投資という観点から現代の投資会社・ファンド，産業コングロマリットが保有するポートフォリオとの類似性・非類似性，パフォーマンスの違いを明らかにした。

（第9章）
　各社の地域戦略と進出業種の関係を確認し，総合商社間の国別の進出戦略の違いを事例分析から比較した。これにより，類似性が強いと言われる総合商社であっても進出国の戦略に違いがあることが確認された。各社の国別の進出戦略の違いを確認するために，定量的に重視国，非重視国，得意国を決定した上で，特徴的な重視国，得意国を特定し，進出経緯や業種などの事例分析を行った。競合他社との優先順位や進出戦略の違いを分析することにより，各社の戦略や強みを読み取れるだけでなく，総合商社間の国別の進出戦略の違いを定性・定量両面から見ていくことで，総合商社の事業発展形態の変化や総合商社の志向が読み取れ，総合商社の海外進出モデルやその変化への示唆を得た。

（第10章）
　総合商社のビジネスモデルについて考察を行った。
　まず確認された事実を整理した上で，それら事実から総合商社のビジネスモデルの要件充足性を確認し，ビジネスモデルを支えるケイパビリティ構造を考察し

た。この結果，総合商社には市場（国）知識，業種知識，経営力・経営戦略の3要素があることを明らかにし，この構造を根幹で支えているのが組織学習であり，それら知識が相互作用やフィードバックを興しながら，事業発展していることを解明した。

　次に，この構造を踏まえて，ウプサラ・モデルを総合商社のビジネスモデルに拡張した。このモデルにはこれまでの検証成果が取り込まれており，先行研究で示された「総合事業運営・事業投資会社」という概念が全て包含されているだけでなく，経営支配を強めるという近年の経営戦略も包含したモデルになっている点に特徴がある。モデルを提示するだけでなく，モデルが持つ限界についても考察を加え，取引コスト理論に基づく内部化の論理の限界とビジネスの現実は動的なものであること，商社型・非商社型の区別の限界，進出形態変化の方向性が一方向に限られない可能性について指摘した。

　さらに総合商社と多角化戦略，多角化戦略の企業価値への負の影響を指摘した上で，近年指摘されている情報優位性の獲得の重要性を確認した。

　以上の結果を踏まえて，総合商社のビジネスモデルの変革は意図的戦略なのか創発戦略なのか，総合商社の「総合」の永続性の考察を進め，総合商社のビジネスモデルの課題として学習スピードの遅さとその理由としての強さと弱さを指摘し，総合商社にとってのAmbidexterity（両利きの経営）について考察を深めた。

（第11章）

　21世紀に入り，総合商社が直面するビジネス環境は急速に変化しており，発展的話題として，気候変動への対応が必要な新しい時代における総合商社のビジネスモデルの進化と，カーボンニュートラルに向けた取り組み，さらには新しい事業創造について展望した。

　総合商社は，多様な産業と深い関わりを持つため，持続可能な社会の構築において重要な役割を果たす潜在力がある。特に，エネルギー，素材，インフラ，デジタルといった領域での取り組みが，カーボンニュートラルの実現に向けて不可欠である。このような背景から，総合商社がどのようにそのビジネスモデルを進化させ，新しい事業創造に取り組むべきかについて，最新の取り組み状況を詳細に検討した。

終章　結言─学術的貢献と実務へのインプリケーション，そして今後の展望─　◆309

第2節　学術的貢献と実務へのインプリケーション

本研究の学術面への貢献，実務面へのインプリケーションについて述べる。

第1項　学術的貢献

　国際ビジネス研究は，世界経済の一体化が進んで多国籍企業が成長するのに伴って，20世紀中頃に生まれた比較的歴史の浅い学問分野であり，主に大企業を想定して，企業のケイパビリティの内部化・内部性を重視した理論が構築され，近年は航空網などの移動インフラ，物流，インターネットの発達に伴って内部性よりも外部性を利用することで水平分業によって成長する企業が現れ，その理論的解明に力が注がれてきた（安室 2008）。一方で，国際ビジネス研究の研究対象は明示的にも暗黙的にも製造業を対象としてきた系譜があり，サービス業への理論適用は製造業でモデル化し，追ってサービス業に適用する，という流れが一般的であった。

　本研究では，貿易会社として国境を越えてグローバルに活動することを前提に生まれながら，100年を経過しても日本にしか存在せず，また進出している国の多様さのみならず，製造業やサービス業など幅広い業種を傘下に持ち，内包するビジネスが多様である総合商社を研究対象とすることで，これまでに構築されてきた国際ビジネス研究の諸理論やフレームワークの拡張，あるいは理論的補強に貢献できれば意義があるであろうとの考えで研究を進めてきた。

　また，日本固有の総合商社研究は，先行研究の検討から，特にわが国においては歴史にアプローチし，事例研究のような規範的な検討に留まる傾向が強いことが分かっており，国際ビジネス研究の諸理論やフレームワークを適用した上で，統計解析を用いた実証的な研究手法を持ち込み，中核的な概念として組織学習を中心に据えて，国際ビジネス研究と日本での総合商社研究をブリッジすることを狙いとしてきた。

　以上を踏まえて，本研究の具体的な学術的貢献は，以下の通りと考える。

　第一に，先行研究の検討から，総合商社に対して国際ビジネス研究で用いられているフレームワーク・理論の適用例が見当たらないことから，ウプサラ・モデルを代表とする諸フレームワークやダイナミック・ケイパビリティなどの諸理論

を適用することで，総合商社が生まれながらにして内包する海外進出活動の形態に着目し，総合商社のビジネスモデル変革の構造を明らかにしたことである。

　第二に，先行研究を土台として，それらの検討結果から総合商社の海外進出モデルを構築・提唱し，そのモデルの有効性を統計を用いて実証的に示したことである。さらにその結果について追加検証し，モデルの適合度と企業規模の関係を評価したことである。

　第三に，海外進出モデルと資本コストを考慮した企業価値創造（EVA）を目的変数にパネルデータ分析を行い，経営支配を強める総合商社のビジネスモデルの変革が企業価値創造に与えた影響，商社型・非商社型事業の企業価値創造への影響について実証的に示したことである。総合商社に対してパネルデータ分析を行った研究は他に見当たらないことから，本検討が総合商社研究における新たなホライゾンを切り拓いたと考える。

　第四に，これらの成果を踏まえて，国際ビジネス研究の代表的なフレームワークであるウプサラ・モデルを総合商社に拡張したモデルを提唱し，その有効性と限界を示したことである。ウプサラ・モデルが持つ経験的知識というコアの概念がサービス業である総合商社にも有効に機能することを示しつつ，オリジナルのウプサラ・モデルにおいては，海外進出時の進出する国や市場は自国（home country）と文化的，制度的，地理的距離などが近い国々から始まり，このモデルでは，企業は初期の進出においてこれらの類似性が重視され，経験を通じて学習をしていくことで，徐々に文化的，制度的，地理的距離が遠い国に進出の範囲を広げていくと説明されているのに対し，総合商社の場合，ウプサラ・モデルの適用には一定の限界が見られることを指摘した。総合商社における海外進出の決定においても，経験を通じた学習の重要性は変わらないものの，自国との文化的，制度的，地理的距離は必ずしも投資判断の唯一の決定要素でなく，総合商社が世界中に張り巡らせた広範なネットワークから得られる事業機会の情報が海外進出の起点になることが一般的であり，このため，総合商社の地域展開には一定のランダム性が認められ，必ずしも自国と文化的，制度的，地理的距離が近い国から進出するとは限らないことを指摘した。さらに，総合商社の進出国の選定は，国や市場に関する経験的学習に加え，業種に関する学習や経営に関する学習が内部で行われることによっても影響を受ける。これにより，進出パターンにはジグザグ的な特徴が見られることがあり，これは総合商社が直面する多様な市場環境と

終章　結言─学術的貢献と実務へのインプリケーション，そして今後の展望─　◆311

戦略的選択の複雑さを反映している。総合商社の国際市場進出における地域展開のパターンは，オリジナルのウプサラ・モデルにおける従来の理解を越えた，より複雑かつ多面的な現状として捉える必要があると指摘した。

　これまでの国際ビジネス研究では海外進出形態や進出先国の選択をそれぞれ独立に，あるいは両者を同時決定的に議論されてきたが，本研究は進出形態や進出先国に加えて，業種の変化も取り込んでいる点に大きな特徴がある。

　第五に，総合商社のビジネスモデル変革，すなわちイノベーションは組織学習による知識創造の結果であると示したことである。総合商社のビジネスモデルは，進出国の経験的知識，進出業種の経験的知識，経営力・経営戦略というケイパビリティ構造の中で相互作用とフィードバックによって知識創造がなされていると示したことである。

　これら研究の成果が，総合商社研究における研究者と実務者の橋渡しになることを切に願う。

第2項　実務へのインプリケーション

　本研究の実務的なインプリケーションは，以下の通りである。

　総合商社のビジネスモデル変革の根幹は組織学習であると理論的に示されたことにより，それらを意識した経営戦略，組織設計，企業文化構築の必要性が示唆される。日本固有の事業体であるからといって故意に独特の戦略にこだわる必要はなく，経営戦略，経営学の知見を余すところなく活用できる。

　本研究の結果から，総合商社の非商社型事業が企業価値創造を生んでいないことと同事業での学習スピードの遅さが明らかになった。この事実から，まずポートフォリオ戦略の再考の必要性が示唆される。現在各総合商社は経営支配を強めることを是とする単純化された戦略を推進している傾向があるが，総合商社の人材が優秀といえども万能でないことを示している。全ての業種に対して経営支配を強めるという戦略から，各業種ごとにみずからのケイパビリティを判断して戦略を決定していくような新たな戦略の必要性を想起させる。さらに，学習スピードの遅さは現在総合商社が前提とする日本型雇用や組織体制に起因していることが示唆された。継続的かつスピード感のある組織学習を行える体制にどのように

作っていくのか，新たな組織デザインが求められる。

　経験的知識に基づく組織学習の重要性と事業環境に応じてケイパビリティを組み替えていくダイナミック・ケイパビリティの必要性が確認されたことで，実態としては経路依存的であり，総合商社間で進出国や業種が似ていても実際に得ている知識は異なることが明らかになった。今後，各総合商社は相互を比較することの意味は薄れていることを認識し，高度に多角化した企業体として個別に目指す姿を示していく必要があることを理解するべきである。また，組織学習を強化する手法としてAmbidexterity（両利きの経営）が有効であるとの示唆を示した。

　米中対立，昨今起きたロシア，さらにはパレスチナやイエメンを始めとする中東における地政学リスクの顕在化とそれに起因するサプライチェーン分断，COVID-19によるパンデミック，カーボンネットゼロを目指す環境意識の高まりなど，多国籍企業の事業環境は従来の想像を超えた領域に突入している。インターネットの普及により情報の拡散スピードが加速し，世界の貿易量が伸びない状況になる一方，テクノロジーの発展により資本の移動はよりコストが低くなり，"Globalisation is dead"（O'Sullivan 2019）とも指摘される状況になっている。マネーの氾濫とそのマネーの行先としてスタートアップ企業への投資が急伸しテクノロジー企業が勃興するような，20世紀のパラダイムから完全に違う段階に進んでいる。これらの変化に対して，日本の株式市場という足場と日本の人材市場に立脚する総合商社は生き残れるだろうか。この研究で解き明かされた組織学習のケイパビリティを生かして，総合商社がみずからのビジネスモデルを一段と変化させていけるか，この時代の変化に対応できるか，見守っていきたい。

第3項　本研究の限界と今後の展望

　本研究では，総合商社のビジネスモデル構造とその変革のメカニズムを明らかにしたが，最後に本研究の限界と残された課題について述べる。
　ビジネスモデル構造の解明にあたって，総合商社のビジネスモデルに誕生時から海外進出が内包されていることを論拠として海外進出の形態変化を観察対象として選択し，その変化から海外進出形態の変化をモデル化することに成功した。一方，総合商社は英国多国籍商社とは異なり，日本経済への関与を前提としていることは述べた通りであり，日本国内における事業展開を観察対象としていない点については，今後の課題である。

終章　結言―学術的貢献と実務へのインプリケーション，そして今後の展望―　◆313

　海外進出モデルの推定において，下位社では経営権「なし」から「あり」への段階的な進出となっておらず，モデルへの適合度が低くなった。競合との差別化において，上位社が進出しない業種に意図的に，あるいは参入機会があった場合に事業機会優先的に事業参入を決めるケースや競合が狙わないニッチ領域への集中という経営戦略を取った結果である可能性が示唆されるが，この点については今後丹念な精査が必要である。

　総合商社のビジネスモデルの模倣困難性の分析において，経営支配を強める戦略レベルでの模倣は比較的容易といえども，コード化可能性，教育可能性，システム依存性は，各社の企業文化，リーダーシップ，社内規定・ルールなどの組織の内部要因，ケイパビリティに強く影響される。これらにより，実行に至るまでに必要となる時間・タイミングが各社ごとに変わってくるのは自然であり，企業規模によりモデルへの適合度が異なることは，各社のこれら内部要因，ケイパビリティの差を表しているものと考えられる。Kogut and Zander（1992）のKBV理論に従えば，これらは組み合わせ力（combinative capabilities）の差によるものとなるが，企業規模と組み合わせ力が相関する関係にあるかについては，今後の研究課題としたい。

　モデルの構築にあたっては，商社型事業・非商社型事業の分類を筆者の実務経験も踏まえて行っている。先行研究の機械的な分類よりは精度が上がっていると考えるが，言うまでもなく認知バイアスの存在は否定できず，実証の頑健性には一定の限界が存在する。

　また，情報のアクセスの困難性もある。総合商社は会社によっては千をも越える子会社・関連会社群を投資先として抱えているが，投資先の情報の開示は進んできたといえどもその数や量は限られており，実像の把握には常に困難が伴う。これにより，モデル化に利用した数字や開示情報以外の要素が影響因子となっているかを検証することが困難である。

　さらに，総合商社は常に事業環境の変化を受けてビジネスモデルを変化させており，常にその変化を把握した瞬間にモデルや前提が陳腐化しているという可能性を秘めている。総合商社のビジネスモデルの把握はmoving targetを追いかけるという宿命を内包していると言ってもよいかもしれない。

　今後，さらに経営権を志向する事業投資モデルや「非商社型事業領域」への進出が進んでいくと，総合商社各社の業種ポートフォリオもさらに乖離していく可能性が高いと考えられる。hypercompetitionの時代と言われ，デジタル技術や新しいビジネスモデルを活用して各業界の産業構造変革が加速していく中，総合商社がこれらの外部事業環境の変化へのレスポンスとして，組織学習力を活かして

ビジネスモデルをどのように変革していくかをいかにフォローしていくかは今後の研究課題としたい。

　これら限界と残された課題を認識した上で，引き続き事例分析や実証分析を行い，国際ビジネス研究の最新の成果を総合商社に適用していくことで，今回提示したモデルの改善・精緻化を図り，学術面・実務面の両面で貢献できる研究にしていきたい。

◆315

参考文献

　各章ごとに示す。既出の文献の場合，重複記載を避けるために番号の早い章にのみ記載している。各章内は日本語文献（著者名のあいうえお順），欧文文献（著者名のアルファベット順）の順でソートして示しており，出現順ではない。翻訳本の場合は原典の記載を優先している。

序　章

奥村宏（1994）『日本の六大企業集団』朝日新聞社.

土井教之（2006）「総合商社の経済理論—内部組織と競争—」土井教之・伊藤正一・増田政靖編『現代の総合商社—発展と機能』晃洋書房.

Berkshire Hathaway (2020). *Berkshire Hathaway acquires 5% passive stakes in each of five leading Japanese trading companies, August 31 2020 8:30 AM (JST)*.
https://www.berkshirehathaway.com/news/aug3020.pdf.

Business Insider（2020）『バフェットが「5大商社」に63億ドル投資。"ラーメンからミサイルまで"の儲けの構造は「仲介と投資」で読み解ける』2023年10月1日アクセス
＜https://www.businessinsider.jp/post-220634＞

Yoshihara, K. (1983). *Sogo Shosha: The Vanguard of the Japanese Economy*. Oxford University Press.

Young, K. A. (1979). *The Sogo Shosha: Japan's Multinational Trading Companies*. Westview Press, Inc.

第1章

埒本一雄（2015）「総合商社論の課題：存在意義と基礎になるプロセスの構造化」『安田女子大学紀要』No.43, pp.299-309.

三菱商事編著（2015）『BUSINESS PRODUCERS ～総合商社の，次へ～』日経BP社.

孟子敏（2008）「総合商社におけるコア機能の構造変化によるビジネスモデルの再構築」『イノベーション・マネジメント』No.5, pp.119-139.

Chung, H.F. and P. Enderwick. (2001). An Investigation of Market Entry Strategy Selection: Exporting vs Foreign Direct Investment Modes — A Home-host Country Scenario. *Asia Pacific Journal of Management 18*, pp.443-460.

Kumar, V. and V. Subramanian. (1997) *A contingency framework for the mode of entry decision*. Journal of World Business, *Vol.32(1)*, pp.53-72.

Li, J. (1995). Foreign entry and survival: Effects of strategic choices on performance in international markets. *Strategic Management Journal, Vol.16(5)*, pp.333-351.

Makino, S. and P. Beamish. (1998). Performance and Survival of Joint Ventures with Non-

Conventional Ownership Structures. *Journal of International Business Studies, Vol.29*, pp.797-818.

Nakos, G. and Brouthers, K. D.（2002）. Entry Mode Choice of SMEs in Central and Eastern Europe. *Entrepreneurship Theory and Practice*, 27（1）, pp.47-63.

Root, F. R.（1994）. *Entry Strategies for International Markets*. Lexington Books.

第2章

天野雅敏（2006）「明治期における日本商社の豪州進出」『法政大学経済学部学会』73（4），pp.295-314.

逸見啓・齊藤雅通（1991）『三菱商事・三井物産―国際化時代を生き抜く総合商社―』大月書店.

内田勝敏（1975）「三井物産・三菱商事の解体と復活：戦後の日本貿易と貿易商社」『同志社商学』Vol.26（4-5-6），pp.295-313.

大島久幸（2011）「第4章　商社ブームと破綻」大島一宏・大島久幸・木山実編『総合商社の歴史』関西学院大学出版会.

木山実（2011）「商社『冬の時代』の再来と『夏の時代』への展開」大森一宏・大島久幸・木山実編著『総合商社の歴史』関西学院大学出版会.

現代企業研究会（1962）『三井物産』.

ダイヤモンド社（1965）『商社，三菱商事』ダイヤモンド社.

田中彰（2012）『戦後日本の資源ビジネス　原料調達システムと総合商社の比較経営史』名古屋大学出版会.

田中隆之（2012）『総合商社の研究　その源流，成立，展開』東洋経済新報社.

長廣利崇（2011）「第3章　総合商社としての三井物産の確立とその他の商社の活動」大島一宏・大島久幸・木山実編『総合商社の歴史』関西学院大学出版会.

日経ビジネス（1983）『商社―冬の時代』日本経済新聞社.

橋本寿朗（1998）「総合商社発生論の再検討―革新的適用としての総合商社はいかにして生まれいでたか」『社会科学研究』東京大学社会科学研究所，Vol.50（1），pp.141-169.

平野正雄（2017）『経営の針路』ダイヤモンド社.

藤田幸敏（2011）「第2章　直輸出の開始と大商社の登場」大島一宏・大島久幸・木山実編『総合商社の歴史』関西学院大学出版会.

三井広報委員会ホームページ（n.d.）「三井の歴史［戦後期］三井物産の大合同」『三井広報委員会ホームページ』2022年4月15日アクセス
　＜https://www.mitsuipr.com/history/postwar/04/＞

三菱商事株式会社（1986）『三菱商事社史』上巻.

ムーディーズ（2016）「Moody's Investers Service 商社の格付手法」Report Number: 191144（Japanese），pp.1-24.

CNBC（n.d.）. *BERKSHIRE HATAWAY PORTFOLIO TRACKER*. Retrieved on April 15, 2022, from https://www.cnbc.com/berkshire-hathaway-portfolio/

第3章

井上正・手塚公登（1999）『企業組織の経営学』早稲田大学出版部.

入山章栄（2015）『ビジネススクールでは学べない世界最先端の経営学』日経BP社.

長谷川信次（1998）『多国籍企業の内部化理論と戦略提携』同文館.

安室憲一（2008）「巻頭の辞」『多国籍企業研究』(1), pp.1-8.

山崎広明（1987）「日本商社史の論理」『社会科学研究』東京大学社会科学研究所, Vol.39(4), pp.149-197.

Ansoff, H.L. (1965). *Corporate Strategy*. New York: McGraw-Hill.

Barney, J. B. (1986). Strategic factor markets: Expectations, luck and business strategy. *Management Science, 17*(1), pp.99-120.

Barney, J. B. (2002). *Gaining and Sustaining Competitive Advantage, Second Edition*. New Jersey: Pearson Education Inc. (岡田正大訳（2003）『企業戦略論 上 基本編』『企業戦略論 中 事業戦略編』『企業戦略論 下 全社戦略編』ダイヤモンド社.)

Bartlett, C. A. and S. Ghoshal. (1989). *Managing across Borders : The Transnational Solution*. Boston: Harvard Business School Press. (吉原英樹監訳（1990）『地球市場時代の企業戦略：トランスナショナル・マネジメントの構築』日本経済新聞社.)

Buckley, P.J. and M. C. Casson. (1976). *The Future of the Multinational Enterprise*. London: Macmillan. (清水隆雄訳（1993）『多国籍企業の将来（第2版）』文眞堂.)

Coase, R. H. (1937). The Nature of the Firm. *Economica, New Series, Vol.4*, No.16, (Nov., 1937), pp. 386-405.

Dunning, J. H. (1980). Toward an Eclectic Theory of International Production: Some Empirical Tests, *Journal of International Business Studies, 11*, pp.9-31.

Dunning, J. H. (1988). The theory of international production, *The International Trade Journal, Vol. 3*(1), pp.21-66.

Forsgren, M. and J. Johanson (1975) *International business economics*. Norstedts.

Ghoshal, S. and C. Bartlett. (1999). *The Individualized Corporation: A Fundamentally New Approach to Management*. Collins Business.

Johanson, J. and J. Vahlne. (1977). The internationalization process of the firm − a model of knowledge development and increasing foreign market commitments. *Journal of International Business Studies, 8*(1), pp.23-32.

Johanson, J. and J. Vahlne. (2009). The Uppsala Internationalization Process Model Revisited: From Liability of Foreignness to Liability of Outsidership. *Journal of International Business Studies, 40*(9), pp.1411-1431.

McManus, J. C. (1972). *The theory of the multinational firm*. In G. Paquet, editor, The multinational firm and the nation state. Toronto: Collier Macmillan.

Perlmutter, H. V. (1969). The Tortuous Evolution of the Multinational Corporation. *Columbia Journal of World Business, Vol.4,* pp. 9-18.

Prahalad, C.K. and G. Hamel. (1990). The core competence of the corporation. *Harvard Business Review, Vol.68*(3), pp.79-91.

Rumelt, R. P. (1982). Diversity and Profitabilit. *Strategic Management Journal, 3*(4), pp.24-36.

Vahlne J. (2020). Development of the Uppsala model of internationalization process: From internationalization to evolution. *Global Strategy Journal, Vol.10*(2), pp.239-250.

Williamson, O. E. (1975). *Markets and Hierarchies: Analysis and Antitrust Implications: A Study in the Economics of Internal Organization.* University of Illinois at Urbana-Champaign's Academy for Entrepreneurial Leadership Historical Research Reference in Entrepreneurship.

第4章

伊田昌弘（2011）「小島理論VSレディング学派—80年代論争の回顧と今日的意義」『世界経済評論』55(3), pp.45-51.

今井賢一・伊丹敬之・小池和男（1982）『内部組織の経済学』東洋経済新報社.

岩谷昌樹・谷川達夫（2006）『総合商社　商社機能ライフサイクル』税務経理協会.

榎本俊一（2012）『総合商社論』中央経済社.

加藤孝治（2018）「総合商社に期待される機能変化に関する考察—食品分野における事業展開の変化—」『目白大学経営学研究』Vol.16, pp.1-13.

川辺信雄（1981）「戦前における総合商社の在米支店活動—三菱商事サンフランシスコ，シアトル両支店の事例研究—」『経営史学』Vol. 16(4), pp.26-49.

川辺信雄（1991）『"商社" 戦後日本経営史』東洋経済新報社.

小島清・小澤輝智（1984a）『総合商社の挑戦—経済開発のマーチャント』産業能率大学出版部.

塩田長英（1976）『総合商社：日本型多国籍企業の未来』日本経済新聞社.

島田克美（1990）『商社商権論』東洋経済新報社.

島田克美（2000）「日本のフードシステムと総合商社の統合行動（2）畜産物関連ビジネスと食品の流通を中心に（2）」『貿易と関税』Vol.48(12), pp.58-65.

杉野幹夫（2005）「ITによる流通革命の中で総合商社の電子商取引戦略」山口重克・福田豊・佐久間英俊編『ITによる流通変容の理論と現状』御茶の水書房.

垰本一雄（2017）『総合商社機能の本質に関する研究—マーケティングの観点から』広島大学大学院社会科学研究科 博士論文.

中川敬一郎（1967）「日本の工業化過程における『組織化された企業者活動』」『経営史学』経営史学会 Vol.2(3), pp.8-37.

中川敬一郎（2014）「経営史」『改定新版　世界大百科事典（電子版）』平凡社.

中條誠一（1994）「書評 伊藤英吉『総合商社論』」『立命館経営学』Vol.32(4・5a), pp.303-311.

中村眞人（2012）「総合商社による事業投資の発展と日本企業のグローバル化：資源とエネル

ギーの分野で」『東京女子大学紀要論集』Vol.62(2), pp.87-110.

日本貿易会（2020）『商社～グローバルな価値創造に向けて～（商社ハンドブック2020)』日本貿易会.

政岡勝治（2006）『総合商社の非総合性研究』晃洋書房.

御園生等（1961）「総合商社は斜陽であるか」『エコノミスト』毎日新聞社, Vol.39(21), pp.6-20.

三宅真也（2014）「総合商社の本質―その存続性に関する考察―」早稲田大学審査学位論文（博士).

孟子敏（2006）「総合商社におけるナノテクビジネス分野への取り組みの検証―日本の産業界の動向に対するデータ分析から―」『新潟大学現代社会文化研究』No.35, pp.47-64.

森川英正（1971）「総合商社〔の史的研究にかんする問題点〕について」『経営志林』法政大学経営学会, Vol.8(3), pp.53-64.

吉原秀樹（1987）「国際的に見た総合商社の経営史」『国民経済雑誌』156(6), pp.103-121.

米川伸一（1983）「総合商社形成の論理と実態―比較経営史からの一試論―」『一橋論叢』Vol. 90(3), pp.319-343.

頼誠・塘誠・淺田孝幸（2016）「総合商社の事業構造変化に対応した組織的マネジメント・コントロール　三菱商事の事例を中心として」『メルコ管理会計研究』Vol.8(2), pp.63-74.

Amine, T. L., S. Vacusgil and R. Weinstein. (1986) Japanese sogo shosha and the U.S. export trading companies. *Journal of the Academy of Marketing Science, Vol.14*, pp.21-32.

Amit, R. and C. Zott. (2001). Value Creation in E-business. *Strategic Management Journal, Vol.22*, pp.493-520.

Buckley, P. J. (1985). The Economic Analysis of the Multinational Enterprise: Reading Versus Japan?. *Hitotsubashi Journal of Economics*, No.26, pp.117-124.

Delios, A., and P. Beamish. (1999). Ownership strategy of Japanese firms: transactional, institutional, and experience influences, *Strategic Management Journal, Vol.20*, Issue 10, pp.915-933.

Jones, G. (2000). *Merchants to Multinationals, British Trading Companies in the Nineteenth and Twentieth Centuries.* Oxford University Press. (坂本恒夫・正田繁監訳（2009）『イギリス多国籍商社社史―19・20世紀―』日本経済評論社.)

Kojima, K. and T. Ozawa. (1984b). *Japan's General Trading Companies ― Merchants to Economic Development.* OECD.

Palepu, K. and A. M. Ciechanover. (2020). *M-Lab: Enabling Innovation at Mitsubishi Corporation.* Harvard Business School Case 120-061, May 2020.

Shao, A.T. and P. Herbig. (1993). The Future of Sogo Shosha in a Global Economy, *International Marketing Review, Vol.10*, No.5, pp.37-55.

Winter, S. G. (1988). On Coase, Competence, and the Corporation, *Journal of Law, Economics, and Organization, 4.*

Yamamura, K. (1976). *General Trading Companies in Japan ― Their Origins and Growth,*

Japanese Industrialization and Its Social Consequences Edited by Hugh Patrick with the assistance of Larry Meissner. University of California Press.

Yonekawa S. (1985). The Formation of General Trading Companies: A Comparative Study, *Japanese Yearbook on Business History, Vol. 2*, pp.19-22.

第5章

野中郁次郎・竹内弘高（1996）.『知識創造企業』東洋経済新報社.

野中郁次郎（2007）.「イノベーションの本質」『学術の動向』12巻5号, pp.60-69.

Chang, S. (1995). International expansion strategy of Japanese firms: capability building through sequential entry. *Journal of Management Journal 38*(2), pp.383-418.

D'aveni, R. A. (2010). *Hypercompetition*. Simon and Schuster.

Goerzen, A. and S. Makino. (2007). Multinational corporation internalization in the service sector: a study of Japanese trading companies. *Journal of International Business Studies 38*, pp.1149-1169.

Johanson, J. and J. Vahlne. (1977). The internationalization process of the firm − a model of knowledge development and increasing foreign market commitments. *Journal of International Business Studies 8*(1), pp.23-32.

Johanson, J. and J. Vahlne. (2009). The Uppsala Internationalization Process Model Revisited: From Liability of Foreignness to Liability of Outsidership. *Journal of International Business Studies, 40*(9), pp.1411-1431.

Kogut, B. and U. Zander. (1992). Knowledge of the Firm, Combinative Capabilities, and the Replication of Technology. *Organization Science, Vol. 3*, pp.383-397.

Kogut, B. and U. Zander (1995). Knowledge, market failure and the multinational enterprise: A reply. *Journal of international business studies*, pp.417-426.

Levitt, B. and J. G. March. (1988). Organizational Learning. *Annual Review of Sociology, Vol.14*, pp.319-338.

Teece, D. J., G. Pisano and A. Shuen (1997). Dynamic capabilities and strategic management. *Strategic management journal*, 18(7), pp.509-533.

第6章

石川大輔（2007）「銀行部門の脆弱性は貸出供給を通じて景気循環に影響を与えたのか？―日本における県別パネルデータを用いた分析」『KIER Discussion Paper Series』No. 0604.

菊地智美（2010）「キャッシュ・フロー指向の企業評価と資源配分―日本の製造業の実証研究から―」『明大商學叢書』Vol.92(2), pp.77-92.

北村行伸（2005）『パネルデータ分析』一橋大学経済研究叢書53.

佐藤克宏（2019）「M&Aは長期間にわたる継続的な企業価値の創造につながっているか―日本企業の大規模パネルデータによる実証分析」『BMAジャーナル』Vol.19, No.2, pp.3-22.

髙木英彰（2015）「農家アンケートを用いた酪農家についてのパネルデータ分析」『共済総合研究』Vol.71, pp.139-152.

仁科一彦（1999）「企業経営のパフォーマンス指標について～ROEとEVAの批判」『現代ファイナンス』Vol.5, pp.41-55.

千木良弘朗（2008）「静学的パネルデータ分析─概観─」『経済研究』Vol.59, No.2, pp.97-111.

藤原翔（2015）「教育意識の基礎的パネルデータ分析」『東京大学社会科学研究所パネル調査プロジェクトデスカッションペーパーシリーズ』No.92.

水落正明（2012）「大学志願者数と進学者数の差に関する都道府県パネルデータ分析」『三重大学法経論叢』Vol.29, No.2, pp.35-45.

三井物産株式会社（2020）「中期経営計画2023」『三井物産ホームページ』2021年6月3日アクセス

　＜https://www.mitsui.com/jp/ja/company/outline/management/index.html＞

山野井順一（2021）「経営学研究における定量的研究の潮流」『組織科学』Vol.54（4）, pp.4-18.

山本勲（2015）『実証分析のための計量経済学』中央経済社.

吉成雄一郎（2020a）「総合商社の海外進出形態に関する考察─事業発展プロセスを考慮した海外進出モデルの再定義と時系列分析─」『ソシオサイエンス』Vol.27, pp.1-20.

吉成雄一郎（2020b）「総合商社研究論─先行研究の定量的系統的検討と課題─」『社学研論集』Vol.36, pp.22-36.

吉成雄一郎（2021）「総合商社の企業価値創造─パネルデータ分析によるビジネスモデル進化の検証─」『社学研論集』Vol.38, pp.11-25.

Baltagi, B.（2008）. *Econometric Analysis of Panel Data Forth Edition*, Wiley.

Hsiao, C.（2003）. *Analysis of Panel Data, 2nd ed.*, Cambridge（UK）+New York: Cambridge University Press.

Ismail, A.（2006）. "Is economic value added more associated with stock return than accounting earnings? The UK evidence. *International Journal of Managerial Finance, 2*, pp.343-353.

Kumar, S. and A. K. Sharma.（2011）. Association of EVA and accounting earnings with market value: evidence from India. *Asia-Pacific Journal of Business Administration, Vol.3*, No. 2, pp. 83-96.

Sharma, A. and S. Kumar（2010）. Economic Value Added（EVA）- Literature Review and Relevant Issues. *International Journal of Economics and Finance, 2*（2）, pp.200-220.

第7章

大東和武司（1996）「フリー・スタンディング・カンパニィは多国籍企業か」『久留米大学商学研究』Vol.1, pp.137-173.

喬晋建（2012）「チャンドラーと経営戦略論」『海外事情研究』40（1）.

小池賢治（2011）「イギリス多国籍商社『H&C』の経営システムと収益メカニズム：Managing

Agency Capitalism分析への一接近」『駿河台経済論集』20（2），pp.1-72.

坂本恒夫（2010）「日本総合商社の特質—英国多国籍商社と比較して—」『立命館経営学』Vol.48
（5），pp.1-15.

猿渡啓子（2014）『フリースタンディングカンパニーとクラスター』同文館出版.

ダイヤモンド社（1987）「特別調査 様変わり！男・女学生の就職希望先人気ランキング」『週刊
ダイヤモンド』 1987年8月1日号

ダイヤモンド社（1990）「'90 大学生が選んだ人気会社ランキング300」『週刊ダイヤモンド』
1990年4月7日号

ダイヤモンド社（1995）「特別レポート 大学生が就職したいこの会社人気企業ランキング350
社」『週刊ダイヤモンド』 1995年4月1日号

ダイヤモンド社（2000）「大学三年生が選ぶ2001年就職人気企業ランキング446社」『週刊ダイヤ
モンド』2000年3月25日号

ダイヤモンド社（2005）「特集 大学三年生が選ぶ就職人気企業ランキング」『週刊ダイヤモン
ド』2005年2月12日号

ダイヤモンド社（2010）「特集2 2010年大学3年生が選んだ就職人気企業ランキング」『週刊ダ
イヤモンド』2010年1月23日号

三宅真也（2006）「総合商社における海外直接投資（FDI）の戦略的意味合い—フリースタンディ
ング・カンパニー（FSC）との比較と商社ビジネスモデルの変化に関する考察を通じて—」
『国際ビジネス研究学会年報（2006年）』pp.79-91.

安室憲一・四宮由紀子（1999）「総合商社の〔市場形成型〕直接投資の分析—英国フリースタン
ディング会社との比較において—」『商大論集』Vol.50, No.5, pp.631-665.

Casson, M. (1997). *Information and Organization: A New Perspective on the Theory of the Firm*. Oxford University Press. Harvard University Press.

Chandler, A. D. (1977). *The Visible Hand: The Managerial Revolution in American Business*.

Houston, T. and J. H. Dunning. (1976). *UK Investment Abroad*. London.

Schmitz, C. J. (1994). Patterns of Scottish Portfolio Foreign Investment 1860-1914. Unpublished report to ESRC.

Schmitz, C. J. (1997). The nature and dimensions of Scottish foreign investment, 1860-1914. *Business History, 39*(2), pp.42-68.

Yasumuro, K. (1998). Japanese general trading companies and 'free-standing' FDI after 1960, *The Multinational Traders*.

Wilkins, M. (1988). The Free-Standing Company, 1870-1914: An Important Type of British Foreign Direct Investment. *The Economic History Review, Vol.41, No. 2*, pp.259-282.

Wilkins, M. and H. Schröter. (1998). *The Free-Standing Company in the World Economy 1830-1996*. Oxford University Press.

Wilson, J. F. (1995). *British business history, 1720-1994*. Manchester University Press.

参考文献 ◆323

第8章

Anand, B., D. J. Collis and S. Hood. (2015). *Danaher Corporation*. Harvard Business School Case 708-445.

Porter, M. E. (1981). The contributions of industrial organization to strategic management. *Academy of management review, 6*(4), pp.609-620.

第9章

ASEAN JAPAN (n.d.)「ミャンマーの大型企業・財閥のプロフィール」『ASEAN JAPAN　タイ・アセアンの市場調査のためのマーケテイング情報サイト』2022年4月20日アクセス
＜https://www.asean-j.net/31227/＞

公益社団法人国際経済交流協会（2013）「『中小企業だからこそ一番になれるところをみつけよう』─決断，やる気，信念，そして人の道を忘れずに─」『公益社団法人国際経済交流協会ホームページ』2022年4月20日アクセス
＜https://www.ieea.or.jp/single-post/suzuki＞

日本経済団体連合会（2021）「大統領選挙を控え経済発展に取り組むブラジル」『週刊経団連タイムズホームページ』2021年11月11日No.3521, 2022年4月20日アクセス
＜https://www.keidanren.or.jp/journal/times/2021/1111_09.html＞

日本貿易会（2010）「特集　ブラジルでの商社の取り組み　三井物産が推進する地域に根差したガス配給事業─三井ガスの取り組み」『日本貿易会 月報』2010年9月号（No.684）.

日本貿易会（2013）「ミャンマーにおける三菱商事のインフラ事業について」『日本貿易会 月報』2013年11月号（No.719）.

三菱商事株式会社（2015）「ミャンマーにおける食料・食品事業について～東南アジアにおける食材の垂直統合モデル構築に向けた新たな取組み～2015年3月30日」『三菱商事ホームページ プレスルーム』2022年4月20日アクセス
＜http://www.mitsubishicorp.com/jp/ja/pr/archive/2015/html/0000027050.html＞

Yin, R. (1994). *Case Study Research*. Sage Publications, Inc.（近藤公彦訳（2011）『新装版　ケース・スタディの方法　（第2版）』千倉書房.)

第10章

淺羽茂（2004）『経営戦略の経済学』日本評論社.

五百旗頭治郎（2016）「総合商社セクター投資判断」『大和証券レポート』2016年7月8日.

周炫宗（2003）「戦略的組織学習に関する一考察」『三田商学研究』Vol.46(4), pp.49-71.

谷口明丈編（2023）『総合電機企業の形成と解体─「戦略と組織」の神話，「選択と集中」の罠』有斐閣.

中野貴之（2011）「多角化ディスカウントに関する実証研究」『国際会計研究学会年報』2010年度, pp.117-134.

日経ビジネス（2016）「SAP創業者『イノベーションのジレンマを語る　ITの巨象を変えた，カ

リスマ経営者の決断』」『日経ビジネスホームページ』2022年4月20日アクセス
＜https://business.nikkei.com/atcl/interview/15/238739/083100199/＞

樋口泰行（2016）「大企業のジレンマ回避」『DIAMONDハーバード・ビジネス・レビュー』2016年9月号, ダイヤモンド社.

吉成雄一郎（2017）「総合商社のビジネスモデルの考察及び戦略的進化の可能性に関する研究～『総合商社経営のジレンマ』を超える～」早稲田大学ビジネススクール プロジェクト研究論文.

吉原英樹・佐久間昭光・伊丹敬之・加護野忠男（1981）『日本企業の多角化戦略―経営資源アプローチ』日本経済新聞社.

Anjos, F. and C. Fracassi (2015). Shopping for information? Diversification and the network of industries. *Management Science, 61*(1), pp.161-183.

Chandler, A. D. (1962). *Strategy and Structure: Chapters in the History of the American Industrial Enterprise*. MIT Press.（有賀裕子訳（2004）『組織は戦略に従う』ダイヤモンド社.）

Hamel, G. and C. K. Prahalad (1994). *Competing for the Future*. Harvard Business Press.

March, J. G. (1991). Exploration and Exploitation in Organizational Learning. *Organization Science, Vol.2*, pp.71-81.

O'Reilly III, C. A. and M. L. Tushman. (2004). The Ambidextrous Organization. *Harvard Business Review, April 2004*.

O'Reilly III, C. A. and M. L. Tushman. (2013). Organizational ambidexterity: Past, present, and future. *Academy of management Perspectives, 27*(4), pp.324-338.

第11章

環境金融研究機構（2023）「三菱商事，Scope 3 のカテゴリー11（販売に伴う排出量）を開示。現状開示の約15倍。うち移行リスクの高い事業4割弱。ISSB基準を先取りした形だが，削減の困難さも浮き彫り（RIEF）」『環境金融研究機構ホームページ』2024年6月1日アクセス
＜https://rief-jp.org/ct4/133103＞

終章

O'Sullivan, M. (2019). Globalisation is dead and we need to invent a new world order. *The Economist. June 28 2019*. Retrieved on April 20, 2022, from
https://www.economist.com/open-future/2019/06/28/globalisation-is-dead-and-we-need-to-invent-a-new-world-order

索　　引

英　文

Agency House ··············· 147
Ambidexterity（両利きの経営）··········· 312
American Airlines（アメリカン航空）··· 301
APEC ··············· 221
ArcelorMittal ··············· 301
Bank of America（バンク・オブ・アメリカ）··············· 301
Between効果モデル ··············· 124
BlackRock（ブラックロック）··············· 301
Boston Consulting Group（ボストン・コンサルティンググループ）··············· 301
Breakthrough Energy Catalyst··········· 301
Breakthrough Energy Ventures（BEV）··············· 300
Camie ··············· 214
Capital Diamond Star Group ··············· 232
capital intensity ··············· 108
CAPM（capital asset pricing model）···· 119
Chandler ··············· 273
Citi Corp（シティ）··············· 301
ClimateTech（クライメートテック）··············· 299, 303
Danaher Business System（DBS）········ 179
DeepTech（ディープテック）········ 299, 301
DEレシオ ··············· 124
EBIT（金利税引前利益）··············· 124
Eclectic Paradigm ··············· 50
ERPGモデル ··············· 41, 43
EVA ··············· 119, 254
Exploitation（深化）··············· 273
Exploration（探索）··············· 273
FDI（Foreign Direct Investment，海外直

接投資）··············· 136
Finlay ··············· 155
FSC森林認証 ··············· 303
GHQ ··············· 21
GM ··············· 301
going concern ····· 149, 151, 152, 252, 268, 269
Harrisons＆Crosfield ··············· 142, 155
HSBC ··············· 301
IKEA ··············· 301
Inchcape ··············· 142, 156
Jardine Matheson ··············· 155
Jardine Skinner ··············· 155
Kaizen ··············· 178
KBV（Knowledge-Based View of the firm）··············· 104, 252, 277
KKR（KKR & Co.）··············· 180
Local Distribution Company（LDC）····· 212
Mann-WhitneyのU検定 ··············· 99
March ··············· 273
MCVA ··············· 28
MDP（Mitsubishi Development Pty Ltd）··············· 29
Mitsui Gas e Energia do Brasil Ltda.（MGEB）··············· 212
M-Lab ··············· 79
NOPAT ··············· 119
OLIパラダイム ··············· 41, 50, 80
PACC ··············· 28
PATRAC ··············· 28
PBR（株価純資産倍率）··············· 163
Pooled OLSモデル ··············· 124
Product Market Growth Mixフレームワーク ··············· 51
Product Portfolio Management ··············· 51

RAROC ································· 28	意図的戦略（intended strategies）········ 265
ROE（株主資本利益率）··········· 124, 163	井上馨 ······································· 16
RRI ···································· 28	イノベーション ···················· 105, 311
SCPパラダイム ························· 177	岩井商店 ····································· 19
SECIモデル ······················ 104, 106	岩倉具視 ····································· 16
Shell（シェル）······················· 301	インターナショナル企業 ·················· 44
Social License to Operate（ソーシャル・	ウィリアムソン（Williamson）········· 41, 48
ライセンス・ツー・オペレート）······· 303	ウォーレン・バフェット（Warren Buffett）
SPAグループ ·························· 232	····························· 1, 30, 169
Special Purpose Company ············· 108	迂回生産 ····································· 76
The Export Trading Company Act ········ 73	受取配当金 ································· 124
Vale ······························ 207, 214	宇佐美洵 ····································· 21
Valepar ································ 214	ウプサラ・モデル（Uppsala model）··· 9, 41,
VIF（Variance Inflation Factor）········· 125	45, 87, 106, 107, 135, 249,
Vision Fund ···························· 179	255, 258, 265, 309, 310
WACC ····················· 119, 122, 129	英国多国籍商社 ···················· 103, 139
	エンロン（Enron）······················ 212
	オーガナイザー ······················ 25, 64
▬▬ **あ　行** ▬▬	大久保利通 ································· 16
	大倉喜八郎 ································· 16
アウン・サン・スー・チー ··············· 229	大倉組商会 ································· 15
アクター（actor）························ 47	大里製糖所 ································· 18
浅野物産 ···································· 17	オープンイノベーション ·················· 79
アジア通貨危機 ···················· 27, 103	
アミット＝ゾット（Amit and Zott）······· 67	
アンゾフ（Anzoff）······················ 51	▬▬ **か　行** ▬▬
アンゾフの多角化理論 ··················· 51	
生き残りのための革新的企業活動説 ··· 66, 75	カーギル・ジャパン ······················ 22
いすゞ ··································· 108	カーボンニュートラル ··················· 289
一元配置固定効果推定法 ················· 124	カーライル・グループ（The Carlyle
一元配置固定効果モデル ················· 124	Group）······························ 167
一手販売権 ································· 64	海外工業団地 ······························ 223
伊藤糸店 ···································· 19	海外進出モデル ··························· 85
伊藤合名会社 ······························ 19	海外直接投資 ············ 136, 142, 221, 259
伊藤染工場 ································· 19	会計ビッグバン ··························· 27
伊藤忠商事	外国商館 ····································· 15
········ 19, 26, 28, 30, 108, 172, 256, 290, 292	階層組織（ヒエラルキー）
伊藤忠兵衛 ································· 19	·············· 8, 49, 76, 142, 264, 268
伊藤忠兵衛本部 ··························· 19	階層的統治（ヒエラルキー）··········· 53, 55
伊藤長兵衛 ································· 19	開発輸入機能 ······························ 25

索　引　◆327

外部化 ……………………………………… 76
外部からの学び ………………………… 104
外部性（externality）…………………… 42
加重平均資本コスト ………………… 119
ガスパート（Gaspart）………………… 212
価値共創型企業システム ……………… 79
金子直吉 …………………………………… 18
兼松 ………………………………………… 27
株式保有総額制限 ……………………… 26
関連多角化 ……………………………… 52
企業価値創造（EVA）………… 119, 254, 310
企業行動理論 …………………………… 46
気候関連財務情報開示タスクフォース
　（TCFD：Task Force on Climate-related
　Financial Disclosures）……………… 290
気候変動リーダーズサミット ………… 289
岸本商店 ………………………………… 23
規模の経済 ……………………………… 76
逆の因果性（reverse causality）……… 125
客観的知識（objective knowledge）… 45, 87
競争的経営者資本主義（competitive
　managerial capitalism）……………… 144
競争優位性 ……………………………… 104
久原商事 ………………………………… 17
組み合わせ力 ………………… 107, 313
グラス（Gras）…………………………… 67
呉羽紡績 ………………………………… 23
グローバル企業 ………………………… 44
経営史 …………………………………… 67
経営資源の異質性 …………………… 104
経営資源の固着性 …………………… 104
経験的知識（experiential knowledge）
　…………………………………… 45, 87
経路依存 …………………… 248, 253, 312
経路依存性（path dependency）
　……………… 77, 109, 134, 185, 254, 266
限定された合理性（bounded rationality）
　…………………………………… 46, 273
限定的多角化 …………………………… 52

コア・コンピタンス ……………… 53, 144
購入代理 ………………………………… 147
神戸製鋼所 ……………………………… 18
光和実業 ………………………………… 22
コース（Coase）……………………… 48, 76
ゴーン・ショック ……………………… 28
国際会計基準（IFRS）………………… 30
国際協力銀行 …………………………… 294
個人資本主義（personal capitalism）… 144
固定効果モデル ……………………… 124
コングロマリット・ディスカウント
　………………… 31, 184, 254, 264
コングロマリット・プレミアム ……… 184
コンソーシアム ……………………… 149
コントロールプレミアム ……………… 270
コンピテンシー・トラップ …………… 273

=== さ　行 ===

サーチ ……………………………… 9, 273
再合同 …………………………………… 22
採算管理制度 …………………………… 28
サステナビリティ会計基準審議会（SASB）
　………………………………………… 291
佐藤取引商 ……………………………… 18
サプライチェーン ………………… 76, 296
産業コングロマリット ………… 163, 165
産業組織論 ……………………………… 66
三興 …………………………………… 19, 20
サンフランシスコ講和条約 …………… 22
ジェフ・ベゾス（Jeff Bezos）………… 300
シカゴ学派 ……………………………… 206
直（じき）輸出 ………………………… 15
事業投資 ………………………………… 8, 28
事業部制 ………………………………… 144
資源依存パースペクティブ …………… 76
資源開発機能 …………………………… 75
資源調達システム ……………………… 25
資本コスト ……………………………… 119

資本集約度·····108
ジャガー·····234
ジャック・マー（Jack Ma, 馬雲）·····301
ジャパン・アズ・ナンバーワン·····73
重視国·····189
住専問題·····27
受命事業·····20
ジョイントベンチャー·····55
商業代理·····147
商社金融機能·····25
商社斜陽論·····66, 69
商社―夏の時代·····29, 155
商社―冬の時代·····26, 29, 69
商社不要論·····66, 69
商社崩壊論·····69
商社無用論·····69
情報優位性·····264
人材フル稼働仮説·····66, 74, 157
進出国の優位性·····50
信用格付会社·····27, 31
随伴取引·····28, 147
水平分業·····42, 309
スコープ3排出量·····297
スズキ·····108, 234, 242, 256
鈴木岩次郎·····18
鈴木商店·····18, 141
鈴木馬左也·····25
住友化学·····25
住友金属工業·····25
住友金属鉱山·····25
住友商事·····24, 26, 28, 108, 234, 256, 292
住友電工·····25
税効果·····53
制度金融·····29
税引後営業利益·····119
政府御用商売·····16
世界貿易機関（WTO）·····221
石油危機·····26
折衷パラダイム·····50

ゼネラル物産·····22
背番号制·····78
先収会社·····16
選択と集中·····202, 261, 266
総合化の論理·····75
総合事業運営・事業投資会社
·····85, 87, 89, 260
総合商社行動基準·····26
双日·····27, 242
創発戦略（emergent strategies）·····265
組織学習·····9, 85, 104, 255, 257, 264,
266, 267, 268, 269, 311
組織ルーティン·····77
ソフトバンクグループ·····179
孫正義·····301

た 行

第一通商·····22
第一物産·····22
大東亜共栄圏内貿易·····20
大同貿易·····23
ダイナミック・ケイパビリティ（dynamic
capabilities）
·····105, 160, 252, 267, 273, 277, 309, 312
第四次中東戦争·····26
台湾銀行·····19
多角化指数（Diversity Index）·····262
多角化戦略·····41, 258, 262, 264, 265, 268
多角化理論·····268
高田商会·····19
多国籍企業（MNE）·····68
多国籍サービス企業（multinational
corporations in service industries）·····89
多重共線性·····123
ダナハー・コーポレーション（Danaher
Corporation）·····177
ダニング（Dunning）·····41, 50
知識創造·····47, 252, 311

索引 ◆329

知識創造理論 ……………………………… 104
中間組織 ……………………………………… 76
中所得国の罠 ……………………………… 217
中心度（centrality）…………………… 264
強みの所有の優位性 ……………………… 50
ティース（Teece）………………………… 41
帝国人造絹糸 ………………………………… 18
帝国麦酒 ……………………………………… 18
デリオス＝ビーミッシュ（Delios and
　Beamish）………………………………… 79
投下資本（capital employed）………… 119
東京食品 ……………………………………… 22
東京貿易 ……………………………………… 22
東西交易 ……………………………………… 22
投資会社 …………………………………… 163
銅地金不正取引事件 ……………………… 27
同時決定バイアス（simultaneous bias）
　……………………………………………… 125
東洋アルミ …………………………………… 25
トーメン ……………………………………… 27
得意国 ……………………………………… 189
独占禁止法 …………………………………… 26
特定金銭信託 ………………………………… 26
特別目的会社（Special Purpose Company：
　SPC）…………………………… 108, 149
トヨタ ……………………………………… 108
トヨタ生産システム（TPS）………… 178
豊田通商 …………………………… 27, 242
トランスナショナル企業 ………………… 44
取引コストパースペクティブ …………… 76
取引コスト理論（Transactional Cost
　Theory／Transactional Cost Economics）
　………………………………… 41, 48, 261
トルーマン・ドクトリン ………………… 21

━━ な 行 ━━

内生性バイアス（endogeneity bias）…… 125
内部化 ……………………………………… 261

内部化の優位性 …………………………… 50
内部化理論 ………………………… 41, 48, 80
内部からの学び …………………………… 104
内部資本配分 ………………………………… 53
内部性（internality）………………… 41, 42
ニクソンショック ………………………… 26
ニチメン ……………………………………… 27
日産自動車 ………………………… 108, 234
日商 …………………………………………… 19
日商岩井 ……………………………………… 26
日東倉庫建物 ………………………………… 22
日本型直接投資 …………………………… 80
日本建設産業 ………………………………… 25
日本商業会社 ………………………………… 19
日本貿易会 ………………………………… 26, 61
日本貿易保険 ……………………………… 294
日本輸出銀行 ………………………………… 25
ネットワーク外部性 ……………………… 80
ネットワーク経営 ………………………… 80
ネットワーク組織 ……………………… 49, 50
ノンパラメトリック検定 ………………… 99

━━ は 行 ━━

バークシャー・ハサウェイ（Berkshire
　Hathaway Inc.）……………… 1, 30, 169
バートレット＝ゴシャール（Bartlett and
　Ghoshal）の 4 類型 ………………… 41, 43
ハイパーコンペティション
　（hypercompetition）………………… 109
爆食 …………………………………………… 29
バックリー（Buckley）…………………… 80
バックリー＝カッソン（Buckley and
　Casson）………………………………… 48
ハドソン・ベイ会社 …………………… 143
パネルデータ …………………… 113, 120
パネルデータ分析 ……………………… 123
バブル経済 …………………………………… 26
播磨造船所 …………………………………… 18

バリューチェーン……………………75
バリュー投資………………………31
範囲の経済…………………………53
販売代理…………………………147
東インド会社……………………143
非関連多角化………………………52
ビジネスモデル変革……………311
ビジネスユニット（BU）制…………28
非重視国…………………………189
日野………………………………108
ビル・ゲイツ（Bill Gates）…………276, 300
ファミリーマート…………………30
ファンドトラスト…………………26
フォード……………………108, 234
不二商事……………………………22
物価問題特別委員会………………26
プライベートエクイティ（PE）……163, 165
プラザ合意…………………………26
ブラックストーン（The Blackstone Group）
…………………………………166, 181
ブラックロック（BlackRock）………166, 291
プラハラド＝ハメル（Prahalad and Hamel）
………………………………………53
フリーキャッシュフロー（FCF）………124
フリースタンディングカンパニー（Free
Standing Company：FSC）
………………………………139, 142, 148, 268
古河商事……………………………17
ブロックチェーン………………302
β値………………………………122
ペトロブラス（Petrobras）…………212
変動相場制…………………………26
法人擬制説………………………268
法人実在性……………………152, 252
法人実在説………………………268
ポートフォリオ管理……………258
ポートフォリオ戦略……………311
ポートフォリオ理論………………54
ボーングローバル（born global）…………42

ホンダ……………………………108

====== ま 行 ======

マーク・ザッカーバーグ（Mark
Zuckerberg）……………………301
マーク・ベニオフ（Marc Benioff）………300
マイクロソフト…………………301
マイケル・ブルームバーグ（Michael
Bloomberg）……………………301
マイケル・ポーター……………177
マクマナス（McManus）……………48
マーシャルプラン…………………21
益田孝……………………………16
マルチナショナル企業……………44
丸紅………………19, 26, 28, 108, 292, 302
丸紅商店……………………………19
三井大元方…………………………16
三井銀行……………………………22
三井組国産方………………………16
三井情報…………………………299
三井物産………16, 26, 28, 30, 80, 108, 141,
157, 171, 256, 292, 293, 299
三菱合資会社………………………17
三菱自動車………………………108
三菱商事………17, 26, 28, 29, 30, 77, 79,
108, 170, 242, 293, 297, 301
ミルトン・フリードマン………206
ムーディーズ………………………31
室町物産……………………………22
メタルワン………………………242
メンバーシップ型雇用…………271
模倣コスト…………………………54
模倣困難性………………54, 271, 313

====== ら 行 ======

ラリー・フィンク………………291
ランダム効果モデル……………124

ランドローバー …………………………… 234	累積超過リターン …………………………… 119
リオティント ………………………………… 302	ルーティン …………………………………… 104
リスクマネジメント ……………………… 252	ルメルト（Rumelt）………………………… 52
リソース・ベースド・ビュー（RBV：	レディング学派……………………………… 80
Resource-Based View of the firm)	レバレッジド・バイ・アウト …………… 270
……………………… 47, 88, 104, 144, 177, 255	連合国軍最高司令官総司令部 …………… 21
リチャード・ブランソン（Richard	連結会計制度 ………………………………… 28
Branson) ……………………………………… 301	ローソン ……………………………………… 30
両利きの経営（Ambidexterity）…… 273, 312	

[著者紹介]

吉成 雄一郎（よしなり ゆういちろう）

博士（社会科学），MBA，修士（工学）。
大学院大学至善館イノベーション経営学術院特任教授。
早稲田大学非常勤講師。神田外語大学客員講師。
早稲田大学総合研究機構グローバル・ストラテジック・リーダーシップ研究所招聘研究員。
1994年　早稲田大学理工学部機械工学科卒。
1996年　早稲田大学理工学研究科機械工学専攻修了。
2017年　早稲田大学商学研究科ビジネス専攻（早稲田大学ビジネススクール）修了。
2022年　早稲田大学社会学研究科博士後期課程修了。
1996年 三菱商事株式会社入社，宇宙航空機部配属。人工衛星ビジネスに従事。2002年三菱商事100％出資の位置情報サービス社内ベンチャー　ジクー・データシステムズ株式会社を立案，設立し，出向。2009年 本店復帰，金属グループへ異動。資源事業に従事。オーストラリアMitsubishi Development Pty Ltd.社に赴任。BHPとの原料炭JV事業BMA（BHP Mitsubishi Alliance）の鉱山・港湾開発やJV運営全般を担当副社長として担う。2014年 本店復帰，チリ・エスコンディーダ銅鉱山担当次長。2016年 シリコンバレー支店に赴任。スタートアップ投資（CVC），イノベーション活動・新規事業創造，デジタル・トランスフォーメーション（DX），デザイン思考トレーニングを主導。スタートアップ企業の取締役会に陪席しスタートアップ企業の経営やEV・バッテリー産業動向に造詣が深い。社内外でデザイン思考のコーチング（東京大学，早稲田大学ビジネススクール，ソフトバンク，東京海上ホールディングス等）を60クラス，2,000名以上に行ってきた他，イノベーションやアントレプレナーシップの講義（京都大学経営管理大学院，名古屋商科大学ビジネススクール，神田外語大学等），研修講師やパネリスト（イノベーション教育学会等），ハッカソンでの審査員（小松製作所等）なども行っている。2024年よりデジタル事業部長。
専門は経営学（国際ビジネス），多国籍企業，総合商社，組織学習，イノベーション，デザイン思考，アントレプレナーシップ。
ホームページ：https://www.yoshinari.global/

総合商社のビジネスモデル
学習する組織とビジネスモデル変革の実証研究

2024年10月1日　第1版第1刷発行

著　者　吉　成　雄一郎

発行者　山　本　　　継

発行所　㈱中央経済社

発売元　㈱中央経済グループ
　　　　パブリッシング

〒101-0051　東京都千代田区神田神保町1-35
電話　03 (3293) 3371 (編集代表)
03 (3293) 3381 (営業代表)
https://www.chuokeizai.co.jp

印刷／三英グラフィック・アーツ㈱
製本／誠　製　本　　㈱

© 2024
Printed in Japan

＊頁の「欠落」や「順序違い」などがありましたらお取り替えいた
しますので発売元までご送付ください。（送料小社負担）

ISBN978-4-502-50311-5　C3034

JCOPY〈出版者著作権管理機構委託出版物〉本書を無断で複写複製（コピー）することは，
著作権法上の例外を除き，禁じられています。本書をコピーされる場合は事前に出版者
著作権管理機構（JCOPY）の許諾を受けてください。
JCOPY〈https://www.jcopy.or.jp　eメール：info@jcopy.or.jp〉

好評既刊

◎研究方法論を正当化するロジックがわかる学術論文執筆に不可欠の書

マネジメント研究への招待
―研究方法の種類と選択

須田敏子[著]

第1章　マネジメント研究と研究方法論の重要性

第2章　存在論・認識論・研究アプローチ

第3章　マネジメント研究：研究方法論の選択

第4章　インタビュー　　　第5章　実験法と準実験法

第6章　サーベイリサーチ　第7章　エスノグラフィー

第8章　ケーススタディ1：研究方法論の再考

第9章　ケーススタディ2：ケースの選択基準と研究事例

A5判・264頁

◎経済学・経営学のトップジャーナル8誌（論文100本）を徹底分析！

経済学・経営学のための
英語論文の書き方
―アクセプトされるポイントと戦略

中谷安男[著]

Part 1　論文を投稿する前に必ず知っておきたいこと（Q&A）

文法は正しいはずなのにうまく伝わらないのはなぜ？etc.

Part 2　さぁ書き始めましょう―英語論文書き方実践編

論文の構成と基本パラグラフ・Introduction（序論）・Literature Review（文献レビュー）・Method（研究の実施方法）・Result（研究結果の報告）・Discussion（考察）とConclusion（結論）・Abstractの書き方 etc.

A5判・256頁

中央経済社

好評既刊

あなたに合った手法がきっと見つかる！

労働・職場調査ガイドブック

―多様な手法で探索する働く人たちの世界―

梅崎 修・池田心豪・藤本 真[編著]

A5判・ソフトカバー・260頁

目次

序　章　労働・職場調査のすすめ

第1部　質的情報を使いこなす：聞き取り調査（職場）／聞き取り調査（制度）／インタビューに基づく事例研究／エスノグラフィー・参与観察／エスノメソドロジー／ライフヒストリー／オーラルヒストリー／テキスト分析／アクションリサーチ／質的データからのカテゴリー析出

第2部　数量的に把握する：企業・従業員調査／社会意識調査／心理統計・OB（Organizational Behavior）／経歴・パネル調査／人文地理学／マクロ労働統計の使い方

第3部　調査の道具を身につける：文献の調べ方／歴史資料／調査倫理／職場見学（工場見学）／文化的コンテンツの利用法／白書・業界誌などの活用／海外調査／レポート・論文・報告書の作成／産学連携プロジェクトの運営／研究会を組織する／データ・アーカイブの活用法

中央経済社

ベーシック+プラス
Basic Plus

いま新しい時代を切り開く基礎力と応用力を兼ね備えた人材が求められています。
このシリーズは，各学問分野の基本的な知識や標準的な考え方を学ぶことにプラスして，一人ひとりが主体的に思考し，行動できるような「学び」をサポートしています。

ベーシック+専用HP

教員向けサポートも充実！

中央経済社